# 风起大屏

## 智能大屏营销新趋势

马涛 黄升民 / 著

机械工业出版社
CHINA MACHINE PRESS

凭借可打通、可寻址、可精准定向、可追投等数字化特征，智能大屏成为数字时代营销的必争之地。对于很多相关企业来说，智能大屏营销不仅是一门生意，更是极具想象空间的巨大商业市场。

本书聚焦中国智能大屏营销发展的新态势和新动向，通过对智能大屏产业角色的营销布局解析，以及与海外智能大屏营销市场的比较研究，让读者能够认识到智能大屏的价值空间，见证其商业变现的最新进程。

本书适合企业管理者、营销策划人员，以及对数字营销感兴趣的高校师生、社会人士阅读。

## 图书在版编目（CIP）数据

风起大屏：智能大屏营销新趋势 / 马涛，黄升民著. —北京：机械工业出版社，2021.7（2024.4 重印）
ISBN 978-7-111-68913-3

Ⅰ.①风… Ⅱ.①马… ②黄… Ⅲ.①电子设备-市场营销 Ⅳ.①F764.6

中国版本图书馆 CIP 数据核字（2021）第 157223 号

机械工业出版社（北京市百万庄大街 22 号　邮政编码 100037）
策划编辑：朱鹤楼　　　责任编辑：朱鹤楼　康　宁
责任校对：黄兴伟　　　责任印制：李　昂
北京联兴盛业印刷股份有限公司印刷

2024 年 4 月第 1 版·第 3 次印刷
170mm×230mm · 21 印张 · 314 千字
标准书号：ISBN 978-7-111-68913-3
定价：99.00 元

电话服务　　　　　　　　网络服务
客服电话：010-88361066　　机　工　官　网：www.cmpbook.com
　　　　　010-88379833　　机　工　官　博：weibo.com/cmp1952
　　　　　010-68326294　　金　书　网：www.golden-book.com
封底无防伪标均为盗版　　　机工教育服务网：www.cmpedu.com

# 推荐序一

对于电视，我有两个特别深刻的印象，一个是电视刚刚走进中国家庭时，家里有台"小盒子"，那是十里八乡的新鲜事，在娱乐生活贫瘠的年代，看个电视也能"万人空巷"，后来随着生活的富足，电视也成了结婚三大件之一，成为家庭客厅的"新主人"；再一个便是如今的电视已经"脱胎换骨"，由内而外地进行了产品升级，也因此叫作"智能电视""智能大屏"，或者为了跟手机、平板区分，直接称作"大屏"。

在疫情期间，人们回归客厅，用户回归大屏。大屏也承担着更多的角色，由单一的"看"转变为集办公、学习、健身、游戏等于一体的客厅智慧核心。我们能够深切感受到大屏所带来的视听体验。大屏行业的迅速发展也拓宽了广告营销的新边界，为整个广告行业带来了新的活力。纵观多年的发展，大屏行业需要一次沉淀，这既是对过去的总结，也是对未来的眺望。

《风起大屏：智能大屏营销新趋势》的问世，对于大屏行业的发展具有承前启后的意义。读来不仅看到往日走过的足迹，亦有豁然开朗、茅塞顿开之感。所以我推荐无论是初入行的新人、大屏行业从业者，还是广告行业从业者深入阅读，你会对整个大屏营销有一个全面、系统的认识，并从中受到启发。

CAAC 智能大屏营销研究院在成立之后，便积极展开研究工作，协调各方，统筹调研。在短时间内将如此厚重的知识"成果"呈现出来，属实不易。在此，我特别向促成这本书出版的各位专家和朋友表示感谢，你们的努力将会成就行业的"宝典"，也希望 CAAC 智能大屏营销研究院接下来能够继续扮演大屏行业指路明灯的角色，为大屏行业以及广告行业不断输出研究成果。

李西沙

中国商务广告协会（CAAC）会长

## 推荐序二

## 甘于等风　终于收获

大屏，具有这一类特征的媒体，近20年来波澜起伏。过去没有"大屏"这一说，顾名思义，"大屏"是相对于手机等媒介的"小屏"而言的。作为手机的"小屏"，仅仅是通信工具而已。伴随着互联网技术的发展，家庭互联网场景时代快速到来。本书所关注的大屏，是一个持续变化的概念，叠加了家庭因素，讲的是客厅场景，论的是入口价值。

经历了传统媒体兴盛时代的人，对大屏的感触一定很深。曾经，大屏就是电视，强势无比，如日中天。电视在传播上可以做到万人空巷，这是现在的年轻人无法感受到的震撼；在商业上包揽大多数广告投放，标王动辄过亿。那时的电视与大屏，力量强大，覆盖面广，仅仅是因为媒体少、对手少，以至电视能够享受如此夸张的红利。

然而，数字技术一经出现，媒体多样化态势形成，受众时间碎片化习惯迅速养成，市场随之被切分，进而细分。传统电视被颠覆，大屏一夜之间似乎老去了。电视人感到千亿级别的市场消失了，可这是事实吗？当然不是。这个市场不但没有消失，价值反而越来越高。只是竞争者多了，大家各分蛋糕而已。最初，媒体人和研究者纠结于市场的此消彼长，增长者意气风发，下降者彷徨失措。数字媒体取代传统媒体，互联网上位，电视人崩盘。其实，市场哪有这么简单！

回顾这段历程，我们感触良多。本书的出版，给我们带来极大的鼓舞。本书体现出真正的研究就是体现专业的深度，做纵向的突破。

对应于市场性的传播价值，已经形成的家庭场景、出行场景、办公场景、商超场景等，正在形成传播闭环，而随着智慧家庭、智慧社区、智慧城市建设的渐次推进，家庭大屏价值日益凸显。大屏的研究从最初不被市场看好，到如今的资金追逐、商家云集，展现了研究者的眼光。中国商务广告协会（CAAC）以敏锐的嗅觉和独到的洞察，捕捉到智能大屏市场的价值空间。2019年5月，数字营销委员会联合欢网科技等行业头部公司发起成立了CAAC智能大屏营销研究院，联合业界专家学者，致力于这个领域的应用型研究，深耕市场，服务行业。研究院的成立得到了中国传媒大学资深教授、国内著名传媒学者黄升民教授的关注与支持，他欣然应邀出任研究院院长。黄升民教授和他的团队始终在关注这个研究方向，这是学者的眼光，也是学者的坚守。

大屏是变化的。本书所说的大屏，已经与传统电视完全不同，具有可打通、可寻址、可精准定向、可追投的数字化特征，是完全同步于数字时代的大屏。在这个基础上衍生出的商业模式是多变的、顽强的，也是最有价值的。在这些深入的研究方向上，本书已经开了个好头，相信未来的精彩更多。

专业的研究自然交给专业的研究者去做。本书的作者是有精神追求、有情怀、值得尊敬的学者，做的是纯粹的研究，这样的研究不空洞，我们要向这群学者学习。

陈徐彬
《国际品牌观察》杂志社总编辑
中国商务广告协会（CAAC）数字营销委员会
常务副理事长兼秘书长

# 序　言

## 我看屏大屏小

本书以"大屏"为题。本人自 2019 年被委任 CAAC 智能大屏营销研究院院长一职，聚焦大屏有多次站台宣讲。当初言及"大屏回归"的预言竟被 2020 年的一场突如其来的疫情逐一坐实。

疫情暴发，大屏回归，有以下为证：

一看收视，疫情初情，各家各户严防死守，电视大屏作为大家关注疫情、辨明事实的首选媒体，在疫情和假期延长的双重影响下，成了人们的亲密伙伴，看电视的时间暴增；二看家庭，当全国人民响应防疫部署居家隔离之时，位于家中客厅中央位置的大屏，对于家庭成员的聚集力再次显现，大屏就像是"黏合剂"一样的存在，增进了家人之间的情感；三看文化，非常时期，大屏作为防疫宣传的第一线，是守门人更是桥头堡，向每家每户传递正能量、凝聚人心。

大屏回归，其商业价值也在释放，CAAC 智能大屏营销研究院正是为此而生。研究院专门成立了课题小组，考察各大终端厂商，走访 20 多家业界机构，包括各大运营商、内容应用服务商、营销服务机构等。"大屏回归，大屏营销势起"是研究院课题组第一轮调研的观察判断。虽然这一论断还有待市场检验，但重新审视"大屏"这个并不新鲜的事物，却有一些既定的事实值得正视。

就营销而言，大屏确有以下三大优势。其一是尺寸之大，在屏幕尺寸和画质音效等多重诱惑下，用户难以抗拒大屏的感官享受。与在移动端利用碎片化时间刷着屏幕看不同，我们会为大屏专门预留一个完整的时间段，在固定区域，集中精力观看一部画面精美、叙述结构完整、视听体验俱佳的影视作品。其二是场景之丰裕，足够容纳对接无数的需求。作为智慧家庭中打头阵的刚需产品，随着大屏的智能升级，大屏应用将不断衍生扩展新的细分场景，比如家庭教育、老人陪护、远程治疗等。基于这些应用场景，企业品牌得以连接用户，匹配需求，完成品牌的传播和产品销售转化。其三是商机之广阔。根据秒针数据，2019年全网流量中移动端流量首次下降，NEW TV 端流量持续上升，份额与 PC 端持平，并大有赶超之势。大屏终于可以扬眉吐气。但这仅是开始，拥有高流量价值的大屏不仅已经在广告营销、会员付费等方面发挥效能，在电商、游戏、教育等领域，大屏商业前景也被寄予厚望。

那么，拥有如此优势的大屏为何一直没能做大？原因有三。

一是系统。移动端有 iOS 和 Android，PC 端有 Windows，而大屏端却一直没有原生的智能操作系统。市面上的大屏终端产品虽宣称具备智能系统，但这个智能系统充其量只是长着智能 UI 的 Android。大屏的系统不仅事关硬软件的兼容，也就是标准化问题，从四分五裂到一定意义的"大一统"；而且系统上的数据流还会影响无限场景商业机会的开发。对于大屏系统的主导权，厂商与互联网企业的机会均等。国外 Roku 已经作为示范标杆，从轻量的系统平台来撬动终端硬件，形成市场规模，成为大屏领域的新兴势力。

二是运营。苹果、华为等智能手机企业，在运营中多是基于开放平台和海量用户，与第三方应用开发商合作，获得应用分成收入。而大屏端企业的运营，明显要单薄得多，只能依赖广告。大屏端的运营不仅需要互联网开放的平台操作，也需要数据算法加持的商业产品体系。就以广告投放为例，与其现在系统层、内容层、应用层广告各自为战，不如通过统一的广告平台将大屏厂商的开机广告与内容方的贴片广告进行结合，为广告主提供大屏端从开机到各类内容应用的一站式营销解决方案，这才是效益的最大化。

三是应用。如 PC 时代的搜索、社交、电商应用，移动互联网时代崛起的 O2O（Online to Offline，从线上到线下）、出行、短视频应用，经由这些典型应用来撬动用户需求，创造出巨大的商业市场。而大屏受制于成像工具的基本特质，其他功能应用一度被忽略。事实上，大屏从"看"到"用"，这条路一直没有完全走通。有统计数据显示，大屏端视听应用下载比例高达 66.8%，其次是工具类应用，原本被看好的教育类、游戏类应用并未得到用户认可。大屏并不单纯提供影像视听，在万物智能的未来，大屏行业需要用互联网思维打破边界，打造更具自身特质的、针对各种细分市场和特定场景的典型应用，让大屏真正"用"起来。

大屏回归，给疲态渐露的电视行业带来生机。各个产业巨头摩拳擦掌搅动市场，操作系统的数据赋能、运营模式的商业突破、爆款应用的需求对接也在议事日程当中。

屏大屏小，可看可不看，但产业机会，稍纵即逝，不可不看。切切。

黄升民

中国传媒大学资深教授

中国广告博物馆馆长

CAAC 智能大屏营销研究院院长

# 前　言

回首 10 年前，传统电视才刚"遭遇"互联网。互联网电视还是新生事物，谷歌公司发布了 Google TV，苹果公司的 Apple TV 也才刚升级到第二代，国内一线电视机厂商转而生产互联网电视。当时，曾有市场调查公司给出前景预估，预测到 2020 年，全球将有百亿台电视终端的联网设备，由此也将创造一个巨大的市场。

10 年之后，大屏产业发展的进度条走到了哪里？任务目标完成了多少？每位亲历大屏行业发展的从业者心中都会有一个答案。但不论具体数值是多少，大屏行业眼前的一切都已然让我们每个人心动，让产业各方蠢蠢欲动。

伴随着互联网电视、智能电视、智能大屏，甚至是智慧屏等一波接一波的"概念"此起彼伏，智能大屏走到了新的十字路口。概念名称变化的背后，反映了电视智能化发展中的不同节点。

新型电视终端历经缓慢爬坡期，在 10 年之际迎来新一轮爆发，宣告了"电视"终端的新生以及新一轮"大屏运动"的兴起。智能家居、AI 和多屏交互已经成为这一时期竞争的高频关键词。华为、一加这样的重量级玩家，强势炒热市场，前仆后继的新玩家涌入曾经一度遇冷的市场，让电视再次成为大众视野的焦点。

围绕着这一屏幕的生意机会也日渐被重视。而广告营销作为成熟的商业操作撬动了智能大屏的市场价值，成为眼下触手可及的商机而被追捧，一度被视为推动大屏智能化发展的重要商业支撑。与此同时，2020 年一场改变世界走向的新冠病毒肺炎疫情，无形之中坐实了大屏价值回归的事实。

对此，学界高校、行业协会、业界机构三方共同发起并成立了"CAAC 智能大屏营销研究院"。在 CAAC 智能大屏营销研究院的组织号召下，我们展开了对智能大屏行业的观察研究。经过为期一年的实地调研和深度访谈，共有超过 50

家机构参与调研，这些机构涉及大屏营销产业链各方力量。在此，感谢众多业界机构对于调研的支持和对本书的贡献。

如何看待智能大屏营销？智能大屏营销都有哪些玩家？有哪些玩法？智能大屏营销还有哪些亟待突破的实际问题？中国智能大屏营销的发展与海外有哪些异同？我们对本次调研的市场观察与研究思考形成了本书的主体内容。

值得欣喜的是，在对行业的调研观察和书稿内容整理过程中，我们愈发确信的事正在发生——智能大屏的商业化，正在以不可逆的姿态加速渗透。在企业的品牌营销中，智能大屏从局部尝试，变成了必要投入；特别是智能大屏在疫后企业复苏中的参与。可以说，智能大屏已经从原先的局部切入和侧面突围发展成为新一轮品牌营销变革中坚实且有效的主力军和建设者。希望本书能够为大屏行业行动布局和探索思考提供参考。

# 目 录

推荐序一
推荐序二 甘于等风 终于收获
序言 我看屏大屏小
前言

## 第一部分 市场篇 智能大屏商业新风口

### 第1章 掘金智能大屏营销，争夺客厅商业入口 ...002

#### 1.1 价值回归，智能大屏营销的原动力 ...006
1.1.1 智能大屏终端之变：从硬件到内容 ...006
1.1.2 智能大屏用户之变：从需求到消费 ...008
1.1.3 智能大屏广告之变：从形态升级到数据驱动 ...010
1.1.4 智能大屏产业之变：从新兴势力到必争之地 ...013

#### 1.2 机构角逐，重构智能大屏营销生态 ...014
1.2.1 终端厂商：把握用户流量入口 ...014
1.2.2 内容应用方：扎根内容优势 ...016
1.2.3 牌照方和运营商：多方资源整合以求突破 ...017
1.2.4 营销服务商与广告主：实战派突围 ...017

#### 1.3 模式创新，营销玩法与投放模式不断升级 ...019
1.3.1 智能大屏营销资源：类型多样，品牌广告占主流 ...019
1.3.2 智能大屏营销投放：完善标签体系，精准营销成可能 ...024
1.3.3 智能大屏营销拓展：跨屏与跨场景营销落地 ...027

#### 1.4 挑战犹在，智能大屏营销的市场问题及行业痛点 ...028
1.4.1 智能大屏营销的预算所属未明确，从"补量"到"转正"还有待时日 ...028
1.4.2 智能大屏营销资源开发分散，资源价值盘活不足 ...029

1.4.3　智能大屏数据生态存在问题，同源数据打通难　…030
1.4.4　智能大屏营销效果监测、评估指标体系还有待完善　…031
本章小结　…032

# 第二部分
# 机构篇　智能大屏风口的逐浪者

## 第2章　终端厂商：强势占据流量入口的营销新势力　…036
### 2.1　基于终端技术优势，从用户流量获取导向流量变现　…038
2.1.1　软硬件齐发力，强化运营积累用户　…038
2.1.2　完善广告资源，大数据技术提升变现效率　…041
2.1.3　打通多终端、多场景，创造更多可能性　…044
2.1.4　总结与启示　…046
### 2.2　终端厂商机构案例剖析　…047
2.2.1　创维酷开科技：终端、技术、场景合力，重塑智能大屏营销价值　…048
2.2.2　长虹虹魔方：精细化运营，打造智能大屏利益共同体　…055
2.2.3　TCL雷鸟科技：积极推进智能大屏向万物连接和场景融合升级　…061
2.2.4　海信聚好看科技：构建"终端+业务+用户+服务"的智能大屏运营形态　…067
### 2.3　终端厂商从业者观点分享　…073
本章小结　…076

## 第3章　内容应用方：争夺市场的重量级玩家　…078
### 3.1　基于内容资源和应用服务，全力挖掘智能大屏营销价值　…080
3.1.1　从"量"到"质"，以内容为核心提升智能大屏流量优势　…081
3.1.2　从"强曝光"到"深度定制"，营销资源开发与创新　…084
3.1.3　从"多屏通投"到"精准定位"，营销投放模式革新升级　…086

3.1.4 总结与启示 …088
### 3.2 内容应用方机构案例剖析 …089
3.2.1 爱奇艺：以奇异果 TV 为起点创新智能大屏营销模式 …089
3.2.2 腾讯：客厅场景商业价值的深度开发 …097
3.2.3 优酷：阿里生态下的家庭文娱营销突破 …105
3.2.4 芒果 TV：自主牌照优势下深耕智能大屏内容营销价值 …112
### 3.3 内容应用方从业者观点分享 …117
本章小结 …119

## 第 4 章 OTT TV 牌照方：耦合上下游的集成中心 …120
### 4.1 连接与整合，OTT TV 牌照方打开智能大屏营销的新方式 …123
4.1.1 竞争格局生变，牌照方开启多维发展之路 …123
4.1.2 深耕高增长的业务，依靠精细化运营提升话语权 …125
4.1.3 "立体"整合营销，牌照方拓展营销玩法的新思路 …127
4.1.4 结语 …129
### 4.2 OTT TV 牌照方机构案例剖析 …130
4.2.1 百视通：基于下沉市场的智慧运营 …130
4.2.2 华数传媒：互联网＋局域网，双向赋能、双轮驱动 …138
### 4.3 OTT TV 牌照方从业者观点分享 …145
本章小结 …146

## 第 5 章 IPTV 运营商：行业拐点期的探索者 …148
### 5.1 IPTV 运营商布局智慧营销，着力打造业务差异化 …150
5.1.1 吐故纳新，IPTV 运营商迎来业务变革新时代 …151
5.1.2 深度链接，依靠内容培养留存用户 …153
5.1.3 优势积累，提升"留量"的转化效率 …154
5.1.4 共同发力，探索运营商独有的营销路径 …156
5.1.5 结语 …157

## 5.2　IPTV 运营商机构案例剖析 …158
5.2.1　中国电信：多维数据构建精准到人的能力 …158
5.2.2　中国移动：布局全媒体，落实全场景营销 …165

## 5.3　IPTV 运营商从业者观点分享 …172
本章小结 …173

# 第 6 章　营销服务机构：方法创新的实战派 …174

## 6.1　回应三大焦点，完善智能大屏营销方法策略 …177
6.1.1　如何确保广告投放的用户"广"且"准"？ …178
6.1.2　如何提升广告服务的创新能力，用数据支撑营销决策？ …181
6.1.3　如何保证全面、真实的智能大屏营销效果评估？ …184
6.1.4　结语 …186

## 6.2　营销服务机构案例剖析 …187
6.2.1　欢网科技：深耕终端流量，探索广告资源蓝海 …187
6.2.2　勾正数据：用数据技术辅助营销科学决策 …194
6.2.3　秒针系统：维护流量真实，优化营销决策与评估 …200

## 6.3　营销服务机构从业者观点分享 …205
本章小结 …208

# 第三部分
# 他山之石：海外智能大屏营销机构如何创新？

## 第 7 章　海外智能大屏营销发展的新风向 …212

### 7.1　海外智能大屏营销发展欣欣向荣，市场前景光明 …216
7.1.1　传统线性电视广告式微，可寻址电视广告成为突破方向 …216
7.1.2　CTV 市场规模不断扩张，成为智能大屏营销重要风口 …218

## 7.2 不同市场角色智能大屏营销战略与布局 …222

### 7.2.1 寻求业务转型的传统媒体集团 …222
### 7.2.2 进行业务扩张的互联网巨头 …224
### 7.2.3 深耕智能大屏业务领域的新兴势力 …226
### 本章小结 …228

## 第8章 海外智能大屏营销机构布局动向 …230

### 8.1 Sky AdSmart：可寻址电视广告平台，让传统电视活力重燃 …232
#### 8.1.1 改变传统线性电视广告投放方式 …234
#### 8.1.2 借助自助式规划工具，升级电视广告购买方式 …236
#### 8.1.3 寻求规模扩展，意图建立可寻址电视广告标准 …238
#### 8.1.4 总结与启示 …240

### 8.2 谷歌：互联网巨头的家庭智能大屏进击之路 …240
#### 8.2.1 生态布局：硬件设备+操作系统+应用服务 …241
#### 8.2.2 智能大屏营销：推动行业变革，重新定义电视广告 …246
#### 8.2.3 技术工具：先进的视频广告集成工具，服务营销全链路 …248
#### 8.2.4 总结与启示 …251

### 8.3 亚马逊：智能大屏营销是电商巨头广告版图中的一步重棋 …251
#### 8.3.1 智能大屏营销成为亚马逊广告业务发展新机遇 …252
#### 8.3.2 扩充整合广告库存，获取智能大屏营销布局主动权 …255
#### 8.3.3 利用DSP，简化智能大屏广告交易 …257
#### 8.3.4 总结与启示 …259

### 8.4 Roku：智能大屏"超级玩家"的广告生意经 …259
#### 8.4.1 从终端厂商转型成流媒体视频平台，Roku自带流量入驻大屏营销领域 …261
#### 8.4.2 软硬优势加持，面向不同客户提供多元广告类型及差异化营销服务 …263

8.4.3 借助数据和技术工具，Roku 提供全链路智能化大屏
营销服务 …266

8.4.4 总结与启示 …269

## 8.5 FreeWheel：视频广告领域的跨屏先行者 …269

8.5.1 跨屏的前提：对库存、数据、需求的全方位整合 …271

8.5.2 跨屏的技术实现：基于数据技术的程序化购买 …274

8.5.3 跨屏的背后：统一标准，评估测量与计费 …275

8.5.4 总结与启示 …277

## 8.6 TTD：技术驱动，智能大屏程序化广告正当时 …278

8.6.1 从 PC、移动到 CTV，TTD 成为广告技术领域领头羊 …280

8.6.2 库存拓展与数据支撑，TTD 全力布局 CTV 广告 …281

8.6.3 精细化业务流程，为客户提供便捷高效的 CTV 广告
资源采买 …282

8.6.4 总结与启示 …286

## 8.7 Hulu：看流媒体平台如何整合大小屏广告 …287

8.7.1 高度尊重用户意愿的广告投放服务 …288

8.7.2 注重广告创新，阶段化开展广告投放 …289

8.7.3 软硬件兼重的智能大屏业务布局 …293

8.7.4 总结与启示 …295

## 8.8 Inscape：ACR 技术在智能大屏端的颠覆性革新 …295

8.8.1 技术溯源：依托母公司 VIZIO 电视数据，成为 ACR
技术领先提供者 …296

8.8.2 广告应用：基于 ACR 技术提供动态广告服务，驱动
大屏广告颠覆性创新 …298

8.8.3 标准推广：加入 Project OAR 行业联盟，部署可寻址
广告技术 …301

8.8.4 总结与启示 …302

8.9 Gracenote：从大数据技术看视频广告投放的
　　 未来方向　　　　　　　　　　　　　　　…303
8.9.1　拓展元数据的广度与深度，为机器学习提供基础　…304
8.9.2　ACR 技术提升视频理解力，助力可寻址广告　…305
8.9.3　推出智能大屏 DSP，增强市场营销云能力　…306
8.9.4　结合收视率与实时数据，推出受众分析平台　…307
8.9.5　总结与启示　　　　　　　　　　　　…308

## 第 9 章　对中国智能大屏营销产业相关主体的
　　　　　启示　　　　　　　　　　　　　　…310

9.1　对于网络运营商：深度覆盖＋精准触达，释放
　　 网络能量　　　　　　　　　　　　　　…312
9.2　对于电视台：恢复增长需要好内容＋新技术　…312
9.3　对于终端厂商：多元的广告形式和先进的广告
　　 技术缺一不可　　　　　　　　　　　　…313
9.4　对于互联网机构：与智能大屏行业的进一步合作
　　 或可迎来双赢　　　　　　　　　　　　…314
9.5　对于营销服务机构：数据能力是根本，整合能力
　　 是关键　　　　　　　　　　　　　　　…315

# PART 01

## 风起大屏
智能大屏营销新趋势

# 第一部分
## 市场篇
智能大屏商业新风口

# 第 1 章
## 掘金智能大屏营销
## 争夺客厅商业入口

## 本章提要

技术革新电视产业，传统电视迈向智能大屏，其价值升级点在哪里？智能大屏的终端、用户、广告乃至整个产业链条都发生了怎样的变化？智能大屏如何重塑电视产业的商业价值？

面对智能大屏的商业前景，各类市场角色纷纷入局。其中，终端厂商如何重塑以硬件销售为核心的盈利模式？内容应用方如何把握内容优势深耕流量价值？未能把握先机的牌照方和运营商如何谋求智能大屏营销突破？营销服务商和企业品牌针对智能大屏营销如何调整业务模式？

智能大屏营销发展刚刚起步，其营销模式是否成型？营销资源对比传统电视有何升级？营销投放又是如何颠覆传统电视投放模式的？智能大屏营销又是如何推进跨屏、跨场景落地的？

当下，智能大屏营销仍难以占据广告营销市场核心地位的原因有哪些？智能大屏在媒体价值、资源开发、数据生态以及效果监测等方面都存在哪些现实问题？

2010年，传统电视终端接入互联网，谷歌公司发布了Google TV，苹果公司的Apple TV也才升级到第二代，国内一线电视机厂商转而生产可以接入网络的互联网电视，一个令人怦然心动的产业拉开序幕。2014年，智能电视开始商业化运营，广告发布平台逐步推出，智能电视广告起步。2017年，智能电视的商业化从早期的高调喧嚣状态进入市场的冷静期。2019年，新型电视终端历经缓慢爬坡期迎来新一轮爆发，同年聚集亮相的海信Hi Table、华为荣耀智慧屏、TCL·XESS智屏和长虹APHAEA未来屏等智能大屏产品，宣告了"电视"终端的新生以及新一轮的"大屏运动"的兴起。电视终端之变，见图1-1。

"智能大屏"究竟是什么？智能大屏，又被称为"智慧屏""智能电视"等，代表具备操作系统的电视终端产品，除了具备传统电视功能之外，还可以接入网络，能够提供应用软件服务，用户可自主安装和卸载各类应用程序，以满足多样化和个性化需求。

从信号源看，智能大屏包括OTT TV（Over The Top TV）⊖、DVB（Digital Video Broadcasting，数字视频广播服务）⊜、IPTV（Internet Protocol TV）⊜等经由不同传输渠道接入网络的电视屏幕终端。

---

⊖ OTT TV（Over The Top TV）是通过公共互联网向电视机提供网络传输的电视服务。我国OTT TV由国家广播电视总局颁发牌照的广播电视机构提供视频内容，强调内容监管的可控可管，其接收终端为智能电视一体机，或电视机外接电视盒子或投屏等硬件。

⊜ DVB（Digital Video Broadcasting），数字视频广播服务，包括直播卫星、电缆（有线）电视、地面广播的数字电视、高清晰度电视在内的多种格式数字电视的广播与传输；行业也用DTV（Digital TV，数字电视）来统称该类电视服务。

⊜ IPTV（Internet Protocol TV）是宽带电视的一种。IPTV用宽带网络作为介质提供电视服务，将广播节目通过宽带上的网际协议向订户传递数字化的电视服务。通常IPTV业务内容受限于网络且在本地提供。

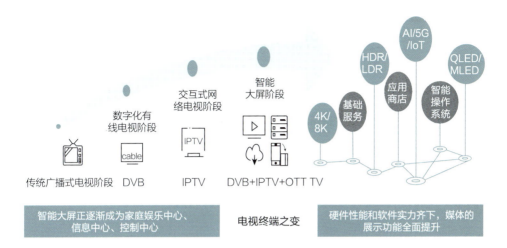

图1-1 电视终端之变[一]

从产品形态看，智能电视、智慧屏，以及传统电视外接智能机顶盒、电视盒子、智能投屏等都可以实现智能大屏观看。

从内容应用看，用户不仅可以在智能大屏观看电视直播，还可通过奇异果TV[二]、云视听极光等智能大屏内的视频应用App，点播观看海量视频内容，以及使用游戏、K歌、健身等多种娱乐服务。

智能大屏正是这样一个跨越了网络、平台、内容、终端的崭新产业。

从一个行业热议的概念变成市场炙手可热的产品，智能大屏逐渐成为客厅场景的代名词，人们也愈发重视以这一屏幕上延伸出来的生意。融合了互联网的可打通、可寻址、可精准定向、可追投、可频控的数字化特征，智能大屏成为数字时代营销的必争之地。对于市场各方竞逐力量来说，智能大屏营销并不仅仅是一门生意，更是极具想象空间的巨大商业市场。

---

[一] 马涛，全奕霖. 掘金智能大屏营销，争夺客厅商业入口［J］. 国际品牌观察（媒介下旬刊），2020（3）：27.

[二] 爱奇艺在智能大屏端有银河奇异果、奇异果TV两个内容应用，两者运用于不同的智能电视系统，但内容和功能相同。本文以奇异果TV代表爱奇艺在智能大屏端的内容应用。

## 1.1 价值回归，智能大屏营销的原动力

互联网媒体的快速发展冲击了电视媒体的市场地位，传统电视媒体曾一度陷入"生死论"。但是，随着具备"互联网+电视"双重媒体属性的智能大屏终端的广泛铺设，客厅经济崛起，用户流量回归，电视媒体价值被重塑，智能大屏的商业化进程加速。那么，推动智能大屏价值回归的原因有哪些？从终端产品、用户需求、广告运营、产业发展四个方面或许能找到答案。

### 1.1.1 智能大屏终端之变：从硬件到内容

当下，电视终端的智能化升级趋势是颇为显著的。在硬件性能方面，4K/8K、HDR/LDR（HDR 的全称为 High – Dynamic Range，意为高动态范围成像；LDR 的全称为 Low – Dynamic Range，意为低动态范围成像）、QLED/MLED（QLED 的全称为 Quantum Dot Light Emitting Diodes，意为量子点发光二极管；MLED 是 Micro LED 的简称，也被称为微型 LED）等显示技术的创新大大提升了屏幕清晰度、色彩和画质，智能大屏尺寸的提升也极大增进了视觉沉浸感，智能大屏媒体的展示功能全面提升。在软件实力方面，智能操作系统的研发与迭代，使得智能大屏可以通过搭载人工智能、5G 智能管控、语音等技术来革新交互体验，满足用户的多元化需求。

电视终端升级换代，围绕电视终端销售的"战争"也从未平复。硬件产品技术不断提升，可以联网的智能型电视终端日渐崛起，电视终端市场的终端形态、品牌结构发生变化。其中，显著的特点是智能电视终端出货量加大，终端品牌集中度提升，智能电视终端品牌迅速崛起。

在电视终端智能化升级的趋势下，我国电视终端出货量呈上升态势。值得关注的是，经过几年的终端销售"混战"之后，终端品牌迎来了洗牌期，品牌集中

度更高。奥维云网、奥维互娱<sup>⊖</sup>等平台公布的数据显示，老牌家电厂商仍是智能大屏电视终端销售市场的主导力量，互联网品牌晋升为第二阵营。由奥维互娱发布的《2020年中国智慧大屏发展预测报告》显示，截至2019年年底，创维、海信等国产五大品牌激活总量突破1.3亿台，占62%；互联网品牌发展迅猛、整体见涨，以小米为代表的互联网品牌激活终端规模达到3239万台，其发展不容小觑（见图1-2）。

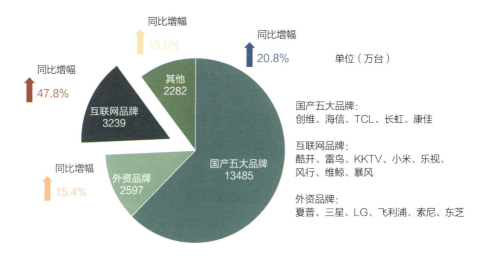

图1-2　2019年年底智能电视不同厂商阵营激活终端规模及对比

智能大屏终端市场的格局变化，也带动了智能大屏信号源及智能大屏所承载的内容形态的变化。

首先，从接入信号源来看，原本以有线电视直播信号为主的市场格局受到了IPTV、OTT TV等信号源的冲击。以DVB、IPTV以及OTT TV为主的家庭智能大屏市场竞争日益激烈，并伴随着此消彼长的现象。尼尔森网联数据显示，2016年开始，有线电视市场规模逐步下滑。相比之下，互联网电视发展迅猛，2017年其市场规模超越有线电视成为家庭智能大屏领域的佼佼者。奥维互娱数据显

---

⊖ 奥维云网是传统家电行业的数据监测服务商，后转型为智慧家庭领域大数据综合解决方案服务商。奥维互娱为奥维云网的全资独立子公司，全称为"北京奥维互娱科技有限公司"，定位为第三方智能电视大数据平台。

示，2019 年，IPTV + OTT TV 的联合市场规模达 5.5 亿台，两者已经成为电视终端双巨头。

其次，在多方信号源的交织竞争下，智能大屏从内容形态到背后的产业结构都发生了改变。智能大屏从以视频服务为主的电视直播载体，变成直播和点播内容的混合载体，以及教育、医疗、电商、游戏、音乐等多元场景应用的聚合平台。总结而言，智能大屏已经不仅仅是"收看内容"的端口，更是提供各种综合性服务的平台，其丰富的页面层级和互动形式拓展了智能大屏的媒体属性。

可以说，智能大屏正在重构一个全新的电视终端及内容市场。

### 1.1.2 智能大屏用户之变：从需求到消费

智能大屏终端形态以及内容生态的变化，也驱动了用户对智能大屏使用行为的变化。面对曾经的唱衰和质疑，智能大屏再次回归"家庭客厅中心"的地位，成为用户流量集聚地。

从智能大屏用户整体规模来看，增长趋势明显。勾正数据显示，2019 年 OTT TV 激活终端近 2.4 亿台，IPTV 和 DVB 的用户规模近 4.4 亿。奥维互娱发布的《2020 年中国智慧大屏发展预测报告》显示，智能电视保有量和传统电视的差距逐年缩小，相比 2018 年，2019 年传统电视保有量同比下降 8.5%，而智能电视保有量同比增长 12.5%。其中智能电视家庭渗透率达 59%，覆盖超 6 亿用户。

从用户质量来看，智能大屏的用户渗透率和用户黏性也在不断提升。奥维互娱发布的《2020 年中国智慧大屏发展预测报告》显示，2019 年智能大屏家庭渗透率增至 59%，其中，IPTV 与 OTT TV 渗透率分别为 62.6%、45.7%，DVB 跌至 31.5%（见图 1-3）；传统电视为 69%，可覆盖超 4 亿户家庭。在用户黏性方面，智能大屏的收视时长及终端活跃度显著提高。52.3% 的用户月累计开机 20 天以上，62.9% 的用户日均开机超过 3 小时；尤其是 OTT TV 的日活规模持续增长，日每终端开机时长增至 4.90 小时（见图 1-4）。由此可见，智能大屏所具有的是颇具规模且黏性较高的用户流量优势。

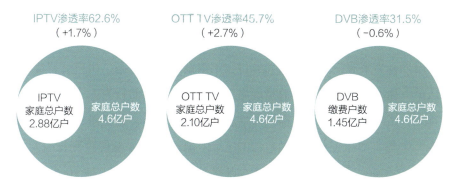

图1－3　2019 年智能大屏三种信号源渗透表现

| | 日均活跃终端规模 | 日每终端开机时长 | 日次均开机时长 |
|---|---|---|---|
| OTT TV | 9261万台（+14%） | 4.90小时 | 133分钟/次 |
| 智能电视 | 7885万台（+24%） | 4.50小时 | 120分钟/次 |
| OTT TV盒子 | 1377万台（-11.7%） | 6.54小时 | 192分钟/次 |

图1－4　2019 年智能大屏终端开机表现

从用户构成来看，智能大屏触达高净值用户，其用户以高知高消费、家中有孩童的年轻用户为主。酷云互动发布的《消费主力人群电视大屏用户行为揭秘报告》显示，当下智能电视 34 岁以下用户占比高达 63%，其中 25 ~ 34 岁年龄段的高学历、高消费用户为智能电视消费主力群体。该年龄段用户超三成家中有 3 ~ 6 岁小孩，近 2 成家中有小学生。值得一提的是，家庭智能大屏设备的尺寸越大、价格越高，其家庭用户消费能力也越强。奥维互娱发布的《2019 年中国家庭“高端大屏”营销价值报告》显示，终端设备 60 寸及以上的大屏用户中，有 76.9% 的家庭拥有独立住房，44.0% 的家庭拥有汽车；其中高消费人群占比 36.7%，高消费特征显著，他们更爱高端、奢侈品牌，且更热衷于汽车服务、箱包、家电、珠宝手表、教育消费。可见，智能大屏在亲子家庭以及高消费家庭用户覆盖方面颇具价值。

从用户行为来看，由于智能大屏包含了丰富的内容生态，用户对智能大屏的使用从单一被动的内容观看转而呈现出更为个性和多元的行为方式。

首先，用户观看电视从直播向点播转变的趋势明显，且直播、点播呈现"共荣共生"之势。奥维互娱发布的《2020年中国智慧大屏发展预测报告》显示，截至2019年年底，智能电视端直播、点播日活跃规模同比上涨20.4%。其中，仅使用点播的用户占比为57.5%，仅使用直播的用户占比为28.9%，同时使用直播和点播的用户占比为13.6%。

其次，用户对智能大屏应用的使用需求上升。勾正数据显示，音乐播放器、生活购物、游戏类等应用满足了智能电视用户日常垂直使用需求。2019年上半年，工具类App日均使用时长达到121分钟，位居垂直应用第一；音乐类App日均使用时长为115分钟；游戏类App日均使用时长为83分钟；教育类App日均使用时长为52分钟。

最后，从用户消费态度来看，智能大屏构建了丰富的应用生态，满足了用户各方面的需求，同时也驱动了用户消费意识的觉醒。其中，智能大屏会员是最为典型的代表。奥维互娱数据显示，2019年OTT TV会员规模从2500万增长至3745万，会员规模增长幅度达到近50%；智能大屏会员收入从2018年的33亿元增长到41亿元，增长幅度达24%。其中，包月以上会员占六成，包年用户占近四成，智能大屏会员对内容有长期付费意愿。

### 1.1.3 智能大屏广告之变：从形态升级到数据驱动

在终端之变和用户之变的双重驱动下，智能大屏广告生态发生了翻天覆地的变化，这是智能大屏营销崛起的关键。目前，行业根据承载主体的不同将智能大屏广告划分为三类：系统层广告、内容层广告以及应用层广告。其中，系统层广告包括开机广告、桌面广告、Banner广告等；内容层广告主要对接内容提供商，包括植入广告、贴片广告等；应用层广告则包括应用开屏广告、应用内嵌广告等。

　　智能大屏广告类型不断丰富，且成长迅速。奥维互娱数据显示，从2017年到2019年，OTT TV广告的运营总收入从26亿元增长到近百亿元，翻了近4倍，2019年OTT TV广告收入首次接近百亿元规模。另外，秒针信息技术有限公司（简称"秒针系统"）预测，2022年智能大屏整体生态产业规模中融合现阶段的传统TV、OTT TV、IPTV后的广告营销市场规模将达到1400亿元。奥维互娱发布的《2020年中国智慧大屏发展预测报告》显示，到2023年OTT广告总收入或可破450亿元。

　　那么，当下智能大屏广告生态有何特点？

　　第一，广告形态更加丰富。智能大屏具有传统电视以及互联网媒体的双重属性，传统电视的广告形态，都可以在智能大屏端实现，比如插播广告、品牌冠名等。同时，智能大屏还可以兼容互联网视频广告形式，比如前后贴片、创意中插，甚至是程序化投放。随着智能大屏的终端数量不断增长，其广告形态将愈加丰富，其优势也将愈加凸显。

　　首先，智能大屏广告可通过多资源组合，追踪用户使用场景，实现全链路覆盖。在多种资源形态支持下，智能大屏广告实现了从开机广告、系统首页广告、内容广告、应用广告，到关机广告的全链路覆盖，摆脱了传统电视广告"单点触达"的弊端，更有助于加深用户记忆。

　　其次，智能大屏广告继承了传统电视媒体"强曝光"的特点，并在此基础上融入技术基因向高冲击力、高沉浸感发展。举例而言，营销服务商与终端厂商合作开发了开机与首页launch进行动态结合的升级版"15s+5s"创意开机广告，将开机与首页广告资源打通，实现智能大屏高沉浸感。

　　再次，智能大屏广告还实现了定制化、个性化，更符合品牌营销需求及用户观看需求，其中品牌专区以及个性化换肤成为典型。另外，营销服务商会根据广告主需求进行个性化营销定制。例如，欢网科技为华润三九开发了品牌天气预报提醒和儿童频道的品牌定时提醒等定制化广告资源。

　　最后，智能大屏广告在技术升级的驱动下实现了智能化升级，以AI识别广告最具代表性。如欢网科技与科大讯飞达成合作，通过图像识别、人脸识别、语音识别，实现节目、明星、语音关键词三维定向广告推送，发挥明星与 IP（Intellectual Property，原意为知识产权后扩展为具有版权的精品内容）内容的营销价值，直击用户兴趣点。

第二，数据技术加持。与传统电视以"收视率"为代表的广告投放及评估方式不同，智能大屏兼顾了"互联网＋电视"的双重媒体属性，汇集了更加庞大的数据规模和更加多样的数据类型，弥补了传统电视原先较为单一的数据短板。基于这些数据，智能大屏广告可以进一步实现从用户洞察到精准投放的技术升级。

首先，通过智能大屏数据平台建设，智能电视在广告投放环节解决了传统电视一直以来无法自动化、定向复杂及流量浪费的难点，并且打通了智能家居、移动端 DMP（Data Management Platform，数据管理平台），实现了从传统的时段购买普投到精准化的受众购买定投的转变。

其次，基于用户数据的精准定位广告以及融入人工智能技术的智能广告已经成为智能大屏营销里的新潮。在这个过程中，智能大屏营销开始在技术及数据打通的基础上逐渐向跨屏、跨场景营销发展。

再次，智能大屏广告的运作模式逐渐成熟。在广告资源逐步丰富，数据、技术成为核心驱动力的情况下，智能大屏广告运作模式发生了翻天覆地的变化。传统电视以时段、内容为核心的交易模式被彻底颠覆，广告主拥有了多元选择权。

随着智能大屏广告运作模式的成熟，广告主对智能大屏营销价值的认可度逐步提升。一方面，广告主在进行广告预算分配时更愿意考虑智能大屏媒体。秒针数据显示，2019 年，智能大屏在广告主媒介预算分配比例中以 11% 位居第三，仅次于互联网及传统电视。不同行业的企业品牌重视程度不同。以 OTT TV 为例，奥维互娱数据显示，2019 年投放智能大屏广告的广告主中，Top 10 行业总流量份额达 95%，其中食品饮料类投放份额最大，占 29.5%，交通工具类居第二位，占比为 27.1%，美妆个护类位居第三位，占比 11.2%。

然后，广告主在智能大屏端开展营销操作的选择方式也趋于多元。在数据技术的支持下，广告主可以选择独立智能大屏媒体投放、跨屏投放、跨场景组合投放、以时段和内容为核心的投放，甚至程序化投放等多种广告投放方式。

最后，智能大屏营销在效果测量和评估方面有了一定突破，除传统"收视率"关键指标外，智能大屏营销构建了CPM（Cost Per Mille，千人展现成本，简称"千人成本"）、TA浓度（TA，即Target Audience，目标用户；TA浓度是检验广告是否投放至目标人群的指标）等多种评估指标，与其他数字媒体的效果评估体系相对接，并链接智能大屏电商等平台在销售转化方面的评估效果。

由此可见，与传统电视相比，智能大屏广告在资源类型的丰富程度、数据挖掘以及技术的支撑力度、广告主的投放意愿方面发生了诸多变化，带来了智能大屏端全新的营销运作模式。

## 1.1.4　智能大屏产业之变：从新兴势力到必争之地

智能大屏价值提升，行业各方力量也活跃起来，原有角色升级变革，新角色强势入局，广告主和营销服务商也在聚焦智能大屏。厂商云集、内容方汇聚、运营商转型升级、营销服务机构携手广告主进入，智能大屏的产业体系不断完善。可以说，智能大屏营销已经成为各方争夺的焦点。

终端厂商作为占据智能大屏流量入口的关键角色，是智能大屏营销的主要推动者。其坐拥硬件及系统级流量入口，掌握海量用户数据，主导硬件系统层广告容器开发，成为智能大屏营销新势力。

互联网内容应用方作为内容层广告的重量级玩家，将在线视频广告模式复用与创新，整合核心能力和多屏资源、释放生态数据的驱动力，为智能大屏行业带来程序化等新投放模式和新玩法。

牌照方和运营商手握"内容+强势渠道"，一方面通过牌照优势对接众多终端厂商，另一方面作为运营商为用户提供视频服务，成为关键的连接者，着力于渠道、资源的整合，拓展前端用户流量，试图在用户收费之外通过广告来拓展变现方式（见图1-5）。

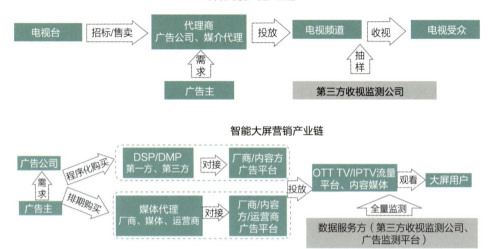

图1-5 传统电视广告产业链与智能大屏营销产业链的比较

广告营销代理商、智能大屏营销服务机构和第三方数据公司的加入，大大带动了广告主的关注和迁徙，对促进智能大屏的营销策略、评估方法论的建立和完善起了关键作用。

## 1.2 机构角逐，重构智能大屏营销生态

上文提及智能大屏产业变化，多方力量入局。这些来自于不同行业的机构是如何挖掘智能大屏用户流量价值的？呈现出怎样的特点？作为关键角色的终端厂商、内容应用方、牌照方和运营商、营销服务商和广告主，各自如何立足优势布局智能大屏营销？

### 1.2.1 终端厂商：把握用户流量入口

终端厂商多年来专注于硬件设备制造，在传统电视广告的产业体系中处于中下游位置，盈利模式也以终端销售为主。随着电视终端智能化升级，智能大屏终端作为流量入口的价值凸显，终端厂商对流量开发有了自主运营权，这对其盈利

模式的优化调整有战略性意义，使得原本被动转型寻求突破的终端厂商成为广告营销战场不容小觑的新晋角色。

其中，具有互联网背景的科技企业与智能手机厂商是新兴力量，它们的进入使得原本就不平静的智能大屏市场变得更加热闹。一方面，风行网、乐融等新兴电视厂商从内容业务到硬件进行产业链布局；另一方面，小米、华为、一加等智能手机厂商介入异业竞争，涉足智能大屏终端业务。各家轮番发布智能大屏新品的阵势，好似开辟"第二战场"，后续广告营销上的较量也一触即发。

具体到营销布局方面，终端厂商有何着力点呢？

首先，智能大屏终端设备产品是终端厂商开展营销业务的基础。为扩张终端铺设规模，老牌电视终端厂商纷纷成立独立公司，专注于智能大屏系统平台的构建和业务运营，打造运营中台来挖掘用户价值，以用户为支点撬动互联网业务的复利增长。如康佳易平方的易柚系统 7.0，集成用户系统、大数据系统、支付系统、广告系统、安全系统五大系统和语音识别、图像识别、智能推荐三大引擎。此外，终端厂商还通过开放平台形成联盟，如深圳市酷开网络科技有限公司（简称"酷开科技"）以"系统开源共享"模式与更多的终端厂商、运营商合作，深圳市雷鸟网络科技有限公司（简称"雷鸟科技"）也成立了硬件厂商"雷鸟联盟"。

其次，系统层广告是厂商掌控的主要营销资源。除了销售更多的智能大屏终端设备，终端厂商也在挖掘每台智能大屏终端上可能的广告机会。除系统层广告外，终端厂商还积极开发内容流拓展广告库存，并开发智能大屏社交、语音互动、活动营销等创新互动玩法。数据应用层面，厂商们加快推进补齐算法模型、数据产品、标签体系、云计算上的短板。

最后，终端厂商结合各自优势推出了一些独具特色的营销解决方案。如康佳跨场景的"易术营销"计划、小米的"AI + IoT + OTT"（IoT，即 Internet of Things，物联网）智能生态营销体系、风行网的 F + 营销云智能大屏品效营销平台，通过整合多级资源，将智能大屏营销价值最大化。在广告服务方面，部分终端厂商们也在加强广告经营的能力，自建营销团队，直接服务广告主。

### 1.2.2 内容应用方：扎根内容优势

以腾讯、爱奇艺、优酷（以下简称"爱优腾"）为代表的内容应用方，凭借其在 PC 端和移动端积累的强大的内容资源和雄厚的数据能力，成为智能大屏营销市场的重量级玩家。不论是在用户流量、营销库存还是广告营收方面，智能大屏都已成为"爱优腾"的战略性阵地。据行业人士透露，"爱优腾"各自 OTT TV 端流量已经大约占到整体流量的四成，成为第二大视频流量入口。营销库存方面，其智能大屏端前贴片广告库存资源占比达到 50%，高于移动端。智能大屏在其广告收入贡献上的占比也在不断提升。

首先，"内容+应用"是内容应用方的智能大屏营销布局的基础。其一，强化内容优势，全量内容拓展至智能大屏。各平台都已将自己的全量内容<sup>⊖</sup>，包括头部 IP 内容及付费内容，全部拓展到智能大屏端；其二，布局应用软件，主动联合牌照方。基于海量内容的优势，内容应用方一方面与牌照方合作，推出奇异果 TV、云视听极光、CIBN 酷喵影视等智能大屏端专有的视频应用软件，另一方面与厂商合作预装，将版权内容及广告服务内置于硬件设备中。

其次，内容应用方着手打造自有终端产品，发布电视盒子、电视投屏等硬件设备，激活原先使用非智能电视的家庭用户，增加流量；将人工智能技术引入智能大屏端的内容应用，如引入场景识别、产品识别等技术，提升智能大屏营销的用户体验。

再次，内容应用方主导着内容层广告的流量变现。广告资源方面，内容应用方开发应用内全链路、强曝光的资源，进行组合化、定制化的投放，以"IP 内容+AI 技术"驱动营销服务。

最后，在营销服务方面，内容应用方一方面为广告主提供多屏通投、智能大屏单投、时段定投等灵活多样的投放选择，另一方面不断迭代和整合多屏生态内

---

㊀ 全量内容，即内容生产方所拥有的 PC 端、移动端的所有内容资源。

的家庭数据与个人数据，将移动端和智能大屏端的底层数据打通，识别来自于不同设备的用户，为跨屏营销提供更丰富的底层支持。

值得注意的是，互联网巨头 BAT（百度、阿里巴巴、腾讯三家公司的简称）一直以来都将家庭场景下的智能大屏视为关键性战略市场，如阿里妈妈发布全域跨屏营销战略和家庭定向产品"家庭全域星"，以开放姿态推进家庭营销生态构建，创新了智能大屏广告的投放模式。

### 1.2.3　牌照方和运营商：多方资源整合以求突破

牌照方和运营商，它们或者拥有官方牌照资质，或者拥有传输网络渠道，一直以来都是智能大屏产业不可缺少的重要力量，但它们在广告营销上的业务发展一直较为缓慢，并未形成规模，但也不乏一些先行者。

首先，部分牌照方和运营商整合业务，优化内部经营团队。例如，广电体系的芒果 TV 整合 IPTV 与 OTT TV 业务团队成立新的智慧大屏业务中心，移动网络的运营商代表中国移动旗下的咪咕文化科技有限公司（简称"咪咕"）组建支撑多省的广告业务队伍。

其次，加强行业生态联动。如芒果 TV 横向集结广电、通信运营商、新媒体的多元业务生态圈，纵向打通垂直业务产业链，以"合纵连横"的方式聚合品牌营销势能。部分运营商调整了牌照分成模式，与行业合作方探索营销业务的分成模式。例如，广东南方新媒体有限公司（简称"南方新媒体"）与腾讯在云视听极光智能大屏视频应用的经营分成方面进行了调整，南方新媒体掌握了更多营销分成。

最后，广告平台方面，尤其是在 IPTV 领域，存在着经营权割裂、资源开发有限、广告系统与运维系统博弈等问题。目前部分 IPTV 运营商通过对外广泛合作，依赖专业智能大屏运营机构的营销、产品以及技术等能力，来打通分散在各地 IPTV 的广告投放资源，建设自身广告中台。

### 1.2.4　营销服务商与广告主：实战派突围

智能大屏市场的火热，与大量广告主和营销服务机构的入局有很大关系。它们是智能大屏广告营销的实战派,其对于营销理念的升级、实操策略的优化、服务能力的锻造,都将大大提升智能大屏营销市场的成熟度,促进营销生态和规则的建立。

广告主在智能大屏领域近两年的市场表现有三个明显的变化:

一是总体认可智能大屏价值,逐渐加大投放预算。广告主对智能大屏广告投放的态度日渐主动和坚定。广告主不仅对智能大屏的覆盖范围和用户规模表示认可,同时对智能大屏广告形式普遍接受。不少4A公司(The American Association of Advertising Agencies,简称4A,是美国广告公司协会成员单位,泛指规模较大的综合性跨国广告媒介集团)和营销服务机构在采访中透露,许多广告主逐渐从传统电视、OTV(Online TV,在线电视)的预算中划分出智能大屏预算,更有广告主开始为智能大屏单独设立媒体预算。

二是从以品牌类广告主为主,到部分效果类广告主尝试性入局。目前,智能大屏投放以品牌广告主为主。电通安吉斯集团程序化团队北京总经理苏永刚在调研时提到,快消、汽车行业等预算充足、有品牌形象诉求的广告主对智能大屏营销更容易接受,他们是智能大屏广告投放的先导者;而中小型广告主受制于经营规模及营销预算等,更重视以购买效果为导向的营销诉求,暂时还没有完全进入智能大屏营销,但行业也在通过程序化、扩充广告容器等多种手段试图解决此问题。○

三是客户的构成趋向成熟。从广告主的结构看,OTV 存量客户、定向投放智能大屏的客户、从传统电视转移到智能大屏的增量客户,组成了目前大屏营销的主体客户结构。爱奇艺商业策略总经理王泉在调研时特别提到,在视频网站合作的广告主中多屏通投已成常态,定投智能大屏的客户数量和体量正在快速增长。◎

营销服务商方面,大型广告营销服务机构、专业智能大屏营销服务机构和第

---

○ 杨雅坤. 电通安吉斯苏永刚:大屏媒体将成为营销方案的重要组成部分[J]. 国际品牌观察(媒介下旬刊),2020(9):66-67。

◎ 全亦霖. 爱奇艺王泉:大屏营销机遇与挑战并存[J]. 国际品牌观察(媒介下旬刊),2020(5):72-74。

三方数据公司的加入，使得智能大屏营销的服务能力得到提升。4A 公司方面，电通安吉斯集团程序化团队北京总经理苏永刚表示，为调动广告主的智能大屏营销意愿，公司在不断加强客户教育，一方面实时跟进智能大屏营销动向，将前沿技术和信息传递给广告主，另一方面制定智能大屏营销组合投放策略，引导广告主选择最为匹配的策略和方案。越来越多的综合型广告公司专门设立了智能大屏营销业务团队，如蓝色光标、昌荣传播，从 DVB 广告开拓者逐渐增加了智能大屏广告商业运营者的身份。

此外，专注智能大屏智能运营及营销服务的机构，如欢网科技，深挖家庭智能大屏的入口价值，活跃在智能电视市场，在智能大屏营销方法论研究和专业人才培养上不断增加投入。截至 2020 年 7 月，欢网平台及其业务系统独家接入并运营的智能大屏终端已经正式突破 1 亿台。此外，勾正数据、中国广视索福瑞媒介研究（简称 CSM）等第三方监测机构从数据监测和效果评估方面推动了智能大屏广告基础设施的建设。CAAC 智能大屏营销研究院、中国电子视像行业协会智能硬件分会等研究机构及行业协会的进入，对促进智能大屏营销行业规范、评估方法论的建立和完善起到了重要作用。

## 1.3 模式创新，营销玩法与投放模式不断升级

营销环境变幻莫测，对智能大屏行业各方的营销服务能力提出了新的要求。对此，一些创新者角色也在针对智能大屏端开发更多组合化、定制化的智能大屏营销解决方案。与此同时，在跨屏数据、物联网生态的催化下，跨屏营销和跨场景营销等新操作模式不断破题（见图 1-6）。

### 1.3.1 智能大屏营销资源：类型多样，品牌广告占主流

不同于传统电视的时段广告、冠名赞助、内容植入形式，智能大屏端的广告形式更加丰富多元，从系统层到应用层、内容层设置全链路广告触点，覆盖用户全行为场景。

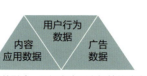

图1-6 智能大屏营销模式

### 1. 系统层、内容层资源成熟，应用层资源潜力待挖掘

如今，系统层、内容层广告构成了智能大屏营销市场的主体资源。尤其是以开机广告为代表的系统层广告，已经被广告主广泛采用；以贴片广告为核心的内容层广告也迅速打开市场。相比之下，以 APK（Android Application Package，安卓系统应用程序安装包）开屏、电商组件为代表的应用层广告资源开发还存有较大空间。

系统层广告资源的商业运营由终端厂商主导。终端厂商凭借终端产品铺设的优势，开发系统层广告资源，帮助广告主快速覆盖家庭智能大屏用户。其中开机广告成为广告主接受度最高的资源类型。奥维互娱数据显示，2019年全年，OTT TV 开机广告总库存为 6425 万 CPM，相比 2018 年同期增长 42.6%。其中智能电视开机广告中，国产五大品牌占据 58% 的份额；其次是互联网品牌，对比 2018 年同期开机广告库存增长 7%。开机广告之所以受到重视，是因为其是用户使用智能大屏无法回避的行为路径，拥有较强的曝光性。但是开机广告时间短、互动性较弱。若想增强用户互动性、交流性，持续提升用户兴趣，开机后资源的开发就尤为必要。目前，各大终端厂商已经开发出了首页 Banner、首页换肤、弹窗提醒等各种开机后资源，并根据不同开机后资源特点进行了创新或组合。例如，上文我们所谈到的"15s+5s"创意开机广告就将开机广告强曝光性特点与系统首页界面广告做了较好的融合。再如，为更好地结合用户兴趣，满足品牌特定营销需求，终端厂商立足系统层资源开发，开发出品牌专区、定制频道等多种营销资源。总而言之，终端厂商已经在系统层广告方面推出了各式广告资源，满足广告主的多样化需求。

内容层广告资源的商业运营权较为分散，分布在电视台、内容应用方、牌照方、终端厂商等多方手中，其中，根据用户内容观看权重来看，电视台以及视频内容应用方成为核心。两者相比，电视台更多是以直播中的内容植入、节目赞助等广告资源形态为主；视频内容应用方则基于内容优势开发出贴片广告、暂停广告等多种广告资源，并结合了 AI 技术等开发出智能识别广告资源等。在内容层丰富的广告资源中，贴片广告仍占主流。

根据奥维互娱发布的《2020 年中国智慧大屏发展预测报告》，2019 年内容层广告投放收入更集中，仅爱奇艺（奇异果 TV）、优酷（CIBN 酷喵影视）、腾讯（云视听极光）三家内容层广告就占 85% 份额。其中，贴片广告表现明显。2019 年 OTT TV 贴片广告库存 12.4 亿 CPM 中，"爱优腾"三家贴片广告的份额占整体的 75%。事实上，互联网视频应用方将 PC 端和移动端较为成熟的广告资源模式落地到智能大屏，降低了广告主的认知门槛，并能利用 PC 端和移动端的已有经验更容易地说服广告主。估计在未来较长的时间内，内容应用方都将成为内容层广告资源经营的主导者。

从应用层广告资源来说，同内容层广告资源一样，其商业运营权掌握在不同的应用服务商手中，资源权限较为分散。正是因为如此，应用层广告资源的开发较为封闭，没有形成行业生态。目前较为普遍的资源开发集中在应用开屏、应用 Banner、角标等常规硬广资源上。实际上，根据应用类型不同，其营销资源开发也不同。比如应用商城类应用在上述的资源形态外，还拥有应用推荐位、应用组合栏目位等多种广告资源形态；教育类应用可以集中在内容或活动定制等广告资源开发方面。但是，当下各应用资源开发较为分散，且由于流量规模限制，资源开发程度也不够深入。因此，应用层广告资源还有很大的开发空间。

## 2. OTT TV 广告形式更丰富，IPTV 和 DVB 亟需突破

立足于系统层、内容层和应用层广告三种资源类型，从信号源来看，OTT TV 由于其本身生态的开放性，获取了更多营销资源支持。目前，包括勾正数据、奥维云网、酷云大数据等在内的行业数据服务商在进行智能大屏营销市场发展状况监测与评估时，更多地将视线聚焦在 OTT TV 领域。勾正数据在其《中国家庭智慧屏生态发展白皮书》谈道："OTT TV 广告模式相对成熟，成为 OTT TV 营收的主要来源。"而我们在上一小节所谈到的案例中，也基本以 OTT TV 广告资源为主。那么，在 OTT TV 广告资源形式逐渐丰富的当下，IPTV 和 DVB 如何寻求资源开发突破呢？

首先，与 OTT TV 相比，IPTV 行业开放性略有不足，但是其资源开发权限与 OTT TV 类似。系统层广告资源开发依托 IPTV 机顶盒系统，由终端厂商掌控；内容层广告资源开发掌握在牌照方、内容应用方手中；应用层广告的资源开发权分散在各个应用服务商手中。从 IPTV 营收结构来看，勾正数据显示，2019 年 IPTV 广告营收仅占整体营收的 0.9%。可以说，IPTV 运营商将更多资源集中在了基础业务和增值业务方面，对 IPTV 广告资源挖掘有所忽视。实际上，目前，运营商和牌照方已经逐渐意识到 IPTV 广告资源开发的重要性。例如，河北联通 IPTV 对静态"贴图"式广告进行创新，将其改为短视频形态，增强广告吸引力；天津广电 IPTV 加强"大屏广告 + 大屏电商 + 线下活动"的联动。但是，在 IPTV 广告资源开发方面，其资源类型陈旧、资源分散、资源开发不充分的特点明显。目前，IPTV 广告仍以开机广告为主，且受制于不同省份 IPTV 系统建设程度的不同，其广告资源开发在不同省份的成熟度也不同，且在频道条、音量调节、暂停等非开机广告资源开放方面各省也存在较大差距。可以说，IPTV 广告资源开发还有较长的一段路要走。

其次，DVB 方面，受到 IPTV 和 OTT TV 的双重冲击，有线电视市场下滑严重。因此，在广告资源开发方面，有线电视运营商更是陷入了"有心而无力"的困境。目前，虽然 DVB 业务仍拥有大量有线数字电视用户，但是其营销资源互动性较差，广告份额被 OTT TV 和 IPTV 业务挤占，营销效益下降。在此情况

下，部分有线电视运营商开始寻求突破。例如，华数数字电视传媒集团有限公司（简称"华数传媒"）开发了智能广告生态系统，整合有线电视大屏，对接其他广告平台，为广电大屏争取更多的广告流量。

### 3. 全链路整合、跨渠道组合、内容捆绑成为三大主流投放方式

实际投放中，智能大屏广告有三种主流的投放方式。

一是全链路广告资源的整合联动。何为全链路？全链路即从用户开机到关机全流程覆盖，包括开机、主界面、应用、内容、关机等全场景链条的多种广告资源。该种投放方式可以通过营销资源组合实现营销过程中品牌的持续曝光，增强用户记忆度，帮助广告主渗透至各个营销节点。当下，行业各方都针对自有营销资源进行深度开发或者展开合作，以构建用户行为全路径覆盖的全链路广告资源。如腾讯"超级品牌日"品牌广告解决方案，从闪屏到视觉焦点图，再到贴片、屏保的整体联动，一天之内覆盖到腾讯客厅70%以上的独立用户；小米也推出"OTT（TV）Big Day"方案，为品牌提供包含超聚焦、精选页换肤、首页拼图、AI PUSH、MINI霸屏、高清画报的家庭场景全链路资源组合。

二是跨渠道组合投放。众所周知，当下智能大屏包含了OTT TV、IPTV以及DVB三个信号源，不同信号源触达不同用户，且不同信号源之间的资源还有待打通。尤其是IPTV和DVB，在区域运营商的主导下，更为聚焦区域市场，特别是下沉市场的用户，这对于一二线城市发展较好的OTT TV而言是非常重要的渠道补充。因此，为满足广告主对营销覆盖用户的规模以及层级的需求，"OTT TV + IPTV + DVB"的组合投放成为当下行业各方正在积极推动发展并落地的投放方式。例如，昌荣传播2019年整合"OTT TV + IPTV"，通过OTT TV厂商的全域投放来触达一线市场，联合IPTV平台进行下沉市场补充，聚焦"开机+核心头部资源贴片"实现广告基础触达，同时基于多维度定向和精准频控进行投放。

三是内容捆绑式投放。智能大屏继承了传统电视的内容优势，因而在广告营销方面也在不断释放内容价值。立足广告主对优质内容所具备的营销价值的需求，行业各方不断推进内容捆绑式投放方式。目前，品牌专区、定制频道、内容

植入等属于该类投放方式。从价值性来讲，内容捆绑式投放可以将品牌与内容做巧妙结合，助力广告主结合用户内容偏好，在用户浏览、观看内容的过程中潜移默化地进行品牌曝光或品牌互动，加深用户记忆，减少用户对广告的回避与反感。具体举例而言，欢网科技联合电视台在OTT TV上建立卫视大屏专区，降低了头部IP内容的电视广告投放门槛，吸引了不少新客户投放；昌荣传播通过建设大屏垂直频道，在亲子教育领域重点布局，致力于为广告主提供一站式解决方案。

### 1.3.2 智能大屏营销投放：完善标签体系，精准营销成可能

智能大屏营销的快速发展离不开数据能力的提升，只有成熟完备的数据支持才能为广告主提供更为精准的广告投放服务。利用大数据，在智能大屏上找到目标人群，进行精准投放，也是智能大屏广告市场发展的重要趋势。那么，智能大屏营销的投放流程有哪些特点？

**1. 投放前：数据采集，建立用户标签**

数据是智能大屏营销实现精准营销的基础。当下，行业各方都颇为重视智能大屏数据的采集与利用，与此同时也在加强行业数据的开放与合作，不断拓宽智能大屏数据的"资源池"。从目前掌握的数据类型来看，终端厂商通过智能大屏终端铺设把控流量入口，掌握核心用户数据；内容应用方立足内容优势、对接PC端和移动端，把控用户行为偏好、内容偏好数据；运营商和牌照方则发挥全业务优势，掌握各业务领域综合数据；营销服务商一方面通过APK等数据采集技术进行数据采集，另一方面则加强与行业各方合作获取多元数据。

在数据采集、打通、整合的基础上，行业各方不断尝试构建精细化用户标签体系。行业各方将各渠道、各应用、各场景数据对接整合，通过同源数据识别，引入TH（Target Household，目标家庭）以及Household ID（家庭用户身份识别体系）的概念，精准描绘智能大屏用户画像。举例而言，小米将手机、电视、IoT多端多维度数据打通，创建Mi Home Data（小米终端生态家庭数据库），涵盖超过10万基础标签、超过18万内容标签、59个维度、45类标签类型，让数

据更精准；腾讯 OTT TV 依托腾讯大数据的优势基因，基于自有的社交、娱乐、资讯等多元数据和合作伙伴融合数据，通过移动手机端与客厅智能电视设备进行数据映射，为目标家庭贴上精准标签，构建独有的腾讯 Household ID，实现从个人数据向家庭数据的过渡、从 TA 到 TH 的转变；创维酷开科技集合多方数据，打通终端壁垒，构建了酷开源生 DMP，可以从屏幕尺寸、性别、年龄、位置区域、黄金时段、内容偏好等六大维度精准触达目标家庭。

精细化用户标签体系的构建，可以帮助行业各方在落实智能大屏营销过程中实现更为精准的营销投放，在一定程度上减少资源浪费。

### 2. 投放中：多维定向投放，推进智能大屏端精准化、程序化投放

在构建智能大屏用户标签体系的基础上，行业各方在推进智能大屏营销落地时，可以实现多维度的定向投放，满足不同类型广告主的差异化营销需求。举例而言，创维酷开源生 DMP 的支持下，广告主可以通过基础定向、DMP 人群定向、在相似（Lookalike）人群扩量投放等多种定位方式进行精准投放；欢网科技推出人群定向模式的投放服务，基于"受众购买与运营中心"的数据系统，对数据分析整合，进行人群识别与画像勾勒，可实现指定社群投放、区域投放、高端人群定向投放以及定制化人群投放等。在用户标签体系的支持下，广告主可以通过多元用户标签组合实现多维度的用户精准定位投放。

值得一提的是，在用户标签体系建立、各方 DMP 逐渐完善的基础上，行业各方开始积极推进智能大屏营销程序化。但由于智能大屏仍处于初步发展期，智能大屏营销仍以常规的媒体资源购买和部分媒体资源程序化购买为主。因此，在程序化落地方面，行业更多的是将智能大屏营销资源对接至已有的程序化平台。例如，奇异果 TV、云视听极光等平台的广告资源已接入爱奇艺以及腾讯自有的程序化购买平台。

同时，行业各方也积极采取各种措施，推进智能大屏营销程序化进程。例如，电通安吉斯集团在公司内部成立程序化团队，并自建 M1 中心数据系统，利用自主研发的广告投放平台 Capper（平台产品的名称）聚合媒体流量，对标签化人群进行精准的广告投放；欢网科技与 CSM 合作推出收视率分析系统 CSM –

Huan，强化实时程序化投放能力，实时捕捉收视冠军，让广告主实时定向投放时下热门的 IP 内容等。

### 3. 投放后：营销后链路评估，优化营销转化

在营销效果评估这一环节，行业各方虽未建立起统一标准，但都在各自领域寻求突破。当下，检验 TA 浓度成为行业各方进行智能大屏营销效果评估的核心方式。用户在看到广告之后的行为轨迹是什么？是否实现了营销转化？随着广告主对于营销回报的转化需求增强，这些代表着营销后链路评估分析的问题也日渐成为行业各方关注的焦点。

通过跨屏数据打通，行业各方能够实现识别同一家庭场景下的不同类型终端，追踪用户行为，洞察智能大屏用户观看广告的后续行为路径。例如，勾正数据构建了跨屏同源设备唯一标识 CHID（China Household ID），可以精准锁定正在收看智能大屏广告的用户的移动设备 ID，追踪用户后续在移动端的一系列行为路径，帮助广告主分析转化效果。同样，秒针系统也颇为注重智能大屏营销后链路效果分析，搭建了品牌互动与行为转化评估体系，对用户行为转化过程进行追踪，为广告主提供浏览/搜索率、加购（购物车）率、下单率等营销后链路指标。

在对营销后链路分析评估的基础上，广告主可以掌握智能大屏营销的转化效果，并根据营销效果情况选择是否进行营销补充投放。目前，广告主对营销补投的选择更多地聚焦在智能大屏营销未能完全触达目标用户的情况下。例如，勾正数据自建的 CHMP（China Household data Marketing Platform，中国家庭数据营销平台）可以帮助广告主就投放后的触达效果进行分析，锁定未触达人群，并针对这类人群进行收视行为、内容、属性等深入洞察，从而制定补投策略，进一步优化整体投放效果。

虽然行业各方在智能大屏营销效果评估方面已有布局，但总体而言，智能大屏营销效果评估，尤其是营销后链路分析，仍处于探索阶段。构建科学且完整的智能大屏营销效果评估体系，还有很长的一段路要走。

### 1.3.3 智能大屏营销拓展：跨屏与跨场景营销落地

凯文·凯利在题为"未来20年的12个趋势"的演讲里提到，未来任何一种平面都会成为屏幕，我们将进入"读屏"的时代。如今，基于单屏的广告投放效果有限，单纯的智能大屏已经不能满足深度的营销需求。这就需要营销者将"屏"的价值进行延展，跳出单屏传统操作，创新互动的营销方式，这包括AI语音互动、家庭场景跨屏联动，甚至跨客厅、酒店、景区的场景化营销。

#### 1. AI加码营销场景化

在AI等技术的赋能下，与内容结合的场景化广告成为智能大屏营销的趋势之一。如银河互联网电视有限公司（简称"银河互联网电视"）与极链科技合作，独创全序列采样识别算法，可对视频中的人脸、物体、场景等八项维度进行识别和特征描述，进而实现视频标签化搜索、自动化场景单元的划分和广告投放；欢网科技携手科大讯飞，利用AI语音识别和人脸识别技术，根据观看内容的语境识别微场景，让广告内容与用户观看内容适时结合，提升智能大屏内容的利用率。

当然，AI加码智能大屏营销不仅仅体现在对内容场景的激活上，更体现在将内容场景与转化场景进行链接，协助智能大屏营销对接电商平台，实现营销转化。例如，奇异果TV创新推出"AI雷达"功能，该功能可以进行即时场景识别、产品识别，不仅能实现精准营销和高效投放，还能通过"边看边买"的流程设计完成营销闭环；CIBN酷喵影视率先研发并商用了"AI智能场景跟踪器"，能够识别内容画面中的物品，对接电商平台，满足用户的消费需求。

#### 2. 多屏协作与跨屏营销快速发展

在家庭场景中，智能大屏与小屏互融共通，跨屏互动已成为常态，不论是投屏还是同源设备联动，都折射出家庭行为与个人需求在某些场景下的对接。例如，小米基于IoT平台打造的"MOMENT＋"全场景智能生态营销体系是终端多屏联动的典型解决方案。2019年，沃尔沃冠名小米OTT TV 2019央视春晚，在小米 OTT TV 智能大屏上进行互动页定制，手机端以 H5 形式互动，21 天推广周期内覆盖超过 2000 万台设备，首页拼图曝光完成率达 329%，品牌曝光超过 5 亿。

目前，智能大屏的跨屏营销服务还在摸索中，主要体现在三个方面：

其一，实现各个场景同源数据的打通具有一定难度，包括通过智能大屏端和移动端的用户使用行为数据，还原更多维、精准化的用户画像。

其二，在跨屏营销投放方面，国内还在摸索跨屏营销的具体形式，基于流媒体视频服务的、基于系统级的跨屏协作都有待探索。因此，实现基于跨屏营销的实时优化和同源测量，是行业所期待的发展目标。

其三，多场景互融，拓展智能大屏价值外延。康佳易平方提出"易术营销"，推出"易聚屏"跨场景广告平台，除家庭场景外，拓展酒店、景区等场景，未来将逐步融入社区、办公场景，以用户移动端设备为核心打通同源数据监测，聚集多方流量，实现跨场景精准营销。创维酷开科技也广泛布局多元场景的户外智能大屏，通过实时摄像头监测数据回传，积累户外流量，目前正在以湖南省为起点辐射全国的文化旅游屏媒阵地，构建有效影响超过 6.8 亿人次的户外智能大屏矩阵。

## 1.4 挑战犹在，智能大屏营销的市场问题及行业痛点

必须承认的是，智能大屏行业仍处于发展期，其在商业营销领域的市场格局还未稳定，其发展仍面临多种问题。随着多方入局抢夺智能大屏营销的"金矿"，行业仍存在诸多痛点有待解决。

### 1.4.1 智能大屏营销的预算所属未明确，从"补量"到"转正"还有待时日

随着客厅经济的崛起，智能大屏的媒体价值被各方所认可。但是随着智能大屏营销的实践落地，行业各方可以明确地感受到，智能大屏作为"互联网 + 电

视"双重属性的媒体，在现有媒体格局中的类别归属并不明确。智能大屏是作为互联网媒体的垂直类型，还是直接归属到电视媒体，抑或成为"独立阵营"？智能大屏行业各方并未给予一个明确回答，而是在各自的营销布局过程中，将智能大屏媒体划分在"电视媒体""数字媒体"等不同媒体类别中，少部分行业机构将"智能大屏"单独划分为一类。这种混乱的划分标准加大了智能大屏的媒体模糊性。

与此同时，由于智能大屏媒体类别所属不明确，广告主在进行营销预算规划时，对大屏媒体预算分配更是"无从下手"。尤其是当下，互联网媒体以及电视媒体的营销生态较为成熟，而智能大屏营销刚刚起步，广告主优先将预算分配在互联网媒体以及电视媒体等方面，间接导致了智能大屏媒体在营销格局中陷入了"补量"地位的尴尬局面。

何为"补量"？即智能大屏媒体并非是广告主媒介投放的"主选项"，仅是数字营销或者传统电视的"补充"。这种现状所反映出来的正是目前广告主对智能大屏媒体价值仍未拥有充足认知。这也要求智能大屏营销产业各方在对广告主的宣导教育上投入更多精力，建立评估智能大屏媒体类型的统一标准。但是，这必将是漫长且艰难的路程。

## 1.4.2 智能大屏营销资源开发分散，资源价值盘活不足

由于智能大屏还处于发展初期，行业各方对营销资源的开发处于摸索阶段。因此，行业各方纷纷立足自身业务优势进行资源开发。这就导致了当下智能大屏营销资源开发过度分散，且开发标准不一。由此带来的影响是智能大屏营销资源生态较为混乱无序，且各方局限在自有资源体系中开发，难以打通资源壁垒。虽然目前行业各方也在积极推动联盟合作，但这种联盟覆盖范围较小且资源整合落地推进缓慢。其中，营销服务方作为资源代理方，开始发挥积极的主导作用，整合各方营销资源，打包综合性营销解决方案，但是这种模式仍处于发展起步期。

虽然智能大屏营销资源开发较为分散，但营销资源丰富度大幅度提升。目前，智能大屏营销资源包含了开机广告、贴片广告、品牌专区、界面广告等多

种营销资源形态。各方也在积极推动营销资源的创新。但在实际操作过程中，对智能大屏营销资源的利用多集中在开机广告和贴片广告两大类，其他资源的利用率较低，未被充分激活，这造成了智能大屏营销资源"供大于求"的现状。

另外，目前智能大屏营销资源仍以"强曝光性"为核心卖点。的确，智能大屏延续了电视媒体的"强曝光性"优势，也同时集成了互联网媒体的交互特性，但在营销资源的交互性方面明显有所欠缺。如此一来，智能大屏营销资源在缺乏用户互动性的同时，也难以完善转化链条。实际上，目前智能大屏营销资源的开发在逐步增加除"强曝光性"之外的其他特点标签，尤其聚焦时效果类营销资源的开发。但现阶段，智能大屏广告资源中的效果类广告，如内容电商、语音搜索、Banner、信息流和商城等模式仍未被良好结合。腾讯客厅业务部策划总监李博地谈到，效果类广告是智能大屏营销接下来的发力重点，在实操上要将智能大屏营销的前后链路打通，让用户通过广告在每一个节点产生点击、下载甚至是付费行为，真正实现智能大屏端广告的销售转化。⊖目前，智能大屏营销在品效合一的转化方面仍停留在基础阶段，随着数据和产品的完善，类似移动端的"信息—购买"闭环型广告平台将得以实现。

### 1.4.3　智能大屏数据生态存在问题，同源数据打通难

虽然智能大屏相比传统电视媒体在数据的挖掘和利用上有明显优势，但智能大屏数据生态还存在诸多问题。

一是"数据造假"的问题。智能大屏行业缺乏数据统计标准。但是，相比互联网媒体存在的"数据乱象"，智能大屏行业各方在应对"数据造假"方面有更多的经验准备，且颇为自律。所以，困扰智能大屏行业的"数据造假"现象更多意义上并不在于"人为刷量"，而是在于行业对数据的统计标准方面。

---

⊖ 王莉娜. 腾讯客厅业务部李博地：OTT 大屏营销将从多屏补充到单屏聚焦 [J]. 国际品牌观察（媒介下旬刊），2020（9）：68-69。

以开机率为例，行业对该项数据的统计较为理想化，忽视了背后可能存在的熄屏、IP 漂移等各种现象。当然，这是暂时未能解决的问题。智能大屏行业在数据统计方面还没有较为权威且通用的统一标准，导致了社会对智能大屏数据存在质疑。

二是"数据孤岛"的问题。正如智能大屏营销资源开发过于分散的情况，由于智能大屏行业整体仍处在商业探索期，且受制于数据隐私保护等相关政策及条例，其数据体系也仅局限在内部搭建与管理上。因此，目前智能大屏行业的数据开放和共享程度并未达到理想状态。不同机构彼此之间数据孤立，未能形成数据体系的规模效应。虽然行业各方正在积极筹备建设产业联盟，以期能在数据共享中建立优势，但是此举所形成的结果是从"数据孤岛"向"数据群岛"迈进，仅能实现小范围内的数据开放与共享。

三是"数据同源"的问题。在精准营销的需求下，行业颇为重视"数据同源"，这就必然涉及跨媒体、跨设备、跨场景数据打通的问题。实际上，行业正在积极推动智能大屏数据与智能手机端、PC 端的数据打通，以精准聚焦家庭用户以及个人用户。但由于数据开放度不足，且外部数据的融入机制还未成熟，数据合作难度较大。行业各方大多是基于自有业务生态进行同源数据打通，但是此举局限较大。要真正落实同源数据，需要更为全面的数据合作与数据打通。但受制于政策监管以及利益区隔，智能大屏行业数据生态的搭建还需时日。

### 1.4.4 智能大屏营销效果监测、评估指标体系还有待完善

由于智能大屏营销资源分散以及数据生态还存在缺口等原因，各方在推进智能大屏营销效果监测、评估体系时面临各种问题，导致多数广告主对智能大屏营销仍持"观望"态度。

首先，在效果监测方面，智能大屏行业缺乏客观的效果监测体系。一方面，由于智能大屏行业数据开放程度不足、数据合作程度有限、数据监测标准未能统一等原因，智能大屏行业在构建效果监测体系方面难度较大。另一方面，智能大屏营销资源丰富、资源类型多样，但是营销资源分散、资源整合度较低，不同资

源效果监测方式不同，这对智能大屏营销效果监测造成了阻碍。

其次，在评估指标体系方面，智能大屏营销效果评估指标体系仍不够缜密，有待健全。一方面智能大屏行业还在依赖原有的、较为成熟的传统电视媒体"收视率"评估指标体系；另一方面，智能大屏行业正在逐步纳入 CPM、CPC 等评估指标，逐渐丰富智能大屏营销评估指标体系。但是，不得不承认，相比传统电视、PC 端和移动端相对健全的营销效果评估系统，智能大屏媒体在营销效果评估指标体系方面较为欠缺，暂时未能对每次曝光都实现有效监测。

由于缺乏营销效果监测及评估体系，智能大屏媒体很难向广告主全面地展现自有价值，导致其难以在广告主心中建立足够的信任，从而影响智能大屏营销的实践落地。

## 本章小结

当前，智能大屏在终端、用户、广告以及产业格局方面都发生了诸多变化。智能大屏重回家庭客厅中心，成为家庭流量集聚地。智能大屏媒体价值崛起，行业各方基于自身业务优势纷纷入局，争夺家庭场景"金矿"，智能大屏营销迅速发展。

相比传统电视，智能大屏的价值性可以从四个方面展开：一是从终端硬件向内容应用平台转变；二是用户流量及黏性回归，用户消费意识觉醒；三是广告生态变革，营销资源丰富度大大提升，且颠覆传统电视的投放方式，实现数据驱动、精准营销；四是产业生态重塑，多方入局，各有特色，且营销主导权各自不同，终端厂商和内容应用方掌握了发展先机，迅速占领智能大屏营销头部市场地位。

在这个过程中，智能大屏营销模式逐渐显现雏形。营销资源进一步丰富，在系统层、内容层、应用层都进行全面开发，且除开机广告、贴片广告、应用开屏广告等资源外，还出现了品牌专区、AI 识别等多形态营销资源，并构成了全链路投放、跨屏组合以及内容捆绑等多种营销模式。其中，数据成为撬动智能大屏营销价值的"利器"。智能大屏营销投放颠覆了传统电视广告投放模式，海量数据支持了家庭用户、个人用户标签体系的构建，实现了多维度精准定位投放，同时持续推动营销后链路评估体系的发展。

必须承认的是，智能大屏媒体价值还未被市场认知，其预算所属不明确，从"补量"转正还有待时日。与此同时，智能大屏营销资源开发"供大于求"，部分营销资源价值还有待盘活。而智能大屏数据生态健康度还不足，智能大屏营销在营销效果监测、评估体系建设等方面还存在"空白"。可以说，智能大屏营销的发展仍需突破层层问题。

# PART 02

## 风起大屏
### 智能大屏营销新趋势

# 第二部分
# 机构篇
### 智能大屏风口的逐浪者

# 第 2 章
# 终端厂商：强势占据流量入口的营销新势力

## 本章提要

深耕电视产业多年的终端厂商开始注重积淀用户,将广告营销作为新的业务增长点。与智能大屏营销领域的其他角色相比,终端厂商的差异化优势体现在哪里?终端厂商如何充分发挥自身优势来构建智能大屏营销竞争力?

在获取用户流量之后,激发用户活力、保障用户体验是提升品牌忠诚度的关键。终端厂商在用户运营方面采取了哪些手段?

原本专注于生产制造终端产品的终端厂商正在完善智能大屏营销资源配置,它们在开发广告资源和大数据技术上有哪些特点?

终端厂商如何多终端、多场景地布局,拓宽智能大屏的营销边界,实现流量变现?

深耕电视产业多年的终端厂商开始注重用户价值，将广告营销作为新的业务增长点。与智能大屏营销领域的其他角色相比，终端厂商的典型特点在于产品的技术优势，不仅旗下的智能化软硬件矩阵成为智能大屏营销的重要载体，而且经过多年终端铺设积累了海量用户。

本章对终端厂商的营销布局进行全面解读，并将创维酷开科技、长虹虹魔方、TCL雷鸟科技、海信聚好看科技四个终端厂商旗下的智能大屏运营主体作为典型案例展开分析，从中归纳终端厂商的智能大屏营销布局特点。

## 2.1 基于终端技术优势，从用户流量获取导向流量变现

智能化不仅加快了电视终端设备的升级换代，也让生产制造这些设备的终端厂商面临全新的市场环境，企业自身的转型迫在眉睫。传统电视厂商，如创维、海信、长虹、TCL、康佳，分别成立子公司，以酷开科技、虹魔方、聚好看科技、雷鸟科技、易平方作为智能大屏商业运营的品牌，由这些子公司扮演传统厂商"互联网+"转型的先锋角色，探索智能大屏广告营销业务。此外，互联网出身的乐融以及从智能手机转战而来的小米、华为、一加等新兴力量也成为终端厂商阵营中的另外一支势力。终端厂商如何利用终端和技术优势来积累与维护用户流量？它们在智能大屏营销资源的开发与服务上有哪些举措？又如何扩展智能大屏营销价值的边界？

### 2.1.1 软硬件齐发力，强化运营积累用户

用户流量是营销的基础。在技术上，终端厂商是如何通过推进软硬件智能化来提升用户体验，继而扩大用户规模的？在用户运营上，终端厂商有哪些运营手段，这些手段对实现用户留存与促活发挥着怎样的作用？

## 1. 智能化的软硬件是积累用户流量的基础

雷鸟科技中国业务部总监孙冰在接受媒体采访时表示，电视产业从早期以硬件为核心的大规模制造阶段，逐步迈向依靠成熟的终端硬件及海量应用软件进行精细化运营、抢占核心流量入口的智能互联网阶段。㊀正是在这一趋势之下，智能大屏终端厂商逐步打造完整的智能大屏软硬件矩阵。

四川虹魔方网络科技有限公司运营部部长赵亮曾说，在硬件产品线领域，终端厂商一方面积极探索硬件产品的智能化，使智能大屏成为家庭场景的控制中心，如长虹发布的长虹CHiQ"极智屏"新款智能大屏产品加入了智能外设，实现与其他智能终端的连接；另一方面针对消费分级人群拓展新的产品线，实现从网生一代的年轻群体到品质消费的中年人群、从一二线市场到三四线市场、从小型便携终端到大型中高端电视的多产品多渠道布局。㊁

操作系统和应用软件是智能大屏区别于传统电视硬件产品的独特之处。智能大屏硬件产品通过操作系统和应用软件，提升用户体验。其一，智能大屏为视频直播和点播的混合型终端，用户可在智能大屏上获取更为丰富的视频内容。智能大屏操作系统上所搭载的海量应用软件也能够满足用户的个性化需求。其二，智能大屏通过收集和分析用户数据实现对用户的洞察，对内容或服务进行智能推荐。通过对智能大屏内容的精细化运营，为不同的用户推荐不同的内容，实现所谓的"千屏千面"。如酷开科技推出的酷开系统已收录3000多款电视应用，并且基于大数据和人工智能技术分析用户的收视偏好，通过"人工编辑＋智能推荐"的方式为用户推送其感兴趣的内容。凭借创维集团在智能大屏产品研发、供应、售后等方面的天然背书，酷开科技目前覆盖近6000万台终端，占所有智能电视终端体量的31%。㊂

---

㊀ 刘晓. 优化用户体验，发力大屏营销——专访雷鸟科技中国业务部总监孙冰 [J]. 国际品牌观察（媒介下旬刊），2020（1）：70-71。

㊁ 全亦霖. 虹魔方赵亮：基于精益运营的OTT价值挖掘 [J]. 国际品牌观察（媒介下旬刊），2020（7）：77。

㊂ 刘晓. 酷开科技齐铁林：智能大屏助力客厅经济升维 [J]. 国际品牌观察（媒介下旬刊），2020（4）：66-67。

终端厂商凭借技术优势不断增加智能大屏的附加价值，贯彻以用户为中心的服务理念，既增强了智能大屏对用户的吸引力，也为之后的内容运营和广告营销提供了更大的操作空间。

### 2. 多层次的运营手段实现用户留存与促活

智能大屏终端厂商以用户为核心，通过多层次的运营手段延展智能大屏价值，使之不再只是冷冰冰的产品，而成为满足用户需求的客厅陪伴者。

内容运营方面，终端厂商与内容提供方合作，构建起丰富的内容生态，并基于智能化的系统软件为用户推送"千屏千面"的个性化内容。如雷鸟科技通过搭载 AI 技术的智能推荐算法，基于用户个性化需求精准推荐内容。根据雷鸟科技官方介绍，使用 AI 智能推荐算法后，搭载由雷鸟科技负责开发和运营的 TCL 智能电视系统的智能大屏，用户点击率提升了三倍以上。由酷开科技运营的酷开系统针对互联网人群时间碎片化、节奏快等特点，推出短视频内容，通过"短视频个性化推荐，长短视频关联"的方式，延长用户存留时间，增加平台黏性与付费率。

业务运营方面，终端厂商努力开发特色业务，在智能大屏游戏、教育、医疗、购物等领域均有相关布局。如酷开科技根据用户交互习惯，不断优化智能大屏页面展示内容，推荐用户的喜好商品内容，并通过秒杀、优惠券等，吸引更多用户完成大屏购物。

用户运营方面，智能大屏终端厂商通过建立用户数据体系，对用户进行标签化管理、精细化运营。如由长虹集团出资、专注于客厅智能电视大屏及 OTT TV 产业的子公司四川虹魔方网络科技有限公司（简称"虹魔方"）依托长虹集团旗下的"泛虹系"产品线、服务线等资源，建立统一的家庭用户数据库，继而采用用户分层策略，将营销资源向核心优质用户倾斜，培养更多高价值用户。根据康佳产品发布会，康佳智能电视操作系统易柚系统通过每天累计超过 10 亿的数据量，构建出超过 2000 个标签的用户数据库、超过 10000 个标签的内容数据库。这些数据为智能大屏终端厂商针对特定场景的精准营销提供了依据。

## 2.1.2 完善广告资源，大数据技术提升变现效率

通过布局智能软件硬件和强化运营来积累用户成为终端厂商布局智能大屏营销的流量基础。为实现从流量储备到流量变现的转变，从智能大屏运营走向智能大屏营销，终端厂商如何开发和扩充广告资源？它们基于大数据技术展开了哪些探索？这些举措是如何为智能大屏营销赋能的？

**1. 丰富的广告资源为智能大屏营销提供载体**

一方面，终端厂商旗下的专注于客厅智能大屏业务的运营机构密切配合广告代理商挖掘广告主营销需求，并联合所属的终端厂商集团从硬件层、系统层共同开发符合广告主需求的广告容器；另一方面，终端厂商结合业界的营销风向和自身技术、用户资产，不断打造新型广告容器。

终端厂商广告资源的特色优势体现在它们能够利用从系统层到内容层的丰富多样的广告资源（见图2-1）。传统的广告资源包括系统层的开/关机广告、屏保广告、弹窗提醒广告等和内容层的贴片广告、角标广告等。除此之外，部分终端厂商运营机构，如虹魔方，还推出了剧场广告这类定制性较强的创新型系统层广告，酷开科技则在特定的营销节点，结合广告主需求，提供定制化的品牌营销服务。

图2-1 终端厂商扩充广告资源

目前终端厂商开发的广告容器基本覆盖用户从开机到关机的整个行为过程，构建起全链路的智能大屏营销闭环。但与移动端相比，智能大屏端的广告资源仍有较大的发展空间。这与笔者在调研时与部分终端厂商机构从业者交流中得到的判断观点基本一致。如深圳市雷鸟网络科技有限公司CEO、TCL工业研究院副院长李宏伟坦言，目前包括雷鸟科技在内的多数终端厂商在广告容器开发上缺乏突破性成果，依然处于"补课"状态，需要与代理商合作不断扩充广告资源。

**2. 创新互动营销手段有助于营销效率升级**

除开发和运营常规广告容器外，终端厂商还创新互动营销形态，让用户在参与互动的过程中提升品牌好感，并打通从互动到购买的链路以促进由品牌曝光向销售转化的升级。创新互动手段的基本思路可以概括为以下三种：整合广告资源、应用AI科技、提供跨屏投放。

（1）整合广告资源。终端厂商通过不同资源组合的方式，在智能大屏端多角度地展示广告主的品牌和产品信息，全方位地触达用户群体，加深用户印象。如2019年天猫"618"活动期间，康佳携手阿里巴巴开启天猫全线霸屏模式，不仅通过开机、屏保、信息流等广告形式全路径触达用户，还全新上线天猫"618"定制频道，凭借多维传播实现品牌强势曝光。

（2）应用AI科技。终端厂商开发出AI语音交互广告，这种广告不仅能够简化操作、增强用户与智能大屏之间的互动，还能够通过语音触发打通品牌曝光和营销转化环节，缩短用户消费决策路径。如小米在智能大屏端推出了可以用语音触发的霸屏广告，用户只要按住遥控器上的语音键，说出指定的关键词，便可唤起广告。如2019年天猫"618"活动期间，海信集团下属的聚好看科技股份有限公司（简称聚好看科技）推出"消息弹窗+AI语音"广告组合，用户呼叫"天猫"等关键词便可直达购物频道页。随着人工智能的飞速发展，用AI实现广告布局将成为智能大屏广告发展的趋势之一。

（3）提供跨屏投放。终端厂商基于跨屏数据，实现智能大屏广告从电视端到PC端、手机端、平板端等不同屏幕终端的多屏打通投放。多屏打通不仅有利于增强品牌曝光，还能够结合不同屏幕各自的优势推进销售转化。值得一提的是，跨屏广告还使智能大屏终端厂商得以接触到其原本难以触达的移动端用户，促使用户注意力向智能大屏回流。如酷开科技已经聚集了终端设备数据、家庭用户数据，并与移动端、PC 端、电梯媒体等数据资源打通，洞察用户观影、点播应用等行为轨迹，基于机型、尺寸、材质、人群等标签体系，实现广告信息精准触达目标人群。

### 3. 大数据全链路为智能大屏营销赋能

智能大屏广告投放需要大数据保驾护航，方能实现最优效果。智能大屏终端厂商基于智能大屏终端产品参数、用户在智能大屏上的使用行为以及终端厂商集团生态内其他终端的数据，普遍建立起了针对家庭场景的数据体系。目前智能大屏数据产品的类型主要包括用户标签体系、企业级 DMP、广告效果评估体系等。

在前链路广告投放上，用户标签体系和企业级 DMP 起主要作用。如虹魔方提出了"家庭弹性标签"概念，该体系可以通过多模态交互实现声纹识别、语义识别、姿态识别，进而实时判断客厅智能大屏前的家庭成员状态，在结合当前观看者的兴趣偏好和兼顾家庭决策场景的基础上精准投放广告。酷开科技则引入目标家庭 TH 概念，专注于收集以家庭为单位的数据，构建动态的家庭用户画像。酷开科技自建的 DMP 基于这些家庭画像，进一步从屏幕属性、性别、年龄、地理位置、黄金时段、内容偏好等六大维度精准触达目标家庭。

在后链路效果分析上，广告效果评估体系也正在完善中。与移动端不同，智能大屏端长期存在着数据监测技术难以快速部署的问题，这种"监测难"滋生了数据造假、存在虚假异常流量的现象，更重要的是，智能大屏行业数据的分散使得智能大屏营销较难实现质的突破。为此，各终端厂商正在努力完善智能大屏数据监测体系。其中，酷开科技的智能大屏指数产品为智能大屏营销提供了专业的可视化数据平台，弥补了企业自有的 DMP 无法精准评估转化效果的遗憾。酷开科技与多家合作伙伴进行数据融合，打破与广告主和第三方的数据壁垒，使得智能大屏指数能够及时统计投放触达数据，对投后效果进行真实性验证，并且基于数据模型的分析结果，生成后链路数据分析报告以指导二次投放。

智能大屏终端厂商还通过与第三方监测平台积极合作来对效果价值做出验证。2018年12月奥维互娱与创维、康佳、长虹达成合作，通过汇合跨品牌的智能大屏数据来推动行业良性发展。2019年秒针系统成立"NEW TV创新实验室"，小米、酷开科技、康佳、海信和风行网率先加入，通过秒针系统白名单和广告监测流量签名加密联动来保障广告投放数据公开透明。

### 2.1.3 打通多终端、多场景，创造更多可能性

曾经，电视大屏在人们的认知中只是一个摆放在客厅里的影音播放设备。随着物联网和5G的兴起，基于客厅的智能大屏乘风而行，为智能大屏营销开辟了更为广阔的想象空间。以酷开科技为代表的终端厂商智能大屏业务运营主体拥有独特的企业基因，它们正基于既有的生态体系或软硬件资源来拓展智能大屏价值（见图2-2）。

图2-2 打通多终端多场景，延伸智能大屏营销价值

**1. 打通多终端数据是抢占AIoT风口的重要举措**

在"5G+AIoT"时代，任何一个智能设备都存在于万物互联这张大网中。在抢占5G和AIoT新风口的较量中，智能大屏被视作智慧家庭生态体系的中心。以小米集团为代表的部分终端厂商期望通过智能大屏与其他智能家居设备的互联互通，打通多终端数据，为实现更高效的营销服务提供全视角的用户

画像。

小米集团凭借多硬件的企业基因优势，领跑家庭场景 AIoT 布局。据小米集团 2019 年上半年财报，截至 2019 年 6 月 30 日，智能音箱产品"小爱音箱"月活跃用户数超过 4990 万；小米 IoT 平台已连接的 IoT 设备（不包括智能手机及笔记本计算机）达 1.96 亿台，成为颇具规模的消费级 IoT 智能互联平台；小米电视销量保持领先，半年度出货量和销量全部突破 400 万台。

在小米 AIoT 生态中，小米电视、手机、IoT 设备三重终端数据相互打通，为实现精准营销提供更优质的数据基础。如 2019 年小米携手王老吉，发起了一场基于 AIoT 的跨界营销，借助小米丰富完善的生态场景触达目标消费者，所用产品包括语音场景中的小爱音箱、居家场景中的小米电视和 IoT 设备、户外场景中的小米手环和小米运动 App、线下体验场景小米之家，通过多终端设备的覆盖与数据打通，以多种广告形式触达用户。

华为也试图凭借智慧屏抢占 AIoT 风口。华为智慧屏被定义为在全场景智慧时代下，集家庭影音娱乐中心、智慧交互中心、IoT 控制中心、跨屏体验中心于一体的全新升级的智能大屏产品。智慧屏以华为 HiLink（华为智能家居开放互联平台）生态为依托，可实现多终端多屏幕之间的互联互通。基于此，智慧屏未来能够借鸿蒙系统，更高效地打通智能大屏、手机、平板等多终端设备上多维度的用户数据，全方位了解用户个性化需求，提升营销效率。

### 2. 跨场景的协同贯通能够有效拓展智能大屏营销边界

大屏基于客厅场景而兴起，但智能大屏的价值远远不止于家庭。如今场景化营销备受重视，拓展场景的边界实际上就是拓展营销的边界。以康佳易平方为代表的部分智能大屏终端厂商开始将目光投向家庭之外，延伸智能大屏场景价值。

华侨城作为康佳的重要投资方，为其提供了高端酒店和旅游景区等方面的资源支持，康佳基于家庭客厅进行横向场景延伸，融入酒店场景和景区场景，并为此提出"易术营销"的理念。为串联起不同场景的数据，康佳推出跨场景广告营销平台"易聚屏"。目前"易聚屏"已经打通家庭和酒店场景，通过多终端的同源数据对目标用户进行标签化细分，从而基于大数据为广告主提供酒店大堂、酒店客房等场景的解决方案。据了解，"易聚屏"酒店场景已覆盖 4.5 万家酒店、600 万间客房，占星级及类星级酒店半壁江山，年度总流量达 20 亿人次。"易聚屏"专门为酒店场景打造了一套全链路广告容器，从用户入驻酒店的 Check – in 屏，到水牌指示屏、封闭空间的电梯屏，再到客房电视屏，覆盖用户的酒店消费全路径。

而在景区场景中，据康佳易平方官方透露已全面覆盖华侨城旗下主题公园的海量游客用户，聚焦年人流量超 6000 万人次，广告容器包括互动智能大屏和线下的定制驿站，打通线上线下广告投放。未来，康佳易平方将融入社区场景、办公场景，以用户移动端设备为核心进行同源数据监测打通，继续拓展家庭场景价值的可能性。

### 2.1.4　总结与启示

作为智能大屏营销的新入局者，智能大屏终端厂商不吝于表露出自己的野心和实力。终端厂商们展现出领先于行业的智能软硬件开发技术，促使智能大屏由单纯的影音设备升级为拥有海量内容资源和精准触达能力的效果型媒体，并通过多层次的运营手段、较为完善的智能大屏广告资源和大数据产品，在尽可能保障用户体验的前提下，推动用户流量实现从获取、积累到留存、促活，进而走向商业变现的转化。

无论是传统终端厂商还是互联网终端厂商，都不甘示弱，积极参与智能大屏营销，充分发挥自己的优势和企业基因的价值。终端厂商布局智能大屏营销的操作思路可以概括为：打通系统层和内容层，创新广告形式和手段；打通多个终端，以智能生态互联增强对用户的精准洞察；打通多个场景，使智能大屏价值由客厅向更大、更远、更广阔处延展。在这个过程中，智能大屏终端厂商也打通了由设备制造商向营销服务商跨越的道路，并为智能大屏营销行业注入了崭新的活力，显示出值得持续期待的潜力（见图 2 – 3）。

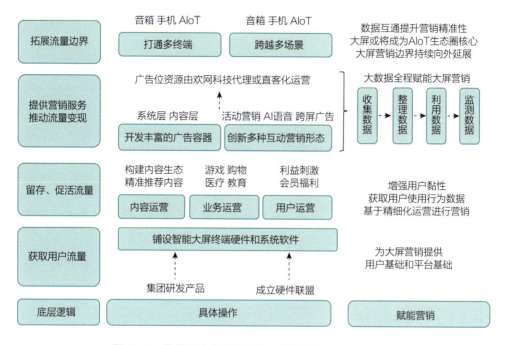

图 2-3　终端厂商布局智能大屏营销的操作思路示意图

## 2.2　终端厂商机构案例剖析

面对智能大屏经济迅速崛起的市场机遇，终端厂商纷纷将业务范围由单纯的硬件设备制造向提供互联网营销服务拓展，一些传统终端厂商还成立了独立运营智能大屏业务的子公司。其中较为典型的有创维全资成立的酷开科技、长虹新晋投资的虹魔方，TCL出资设立的雷鸟科技以及海信集团旗下的聚好看科技。它们作为各自所属终端厂商集团向"互联网+"转型的先锋代表，逐步打造出较为完善的智能大屏终端产品或是操作系统，并在智能大屏市场中沉淀了一批用户。在此，我们将对酷开科技、虹魔方、雷鸟科技和聚好看科技这四家机构的智能大屏营销实践思路进行梳理和剖析。

## 2.2.1 创维酷开科技：终端、技术、场景合力，重塑智能大屏营销价值

### 案例看点

- 酷开科技最早由创维集团全资投建，后实现独立运营。公司在2018年4月正式剥离电视业务，专注于研发智能电视系统，原酷开电视的产品、业务、市场、服务等团队全部平移整合至创维全球电商中心。

- 酷开科技聚焦智能电视的系统研发和智能电视的运营增值服务，涉及影视、广告、购物、游戏、教育、应用分发、音乐等业务。酷开科技先后接受来自爱奇艺、腾讯、百度的投资入股。

- 酷开科技是如何探索大屏商业价值的？作为终端厂商的代表机构，它如何构建自己的数据体系和数据产品？与专业的营销服务方相比，它的大数据技术竞争力何在？

深圳市酷开网络科技有限公司（简称"酷开科技"），最早由老牌的电视终端制造企业创维集团出资成立，是创维集团互联网业务的运营主体，后接受来自爱奇艺、腾讯、百度的投资入股。酷开科技于2014年开始独立运营，公司定位为智能电视系统运营的技术平台，主要聚焦智能电视系统研发和智能电视运营增值服务。在当下智能大屏营销价值挖掘的风口下，酷开科技基于终端布局优势，开始布局智能大屏营销，其思路可以从终端、技术、场景等方面进行解读。

#### 1. 以终端覆盖和用户流量构建营销基础

良好的流量基础是迈向智能大屏营销的第一步。酷开科技依托创维集团，为其智能终端铺设带来了哪些优势？除内部加持以外，酷开科技为提升终端覆盖规模还针对外部做出了怎样的努力？酷开科技专注研发智能电视系统，其核心产品酷开系统经历了怎样的迭代升级，其功能特点是如何保障用户使用体验的？

(1) 自有终端+合作终端，提升用户覆盖规模

终端硬件方面，酷开科技以创维智能电视为主要载体。从行业优势来看，创维集团经过三十余年的发展，在产品研发、市场供应、售后服务等方面已经具备了较为成熟的产销体系。如今，创维集团旗下已经具备了 W 系列、S 系列、Q 系列以及 G 系列多款电视产品，并基于技术优势于 2020 年推出 Swaiot PANEL 抢占智能大屏 AIoT 市场。创维集团旗下高端化、高品质的终端设备为酷开科技提供了天然背书，吸引了众多中高端、高净值用户群。

为进一步扩大酷开系统的终端覆盖量，2018 年 1 月酷开科技提出打造"亿级终端俱乐部"战略，与终端厂商、芯片及板卡厂商、运营商三方达成合作，通过终端入股、终端分红鼓励更多厂商进入亿级终端俱乐部，旨在依靠酷开系统对外合作实现终端用户规模的新突破，并计划在 2021 年之前使酷开系统的终端覆盖量达到 1 亿。酷开科技这种系统开源共享的模式吸引了飞利浦、松下、熊猫等众多品牌电视第三方电视终端加入。

(2) 系统软件升级迭代，保障用户使用体验

酷开科技于 2018 年 4 月正式剥离电视业务，聚焦智能电视系统研发和增值服务运营的业务，其核心产品酷开系统经过数次技术更迭，目前最新版本已升级至酷开系统 8.0（见图 2-4）。

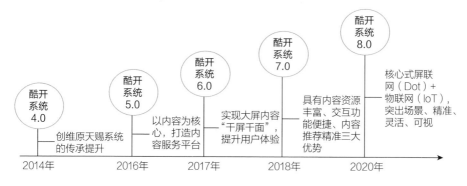

图 2-4 酷开系统的迭代更新

（来源：酷开科技官网）

酷开科技通过构建智能软硬件矩阵切入智能大屏营销领域，以领先的终端覆盖量和用户流量不断提升酷开科技的智能大屏营销价值。根据官网介绍，截至2019年上半年，酷开系统已覆盖酷开科技自有终端3882万台，外发终端2100万台，合计近6000万台终端，占OTT TV终端体量的近31%。

### 2. 技术与数据赋能，纵深提升营销价值

从流量获取到流量变现，技术是终端厂商智能大屏营销的破局点。技术赋能酷开科技智能大屏营销主要体现在三个层面：一是优化智能大屏广告产品的智能交互体验，二是提升智能大屏广告投放的精准性，三是实现智能大屏营销效果的可监测。

（1）增强交互能力，丰富智能大屏广告资源形态

酷开科技通过技术增强智能大屏交互能力，打造智能化智能大屏广告资源。目前，酷开科技推出了全局弹窗广告、霸屏广告、AI语音广告、智能识别广告、活动广告、会员游戏广告、开/关机广告、贴片广告、专题广告等20余种广告形式，构建起由开机到关机全路径覆盖的智能大屏营销闭环。其中，AI语音广告能够让用户通过语音唤醒直达互动页面，智能识别广告"如意贴"则可基于影片内容直接识别并进行广告展示，这类高互动、智能化的广告形式有利于提升广告投放效率。

（2）用户标签及企业级DMP，实现精准投放

酷开科技通过大数据技术构建起用户标签体系和企业级DMP，用数据来指导智能大屏广告进行精准投放。对此，酷开科技OTT广告营销中心广告支撑总监齐铁林在接受媒体采访时也提到，智能大屏行业的一大革新在于通过技术及数据链接多屏智能营销矩阵，从广撒网的强曝光媒体走向精准触达的效果型媒体。如何让智能大屏营销实现这种"精准触达"呢？背后离不开数据采集和管理方面的技术支撑。

数据采集方面，酷开科技引入目标家庭TH概念，以家庭为单位来收集数据，包括通过系统软件来回传智能大屏终端上的用户数据，包括TV直播数据、

内容点播数据、运营数据、应用程序数据、产品数据、电商数据，打通同源终端数据（如移动端、PC端及地理位置数据），并整合其营销体系中的其他数据，如厂商独有的硬件指标参数等属性数据、消费者售后服务等数据，以此构建出"单身女王、年轻情侣、独身男士、父母同住、孕婴童之家、隔代家庭、空巢老人、三代同堂"这八大类动态家庭用户画像。

数据管理方面，酷开科技基于多方数据积累，顺势打造DMP和CDP（Customer Data Platform，用户数据平台），并将两者进行融合。酷开科技源生DMP是基于其数据平台、活动平台、营销平台等支撑的家庭用户画像而建立的，旨在实现人群和标签的精准化和生成家庭动态画像，并进一步从屏幕参数、性别、年龄、地理位置、黄金时段、内容偏好等六大维度精准触达目标家庭，在具体投放上便可以进行基础定向、DMP人群定向、相似人群扩量投放。关于这两个数据平台的协同配合，酷开科技大屏指数研究院院长赵磊指出，营销平台DMP和CDP需要形成闭环，通过DMP精准触达家庭和获得投放效果数据，并将整个过程沉淀到数据分析模型（包括用户分类模型、用户消费力模型等）中，在了解用户生命周期、用户购买力、用户价值之后继而实现用户转化。

（3）赋能智能大屏营销效果的后链路跟踪与分析

酷开科技的大数据产品还实现了对智能大屏广告投放效果的后链路跟踪与分析，为智能大屏端长期存在的广告效果监测困难问题提供了解决之道。酷开科技与秒针系统等第三方监测机构合作，通过监测代码形式对流量进行加密监测，验证投后效果的真实性，保障流量价值。此外，酷开科技开发的大屏指数产品为智能大屏营销提供了专业的可视化数据平台。酷开科技大屏指数产品是基于"标签+人群+指标"的体系建设而成的，它可以实时监测和呈现品牌曝光效果及流量转化数据，如用户观影指数（含语音交互指数和应用启动指数）、活动参与度（含平均交互频次和用户满意度）、品牌曝光指数（含传统广告曝光和新媒体广告曝光）、物联网指数（含智能化率和设备活跃指数）以及新用户转化率等。这些数据用于指导广告主及时调整智能大屏广告投放策略，并且基于数据模型的分析结果，生成后链路数据分析报告以指导二次投放。

### 3. 挖掘智能大屏场景新价值，释放流量活力

如今智能大屏已经不仅仅是一个观看视听节目的工具，其营销价值也不仅仅局限于客厅之内。酷开科技不仅在纵向上对客厅场景内的智能大屏营销价值进行深度挖掘，还基于客厅向更广泛的户外场景做横向延伸，拓展智能大屏营销边界，释放流量价值。

（1）纵向：从观看场景向购物、游戏场景的营销布局拓展

酷开科技实现了智能大屏从观看场景向购物场景和游戏场景的转化。首先，酷开科技联手电视购物平台东方购物，打造从节目录制到广告投放的智能大屏媒体购物产业新模式，通过扫码、电话等方式引导用户下单，并完善后期配送及服务环节，有效提升智能大屏营销转化率。其次，酷开科技还经常推出内容营销活动，如"客厅狂欢节"以节日为主题开展创新互动游戏，并结合广告主需求将品牌巧妙植入其中。据官网介绍如酷开科技在2019年"双十一"期间开展"红包雨"活动，用户参与系统定时开启的接红包游戏，所得红包可用于兑换奖品，排行榜上靠前的用户还能获得额外奖励，该活动总曝光量达7.3亿次，有2945万家庭参与，用户平均开机时长近5.9小时，可见游戏场景式的智能大屏互动营销对于用户互动参与的推动效果。

（2）横向：从客厅场景向户外场景的营销布局延伸

酷开科技从客厅场景向户外场景延伸，拓展屏幕媒体的价值。酷开科技以湖南为起点，将智能大屏拓展至全国各大文化旅游景点，实现户外流量累积，为广告主提供多元场景的选择。目前酷开科技户外智能大屏已覆盖韶山毛泽东同志故居、张家界、湖南省博物馆等多个人流量较高的景区，营销触达范围扩大至红色文化、旅游、博物馆人群之中，构建起有效影响约6.8亿人次的户外智能大屏矩阵。

在当下的移动互联网时代，要想更好地打通智能大屏与用户日常生活场景，

多屏互动是关键发力点。诚然，与更具私密性的智能手机的小屏相比，智能化的大屏更有利于激发整个家庭的娱乐氛围，也更适合覆盖户外景区等场景；但是考虑到用户时间普遍被手机小屏占据的现状，终端厂商应该注重强化智能大屏与小屏之间的互动互通来促使用户注意力向智能大屏回流。酷开科技在设计"客厅狂欢节"的营销活动和在户外场景投放智能大屏广告时，还需要进一步提升智能大屏与手机小屏之间的互动性，通过多屏打通来吸引原本难以触达的移动端用户，并结合不同屏幕的优势增强品牌曝光、完善营销链路，这也有利于打通多屏多终端的用户数据，进一步提升广告投放的精准性。

### 4. 自建广告营销团队并推动行业规范化

笔者在与智能大屏行业的从业人士的交流中了解到，目前智能大屏行业普遍存在一些乱象。比如中间环节的媒介代理商业务流程运作不透明，引发虚假流量、恶意低价、以次充好等问题，难以满足广告主的营销需求；另外在效果监测环节上也存在技术问题，比如会出现 IP 地址漂移影响数据校验等。对此，酷开科技做出了一些尝试和努力：公司内部组建广告营销团队，外部则积极推动行业规范化发展。

在内部，酷开科技取消中间媒介代理，自建 OTT 营销中心，以完全直客化的模式与市场零距离沟通，更好地服务广告主。目前酷开科技已经成立了华北、华东、华南三个大区的直客销售团队，聚集专业人员进行智能大屏营销投放分析，输出沉淀案例，优化后续广告主服务体系，建立口碑效应。此外，考虑到如今广告投放愈来愈强调精准性，类似于全国通投的模式已经无法满足广告主定投的需求，酷开科技将在未来提供地域化的智能大屏广告推广策略，更充分地利用非热点城市、边远地区的用户流量。

对外部，酷开科技携手七大厂商加入中国电子视像协会，并领头成立 OTT 分会，与行业各方在流量安全、行业标准等方面展开合作。酷开科技也欢迎华为、小米等互联网品牌加入智能大屏行业，希望每个企业在把握好自身发展的侧重点之余，能够彼此拥抱、积极合作，共同推动行业规范化。

## 5. 总结与启示

酷开科技从终端硬件和系统、广告营销技术、场景拓展三个层面进行智能大屏营销布局：在智能大屏营销上专注打造智能大屏系统平台，并依托创维集团多年的终端覆盖优势和终端外发战略积累规模化的用户流量；基于此，酷开科技完善智能大屏广告资源、开发大数据分析产品和拓展用户观看智能大屏的场景，推动流量导向变现。除此之外，酷开科技发挥智能大屏行业内领头机构的示范作用，率先开启完全直客化的智能大屏营销服务，并积极引领行业朝更为规范化的方向发展（见图2-5）。

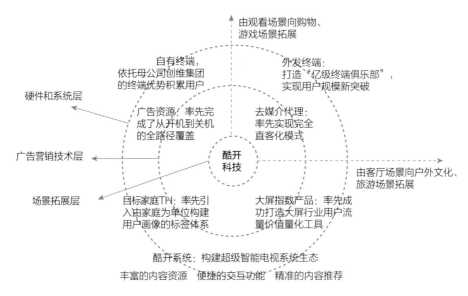

图2-5 酷开科技的智能大屏营销模式

酷开科技也在与更多产业合作伙伴碰撞，共同探讨智能大屏产业的经营与发展。酷开科技将继续立足于终端厂商优势，以智能大屏为核心沉淀和触达用户，依靠大数据技术打造智能大屏营销竞争力，同时持续探索智能大屏行业新的增长空间，强化与行业各方的合作，推动智能大屏产业朝着良性、积极、进步的方向持续迈进。

## 2.2.2 长虹虹魔方：精细化运营，打造智能大屏利益共同体

### 案例看点

- 虹魔方作为长虹电器旗下专注于客厅智能电视大屏及 OTT TV 产业的互联网电视增值服务企业，它如何将长虹既有的"泛虹系"数字家庭场景与自身的"虹领金"系统相融合？如何打通家庭生态数据体系来为大屏营销服务？

- 虹魔方的智能电视系统"虹领金"之名来源于"长虹的'虹'，领钱的'领'，金币的'金'"，如此命名中蕴含着怎样的用户运营理念？虹魔方又是如何让用户"赚钱"的？

- 目前终端厂商的大屏广告容器较为同质，开发创新性的广告容器成为挖掘大屏营销新机遇的重要手段。虹魔方在创新广告资源方面取得了怎样的成果？

四川虹魔方网络科技有限公司（简称"虹魔方"）是传统终端厂商长虹电器旗下专注于客厅智能大屏及 OTT TV 产业的互联网电视增值服务企业，致力于打造行业领先的视听娱乐生态与商业化运营平台。虹魔方正式亮相于 2018 年 12 月 18 日，尽管公司发展时间不长，但在布局智能大屏营销的过程中展现出了自己的特色。虹魔方的智能大屏营销路径可以简单归纳为三个"基于"：基于长虹集团终端优势挖掘智能大屏营销价值，基于对内容和用户的精益运营沉淀智能大屏营销基础，基于利益共同体理念提供创新性智能大屏营销服务。

### 1. 基于长虹集团终端优势，挖掘智能大屏营销价值

长虹集团的子公司的身份为虹魔方的终端铺设带来了哪些优势？虹魔方如何利用"泛虹系"终端生态来完善家庭用户数据库，为智能大屏营销沉淀用户基础和数据基础？

（1）依托长虹集团强有力的终端布局，夯实用户流量基础

虹魔方是长虹集团的互联网业务运营主体，其主要产品"虹领金"智能大

屏系统是长虹集团推进互联网转型的重要载体。这一系统依托长虹智能电视而运营，其用户基础自然来自长虹集团的激活终端积累，这也是虹魔方与传统互联网公司的一大差异点所在。据媒体报道，2018年年底，虹魔方宣布"虹领金"已经拥有2100万激活终端和1200万峰值用户，且日活达到50%，月活超过85%。如此可观的用户流量，离不开长虹集团在终端铺设上强有力的布局措施。

一方面，长虹集团深耕家庭场景多年，致力于提供智慧家庭智能家电全套解决方案，通过包括长虹彩电、空调、热水器、厨卫、手机、小家电、美菱冰箱、美菱洗衣机等在内的多元化家居产品，构建名为"泛虹系"的数字家庭场景。其中，长虹集团积极推进智能大屏产品朝智能化方向升级，不仅基于人工智能技术对智能大屏从硬件体验到应用软件及交互的各方面进行优化升级，还力图将智能大屏打造成为家庭场景的智能控制中心，通过与其他智能家居终端相连接构建起统一的智能家居生态。如此一来，虹魔方不但能够以高质量、智能化为智能大屏产品卖点激发消费者的购买欲，而且还有利于将"泛虹系"内的其他用户逐渐集成至"虹领金"平台上，自然而然地收割用户流量。

另一方面，长虹集团针对不同地域、不同消费水平的人群拓展新的硬件产品线，从大城市到下沉市场多渠道布局，从小型便携终端到大型中高端电视多产品布局，实现了对互联网年轻群体到中高端消费人群的多层级覆盖。虹魔方受益于所属集团强有力的终端布局，构建起了坚实的用户流量基础。

（2）善用长虹集团终端数据优势，构建家庭用户数据库

长虹集团作为一家终端厂商，其与内容提供方、营销服务方等其他智能大屏营销玩家相比最大的优势在于，它能够获取长虹智能电视用户在智能大屏上完整的行为数据。在这一基础上，虹魔方可以对家庭智能大屏用户数据进行收集、整理和分析，进而得出精细化的用户画像，从而为提供个性化的内容推荐服务和帮助广告主实现精准投放奠定基础。

除此之外，长虹集团庞大的"泛虹系"终端生态更是一大家庭数据宝库。利用长虹国家级技术研发中心及智能电视大数据平台，虹魔方不断强化"虹领金"系统的数据能力，通过打通和汇总"泛虹系"内多产品数据（包括电视、

冰箱、空调等多产品以及售后、应用等各环节数据），构建起完整的家庭用户数据库，其中包含用户的家庭特征、成员特征、终端属性、地理位置、行为特征等信息。多终端用户数据的打通有利于从多个维度构建起更为精细和准确的用户画像，进一步赋能智能大屏内容运营和精准营销。

## 2. 精细运营内容和用户，沉淀智能大屏营销基础

虹魔方将用户规模和用户黏性视为运营和变现的基础，做好内容和用户运营是其提升用户体验的关键所在。

（1）推动差异化内容运营，实现内容精准推送

虹魔方本身不生产创作内容，而是通过引入第三方合作者来将内容与终端打通。在内容资源上，虹魔方目前已经与腾讯、爱奇艺、优酷和各类游戏、教育、健身、生活应用开发者深度合作，构建丰富的客厅娱乐内容平台。除此之外，虹魔方还通过与内容提供方合作打造特色内容，进一步塑造平台内容的差异性。比如虹魔方携手中国国家地理启动"一起抱抱海洋"主题活动，同时"虹领金"系统上线了名为"海与洋"的专题频道，用户可以在智能大屏上观看中国国家地理提供的专业、丰富的海洋内容（见图 2-6）；虹魔方还与优酷联合首推 8K

图 2-6 虹领金系统上的"海与洋"专题频道

（来源：行业媒体央视 AsiaoTT）

内容，率先推动 OTT TV 智能大屏进入 8K 时代，这意味着用户可以在任何搭载"虹领金"系统的智能大屏电视上观看 8K 视频。

在整合海量优质内容之后，虹魔方通过人工智能技术实现了内容的精准推送。虹魔方基于对用户及内容数据的分析，形成了用户标签、内容标签以及用户对内容兴趣组标签，通过人工智能深度学习，为用户提供个性化、差异化的内容推荐。"虹领金"系统会对用户的内容偏好进行预判，在醒目的频道和位置上推广内容，通过"千屏千面"的精准内容定制提高用户留存率。值得一提的是，"虹领金"系统还推出了声纹识别功能，能够在与用户进行语音交互的过程中通过声音精准定位用户。

（2）以利益回馈激发互动，引导用户深度参与运营

深度的用户运营是虹魔方的一大显著特色。虹魔方坚信用户规模和用户黏性是运营和变现的基础，用户精细化运营对于提升用户体验和沉淀用户资产至关重要。虹魔方在用户运营上主要有两条路径：第一是以利益回馈为核心，引进游戏积分赚金币的模式，引导用户积极与智能大屏互动，提升用户活跃度；第二是首创 UPGC（User & Professional Generated Content，用户与专业生成内容）开放运营平台，让用户深度参与内容运营，持续撬动用户价值。

首先，虹魔方的"虹领金"系统与其他智能大屏系统最大的不同在于它借鉴游戏的运营模式，让用户在智能大屏上观看和互动的同时能够获得金币奖励。在具体操作上，用户通过在"虹领金"系统内签到、完成系统提示的任务（如观看系统推送的内容）就可以获得相应积分，而积分又可以兑换为金币，金币积累到一定数量则可以用于兑换视频 VIP、游戏会员卡等奖品，还能够抽取智能电视、空调、冰箱等实用产品。这种通过玩游戏赚金币给予用户利益回馈的运营手段，能够有效激发用户与智能大屏互动的积极性，活跃的使用行为又有利于积累丰富的行为数据，从而为内容运营和营销推广提供数据基础。

其次，虹魔方在最新的"虹领金"系统 4.0 中首创 UPGC 开放运营平台，引导用户深度参与内容运营。虹魔方在手机端上线了"特推"App，而长虹智能电视"特推"板块上的内容都是由手机"特推"App 的自媒体用户提供的。"虹领

金"系统会对过审的自媒体片单进行集成播控和智能推荐,帮助自媒体用户实现优质内容在智能大屏端的二次曝光。虹魔方引导用户成为智能大屏内容的创造者和传播者,有利于大大增强用户的参与感,提升用户黏性。

### 3. 秉持利益共同体理念,提供创新型智能大屏营销服务

虹魔方从成立初期便明确了平台要与用户和合作伙伴实现价值共赢的服务理念,在打造三方利益共同体的基础上,推进智能大屏广告形态、用户数据体系等基建产品的创新型开发。虹魔方在智能大屏广告资源和数据产品上具有哪些创新性?

(1) 以价值共赢为导向,做用户和合作伙伴的桥梁

虹魔方对自身的定位明晰简单:一边是用户,一边是合作伙伴,以"虹领金"为桥梁构建利益共同体。也就是说,虹魔方的角色任务是充分发挥中心渠道作用,连接智能大屏用户和智能大屏业务服务商,一方面通过深度的内容和用户运营来保障用户体验和用户价值,另一方面将优质的用户资产引流至合作伙伴,通过开放合作的方式来发挥平台价值,实现用户、服务商、平台三方价值共赢。

虹魔方密切配合广告主和代理商挖掘前端营销需求,同时联合终端厂商不断创新后端智能大屏广告营销模式,再通过大数据技术对用户进行深度洞察,实现智能大屏广告的精准投放,提升广告营销效率,为客户创造更高的价值。

(2) 以品效合一为目标,开发创新型智能大屏广告容器

虹魔方通过创新智能大屏广告营销资源,在差异化内容运营的基础上植入广告并打通商品链接跳转,可以在实现品牌曝光的同时推动营销转化。为此,虹魔方在"虹领金"系统内首创剧场视频广告。

剧场视频广告指的是虹魔方结合内容精细化运营的经验和用户数据标签化技术支持,将符合用户观看偏好的影视内容进行聚合,高效地引导用户进入剧场中,并将与潜在受众需求紧密关联的广告植入其中作为内容的一个组成部分,从而在尽量不破坏用户体验的情况下进行营销触达,提升用户浏览意愿。虹魔方的剧场视频广告有两种模式:一是品宣模式,即用户进入剧场之后,广告视频会全

屏播放，更清晰地曝光品牌、产品细节、促销活动等，播放完毕后自动消失；二是品效模式，即用户可以点击广告视频，并一键跳转至指定商品落地页、电视商城等，简化用户的消费决策路径，为广告主带来直接有效的营销效果。

除此之外，虹魔方还提供入口位视频广告容器，这一广告位置处于开机后的第一页，支持按地域和人群标签投放，支持点击直接跳转到落地页，并可以通过扫码跳转到手机商城进行购买，有利于实现品效合一。

（3）构建家庭标签体系，实现智能大屏广告精准投放

虹魔方推出家庭弹性标签，这一数据体系可以精准定位智能大屏当前受众，针对不同类型的用户推送个性化的广告内容，提升营销效率。具体来说，虹魔方通过多模态交互采集语音、图像、温度等多重信号，借助声纹识别、语义识别、姿态识别来综合理解和识别当前家庭成员的状态和场景，并实时地将家庭弹性标签传输给广告系统。其中，声纹识别和语义识别被广泛应用于长虹集团带有语音功能的智能电视中，姿态识别则被应用于搭载摄像头的电视终端上。

结合家庭弹性标签的实时上报，虹魔方的广告系统能够细分当前观看人群，并结合其兴趣偏好和家庭决策场景，给予更及时、更精准的广告投放。虹魔方还支持同品牌的多视角定投，充分覆盖品牌目标群体的不同决策个体和应用场景，有效提升品牌宣传效果。

### 4. 总结与启示

虹魔方能够短时间内在智能大屏营销领域中崭露头角，离不开它对自身的准确定位和富有特色的用户运营策略。

首先，虹魔方对自身角色认知清晰，致力于发挥连接用户和合作伙伴的桥梁作用，一方面通过对内容和用户的精益运营保障用户的使用体验，另一方面配合合作伙伴保障内容和广告资源上的收益，在推动用户、合作伙伴、平台三方利益共赢之下稳步前进。

其次，虹魔方的用户运营策略贯穿其智能大屏营销的整体布局：在用户获取上，牢牢把握所属集团长虹集团的终端覆盖和数据优势，夯实用户流量基础和数

据基础；在用户留存、促活上，通过对内容的差异化运营和游戏化互动玩法，引导用户逐渐沉浸其中，增强用户黏性；在营销实践上，基于对用户的实时标签化精准投放创新型广告，提升用户对广告的接受度。虹魔方将精益的用户运营锻造为利剑，把以用户为中心的理念在具体实操上层层落地，方能在智能大屏营销这一方江湖之内剑气如"虹"。

### 2.2.3 TCL 雷鸟科技：积极推进智能大屏向万物连接和场景融合升级

#### 案例看点

- 雷鸟科技作为 TCL 集团向"互联网+"转型的先锋部队，在大屏营销领域获得了 TCL 的诸多支持。雷鸟科技前身是 TCL 多媒体业务中心，由 TCL 电子孵化、腾讯和南方电视新媒体共同投资。"雷鸟"同时是 TCL 集团面向年轻用户的智能大屏终端产品的全新互联网品牌。
- 要想实现终端覆盖范围最大化，仅仅依靠所属终端厂商的产品和营销优势已经不够，还需要积极开放地向外部寻求伙伴。雷鸟科技领头创立了"雷鸟联盟"，这种联盟内部是如何开展合作的？它如何帮助终端厂商扩大用户规模？
- 面对着"爱优腾"和芒果 TV 霸占内容市场的现状，终端厂商如何突破内容资源处于劣势的困局？雷鸟科技深度参与内容运营，并提供内容营销行业解决方案，它是如何做到的？

深圳市雷鸟网络科技有限公司（简称"雷鸟科技"）创立于 2017 年，由 TCL 集团、TCL 电子及其员工共同出资设立，主要从事雷鸟品牌智能电视的研发、设计、生产、制造及销售，并负责 TCL 电子及其控股子公司在全球范围内的智能电视终端系统开发及内容运营。作为 TCL 集团向"互联网+"转型的领头部队，雷鸟科技积极推进场景化趋势下的智能大屏朝万物连接和场景融合方向升级，并基于对内容和用户的精细化运营，开展以精准投放为目标的智能大屏营销。

**1. 通过产品创新和"联盟"形式，寻求用户规模新突破**

良好的用户规模是开展智能大屏营销的基础，而铺设智能大屏硬件是终端厂商积累用户规模的主要手段和优势所在。雷鸟科技在智能大屏硬件产品上有哪些创新？对于如何提升智能大屏硬件覆盖率这一问题，雷鸟科技进行了哪些探索？

（1）提出"第三条曲线"，驱动智能大屏硬件颠覆性创新

智能终端是用户流量的入口。因此，保证终端硬件的先进性，满足用户各种观看需求成为雷鸟科技非常重视的一环。

2017年3月，TCL春季新品发布会上首次发布雷鸟电视，首发阵容包含I55、I55C、I49以及I32四款产品。2018年4月，雷鸟电视亮相海外，在印度新德里发布全新电视品牌iFFalcon。2019年，雷鸟科技CEO、TCL工业研究院副院长李宏伟提出电视行业的"第三条曲线"，这为雷鸟科技的智能大屏产品革新提供了方向。李宏伟认为电视行业的发展存在三条曲线：第一条曲线是指显示技术，各大传统厂商专注于硬件性能的优化提升；第二条曲线出现在2009年，电视厂商开始关注在线内容的丰富度和用户体验；第三条曲线出现在2019年，用户对短视频需求的与日俱增和人工智能技术的发展驱动着智能电视升级，电视迎来了一场交互革命。换句话说，智能电视的产品创新和场景落地只有跟上用户需求的变化，才能开启电视行业的第三条曲线。

2019年8月16日，雷鸟科技联合TCL电子产品中心、TCL工业研究院共同推出中国首款可旋转智慧大屏TCL·XESS智屏，这一智能大屏产品拥有VUI（全新语音交互体验）、巨屏手机（55英寸）和AI智能大屏（自动旋转屏幕、智能推荐内容等智慧家庭功能）三大颠覆性创新属性，实现了电视从"带智能功能的电视"向"带电视功能的智能终端"的转变。

具体来说，在呈现形式上，传统电视多为横屏，而TCL·XESS智屏能够通过自动旋转来显示竖屏内容，从而将手机端的竖屏场景和智能大屏家庭场景进行融合，推动移动端用户向客厅智能大屏回流；在语音交互上，TCL·XESS智屏

支持多轮连贯自然对话，用户只需要通过"说"就能够获取内容；在智能推荐上，TCL·XESS 智屏能够识别不同的用户，根据特定用户的使用习惯和年龄等基本信息主动推荐该用户可能会喜欢的内容。

雷鸟科技在终端硬件层面不断升级革新，尤其 TCL·XESS 智屏的推出，更是实现了智能大屏和小屏场景的融合，降低了用户与智能大屏交互的成本，推动智能大屏成为智慧家庭和各种融合场景的入口。在多种智能大屏终端硬件的支持下，雷鸟科技拥有了庞大的用户规模。雷鸟科技数据显示，截止到 2019 年 6 月，雷鸟科技全球累计激活用户数达 3675 万，日均活跃用户数达 1707 万，海外运营业务已覆盖 6 大洲、160 个国家。

（2）通过系统开源共享模式，挖掘用户增长新空间

雷鸟科技深谙互联网业务的发展是建立在用户之上的，用户是企业复利增长的基础，企业整体利润率将随着用户规模的扩大而持续增长。要想挖掘用户增长的新空间，不能单纯凭借集团内部的产品创新。2019 年 8 月 30 日，雷鸟科技宣布成立"雷鸟联盟"，旨在依托自身优势与联盟内的硬件厂商强强联合，共同挖掘智能电视的行业价值，实现合作共赢。雷鸟科技利用自身技术和经验为联盟内的硬件厂商提供系统软件、运营服务和内容资源，并借助联盟厂商的力量扩充服务用户的数量。雷鸟科技官网显示，目前，"雷鸟联盟"已和包括电视盒子、智能电视及智能投影仪在内的十余家硬件厂商展开深入合作，并计划在未来三年内激活终端突破 1000 万台。

**2. 深度运营内容和用户，挖掘智能大屏业务商业化价值**

在业务布局上，雷鸟科技不仅通过开放合作的模式构建起丰富的内容资源体系，而且在 AI 算法技术的支持下对内容和用户进行精细化运营，促进用户留存和促活，并为接下来的智能大屏营销转化做好准备。

（1）采取开放合作模式，着力打造丰富的内容供应体系

在内容资源上，雷鸟科技提出了"1＋N＋1"战略。第一个"1"指的是腾讯视频，雷鸟科技与腾讯视频在互联网电视资源内容方面联合运营，雷鸟科技可

以借助腾讯视频海量的版权内容和自制内容为用户提供丰富的家庭娱乐体验；"N"指的是多家大型内容提供商，雷鸟科技与4K花园、1905电影网、瑞奇动漫等十余家内容提供方达成了差异化内容合作；第二个"1"指的是南方新媒体，雷鸟科技与南方新媒体合资成立广州南新成铁科技有限公司，主要向TCL电视终端用户提供包括但不限于内容销售与服务推广的多类业务，这也是行业内首次出现智能大屏终端厂商和牌照商的深度合作。

除此之外，雷鸟科技也十分重视海外内容平台的搭建。雷鸟科技创建了雷鸟全球运营生态圈，基于"走出去，引进来"的互联网内容合作共享模式，与流媒体平台Netflix、视频网站YouTube、游戏公司Gameloft、音乐平台Spotify等全球数十家内容提供商建立可持续发展的合作伙伴关系，为"一带一路"沿线人民提供丰富的互联网内容应用和中国特色内容资源。这既有利于开辟海外用户流量，也为出海内容商业化赋能。

(2) 基于AI算法技术，实现对内容和用户的精细化运营

在获取了丰富内容资源和海量用户流量之后，雷鸟科技凭借AI算法技术进一步对内容和用户进行深度的精细化运营。

在内容推荐上，2018年雷鸟科技上线"大圣推荐"产品（见图2-7），这一内容推荐产品基于家庭用户观看电视的时间段、关注领域、内容偏好及年龄背景等多维度数据，为用户提供"千屏千面"的个性化内容推荐服务。2019年雷鸟科技持续推进智能推荐系统革命，打造内容推荐反应速度最快、推荐点击率最高的智能推荐系统。同时，雷鸟科技将商业化流量的运营效率提升，并打造系统级推荐系统，从用户的场景出发推荐内容。据雷鸟科技CEO、TCL工业研究院副院长李宏伟介绍，雷鸟科技的智能推荐系统不仅覆盖TCL终端，而且覆盖"雷鸟联盟"、多屏互动等多个系统级终端；并且雷鸟科技运营平台兼容爱奇艺、腾讯、CIBN酷喵影视、芒果TV等多渠道数据，对异构数据建立了一套自有标准化媒资系统，兼容多平台数据分发，支撑千万级用户高并发操作。

图2-7 雷鸟科技的"大圣推荐"产品

雷鸟科技也十分注重对用户的精细化运营。雷鸟科技拥有全场景用户画像系统，通过收集用户在电视智能大屏端和手机移动端的使用行为数据，获得多维度、精准化的用户画像。雷鸟科技会对用户进行精细的分层，并根据会员用户在各类内容和服务上的消费数据对会员服务进行动态调整，更好地满足用户的个性化需求。

**3. 强化智能大屏媒体价值，多重手段提升智能大屏营销精准度**

雷鸟科技通过完善智能大屏广告资源，为智能大屏营销提供了基本载体，并由大数据赋能广告精准投放。除此之外，雷鸟科技还以内容营销作为智能大屏营销的主打特色。

（1）开发和完善广告资源，创新智能大屏广告营销形态

雷鸟科技基于两条思路开发和完善智能大屏广告资源：一方面，结合广告主的需求，加强与广告代理商合作开发广告容器。目前雷鸟科技广告资源的合作代理商为欢网科技，欢网科技负责对接广告主的各项需求，雷鸟科技则基于终端和技术优势，配合前端需求开发新的广告容器。另一方面，创新智能大屏广告形态，结合业界营销风向进行创新试水。

基于上述思路，目前雷鸟科技的广告资源包括开机广告、屏保广告、消息、焦点图、贴片广告等多种形态，并且能够结合 IP 资源从系统层搭建品牌专题页面，比如汽车品牌的广告可以投放至雷鸟科技的大片影视专题页中、建立系统整体的背景图片等，为广告主提供定制服务。雷鸟科技的智能大屏广告还可以实现按地域、按时间投放，有利于精准覆盖目标用户群体。

雷鸟科技 CEO、TCL 工业研究院副院长李宏伟在媒体采访中曾表示说，目前智能大屏广告从整体上看还处于发展前期，雷鸟科技在广告容器开发上虽然与行业步调基本保持一致，但尚缺乏突破性成果，仍然需要与代理商合作，不断扩充广告资源。

(2) 从"量"与"精"两个角度出发，以大数据驱动精准营销

除完善广告容器外，雷鸟科技还积极搭建用户数据体系，充分发挥大数据技术渗透力驱动广告精准投放。雷鸟科技利用大数据赋能智能大屏营销，主要基于"量"和"精"两个关键词。

首先在"量"方面，雷鸟科技拥有丰富的用户数据储备。第一，雷鸟科技背靠 TCL 研究院储备了智能家居数据，且由行业技术方提供专业底层技术支持；第二，雷鸟科技基于智能大屏运营，也积累了大量的内容数据、用户数据等；第三，雷鸟科技注重跨屏之间的协作融合，基本实现了各个场景数据的打通，通过汇集多终端数据来获取更为精准的用户画像。

基于储量充足的数据，雷鸟科技在广告投放的"精"上进行发力。雷鸟科技在现有数据规模的基础上不断完善算法与云平台，搭建数据产品来驱动广告业务运作，通过用户行为偏好洞察精准聚焦目标群体，并将个性化的广告带到差异化的用户面前，实现更好的用户运营与营销落地，提升广告主对雷鸟科技智能大屏广告的投放信心。

(3) 基于优质内容资源，提供内容营销行业解决方案

雷鸟科技在智能大屏营销上的一大特色在于注重内容营销。上文中提到雷鸟科技在"1＋N＋1"战略的指导下不断整合平台内容资源，为用户提供多元丰富的智能大屏娱乐体验。不仅如此，雷鸟科技还希望将系统层面的广告资源同内容

提供方的资源进行深度整合，通过多元化的 IP 内容资源让智能大屏广告持续曝光，提升用户对智能大屏广告的接受度，并驱动由品牌认知向营销实效的转化。

### 4. 总结与启示

在 TCL 集团内部，雷鸟科技凭借场景化的智能大屏硬件、海量的应用软件和丰富的内容资源来保证用户体验，并通过深度的内容运营和用户运营，为 TCL 集团智能大屏向商业化发展赋能；在外部，雷鸟科技积极拓展除了 TCL 电视以外的其他终端，通过建立合作关系，有效扩大用户规模和数据基础。

如同雷鸟科技中国业务部总监孙冰所述，电视产业已经从早期以硬件为核心的大规模制造阶段，迈向依靠成熟终端硬件及海量应用软件进行精细化运营的智能互联网阶段。纵览雷鸟科技在智能大屏营销方面的布局举措，雷鸟科技实际上正是为了适应行业发展趋势，实现"硬件＋软件＋万物连接＋场景融合"，稳步提升智能电视终端的运营价值和营销价值。

## 2.2.4　海信聚好看科技：构建"终端＋业务＋用户＋服务"的智能大屏运营形态

### 案例看点

- "社群"这一概念近年来在数字营销行业屡屡被提及，社群运营成为品牌传播的重要着力点。作为海信集团旗下的互联网技术型服务公司，聚好看科技如何运用互联网思维来升级用户运营手段，更好地与家庭大屏用户相连接？

- 要想与其他终端厂商建立差异化优势，可以从打造具有特色的垂直化大屏内容入手。聚好看科技深耕教育板块内容，这为终端厂商构建特色内容提供了怎样的启示？

- 多屏互动和跨屏营销已经成为大屏行业的重要趋势，跨屏不仅能够增强品牌曝光度和传播渗透力，而且有利于引导用户注意力从小屏向大屏回流。聚好看科技在跨屏工具、平台和技术三个层面均有所布局，它是怎么做的？

聚好看科技股份有限公司（简称"聚好看科技"）是海信集团直属的一家以云平台和大数据驱动为基础的互联网技术型服务公司，承担智能终端云平台及智能应用相关领域的技术研发与运营，此外也提供智能电视、智能手机、网络机顶盒、智能音箱等设备的互联网接入和服务。为推动海信集团实现传统终端企业产业升级，聚好看科技提供云平台基础服务和各项基于互联网的增值业务服务，并且已经完成了"终端＋业务＋用户＋服务"的新产业形态构建。聚好看科技在以下三个方面展开了营销布局。

**1. 终端覆盖收割用户流量，深耕业务提升智能大屏价值**

终端铺设和业务构建是聚好看科技打造自身竞争力的基础，是争夺智能大屏用户的第一步。聚好看科技通过开放智能终端云平台实现用户规模效应，并以优质的业务体系不断提升智能大屏价值。

（1）自有终端和外发合作双重覆盖，扩大用户规模

在用户积累的初级阶段，由聚好看科技开发的智能终端云平台所覆盖的终端及用户数量主要依赖于所属公司海信集团的电视销量。海信电视作为一个中高端电视品牌，在发展过程中积累了丰厚的品牌价值和用户资产，为聚好看科技打下了高质量的用户基础。在完成初期用户积累之后，考虑到仅仅依靠海信电视可能会使用户规模逐步走入滞涨期，2018年聚好看科技正式开启作为第三方平台的运营之路，开始向海信集团外部的智能电视终端进行拓展，通过为其他品牌的智能电视提供智能终端云平台来进一步扩大用户规模，目前聚好看科技除了海信电视以外，还覆盖了东芝、夏普、松下等高端电视品牌。

海信集团自有终端铺设叠加与外部品牌合作，这为聚好看科技运营智能终端云平台带来了用户规模效应。根据海信发布的官方数据，截至2019年12月31日，聚好看科技负责运营的海信互联网电视服务全球家庭达5127万，其中国内家庭3901万，海外家庭1226万，为约1.5亿消费者提供服务。良好的用户基础有利于进一步释放平台运营价值与智能大屏商业价值。

（2）深耕教育业务，用垂直特色内容打造独特优势

在业务体系的构建上，聚好看科技涵盖影视、教育、游戏、购物等全方位的

海量内容资源,是全球最大的互联网电视内容平台,能够满足用户对内容的多元化需求。不仅如此,聚好看科技深度耕耘教育业务,通过夯实教育板块内容来建立区隔化特色,这也是聚好看科技与其他终端厂商及互联网电视平台相比最大的差异化优势所在。

具体来说,聚好看科技教育板块主要采取 B2B2C 的商业模式,目前已与包括学而思、中公教育、中华会计网校、天下网校、贝瓦、才智小天地、蓝迪智慧乐园、于斯钢琴、义方教育、路通网络在内的数十家在线教育内容商建立了合作关系。聚好看科技将各教育内容厂商的资源划分为学前、小学、初中、高中、语言、职业、兴趣、老年大学 8 大板块进行整合,并在 2019 年全新上线了为 0 到 8 岁儿童提供专属学习服务的少儿教育频道,满足不同家庭、不同用户的多维度学习需求。不仅如此,聚好看科技还为教育板块单独开发了"聚好学"App,父母可以在手机上及时看到孩子的学习进展、成绩反馈等,智能大屏端与手机移动端联动为用户带来了更好的体验。

2020 年,聚好看科技推出了首家电视教育互动直播课"小聚课堂"(见图 2-8)。小聚课堂联合知名教育机构读书郎,专门为义务教育阶段的学生引入

图 2-8　聚好看科技的"小聚课堂"频道

(来源:聚好看科技官网)

语数外等全学科内容，以沉浸式互动直播课程模拟课堂场景。这不仅打破了传统录播课缺乏互动的限制，而且摆脱了直播课依附于小屏的局限，为在线直播互动课程在智能大屏上的发展树立了标杆。

### 2. 利用大数据和社交媒体平台，深度把握用户需求

聚好看科技凭借大数据技术对内容进行精细化运营，并且及时把握移动互联网时代机遇，积极构建品牌粉丝社群。那么，大数据从哪些方面赋能聚好看科技的精细化内容运营？聚好看科技又是如何将社群运营付诸实践的？

（1）精准聚焦用户需求，实现内容推荐"千屏千面"

聚好看科技不仅提供影视、教育、游戏、购物等优质内容来满足用户多元化需求，而且还利用人工智能和大数据技术洞察用户偏好，实现"千屏千面"的个性化内容推荐。

聚好看科技深度挖掘用户注册数据、付费数据、直播数据、长期兴趣、即时兴趣、小区位置、消费能力、人口属性等指标数据，构建起完整的用户画像体系。在此基础上，聚好看科技能够为用户提供个性化的内容推荐，这同时也有利于实现广告针对目标人群的精准投放，提升智能大屏营销效率。聚好看科技在行业内率先实现了全场景实时图像搜索功能，用户可以一键搜索屏幕上的人物、服装、美食等信息，更重要的是搜图结果的展示顺序也会基于用户数据而有所不同，这区别于一般的图像搜索直接导入搜索引擎结果的做法。这种具有针对性的内容推荐能够更好地照顾和满足不同的用户需求，在保障用户体验的同时为聚好看科技开展智能大屏营销积累优势价值。

（2）利用社交平台运营粉丝社群，提升用户黏性

利用微博粉丝群、微信公众号等社交媒体平台进行粉丝社群运营，是聚好看科技用户运营策略的一大特色。聚好看科技通过打造活跃的线上用户粉丝社群，能够更好地与用户连接，并在与用户的互动中增强用户黏性，为智能大屏营销构建独特优势。

在具体操作层面上，聚好看科技在微博平台注册了同名官方账号，通过推送片单、转发抽奖等方式与粉丝互动，目前该账号已经拥有超过 150 万粉丝。聚好看科技还建立了微博粉丝群"聚好看科技&VIDAA观影群"，通过发放电影票等福利的方式吸引用户进群互动。

同时，聚好看科技也创建了自己的微信公众号"Hisense 海信聚好看"。用户可以根据该公众号内的操作提示，将家里的海信电视与自己的微信账号进行绑定，从而直接在该公众号内使用手机遥控器、照片投屏、影视内容推荐、语音操控、影视搜索等功能。聚好看科技还会不定期推送热门影视剧集的评论、盘点或其他生活娱乐类文章。聚好看科技将其微信公众号打造成智能大屏与用户手机小屏的连接点，自然而然地将用户纳入自己的微信用户社群中。

### 3. 多维提升智能大屏营销效果，并推动投放数据透明化

聚好看科技提供多种广告资源组合曝光的营销形态，并构建跨屏投放平台，多维提升智能大屏广告传播力。此外，聚好看科技十分注重智能大屏广告效果监测，推动行业良性发展。

（1）广告资源组合曝光，多维提升传播效果

目前聚好看科技已经开发了开机广告、应用启动广告、专题广告、屏保广告、首页焦点广告等广告位资源，同时也提供定制频道、品牌专区等定制服务。广告主既可以单独购买特定广告位，也可以选择多种广告资源搭配组合的形式，聚好看科技将助力智能大屏营销从原先单一的传播路径升级为多维的强势传播组合。

例如在 2018 年天猫"618"活动中，聚好看科技为天猫提供了涵盖开机广告、屏保广告、贴片广告等在内的全路径广告位，并打造了天猫专属定制频道，品牌信息贯穿用户从开机到关机的整个行为过程，形成强势曝光。在 2019 年"618"期间，聚好看科技又对组合曝光模式进行了创新，开发出"消息弹窗 + AI 语音"的智能营销广告组合，用户呼叫"天猫"等词之后可直达购物频道

页面。

(2) 实现多屏投放，驱动跨屏营销场景升级

多屏互动和跨屏营销已经成为当下智能大屏行业发展的重要趋势之一，跨屏营销不仅能够增强品牌曝光度和传播渗透力，还有利于引导用户注意力从小屏向大屏回流。

聚好看科技十分重视跨屏营销，在工具上，聚好看科技拥有海信电视微助手、聚好看科技移动端、"聚好学" App 等跨屏互动工具，为大小屏投放提供了基本载体；在平台上，2018 年 4 月聚好看科技联合悠易互通发布跨屏投放平台，该平台覆盖聚好看科技用户矩阵，打通了 OTT TV 智能大屏与移动端小屏，聚好看科技利用大数据和同源 IP，可以跨屏识别受众，并将一个客厅内的智能大屏和移动端产品进行账号与算法的关联，从而实现不同屏幕不同场景下的受众触达。

(3) 广告投放数据可监测，推动行业良性发展

智能大屏端长期存在广告效果难以监测的问题，并由此滋生数据造假、虚假异常流量等行业乱象，导致部分广告主对智能大屏营销稍显犹豫。对此，聚好看科技采取了白名单技术、防盗链技术、媒体数据报告三大措施来监测广告投放数据，提升广告主的投放信心。

其一，白名单技术是聚好看科技主动与秒针系统合作共建的白名单，双方于 2018 年 6 月完成了全量白名单对接，且秒针系统广告监测数据显示 2019 年第一季度聚好看科技的异常数据远低于行业平均水平，保证聚好看科技广告受中间环节异常骚扰小、流量质量高、流量数据透明度高；其二，防盗链技术是为了更准确地反映聚好看科技广告投放能力的准确度，获得广告主对聚好看科技智能大屏营销价值的认可而开发的；其三，媒体数据报告是指聚好看科技会将媒体投后报告与客户实时分享，保证流量透明。总之，聚好看科技一直在积极推动广告效果监测的规范化，推动行业朝着良性方向发展，也为广告主选择智能大屏营销减少

后顾之忧。

**4. 总结与启示**

聚好看科技在智能大屏营销上的思路与国内其他终端厂商并无太大差异：首先依托终端覆盖获取用户流量，其次构建内容业务体系满足用户需求，再次通过精细化、差异化的内容推荐和用户运营提升用户黏性，最后基于上述布局向广告主提供智能大屏营销服务。

但是，聚好看科技的智能大屏营销布局在细节上却呈现出了诸多特色，主要体现在三个方面：在内容业务上，聚好看科技深度发力教育领域，通过开发垂直内容资源形成自己的差异化优势；在用户运营上，聚好看科技充分利用微博、微信等社交媒体开展粉丝社群运营，更好地拉近与用户之间的距离；在智能大屏营销上，聚好看科技对跨屏营销给予了高度重视，并通过开发跨屏互动工具、跨屏投放平台、跨屏识别技术等驱动营销场景贯通升级。这些特色，正是聚好看科技提升自身在行业内竞争力的关键所在。

## 2.3 终端厂商从业者观点分享

智能电视正处于研发投入和应用场景落地的高峰期。智能电视的产品创新和场景落地需要跟上用户需求的变化，才能开启电视行业的第三条曲线。目前，在各电视厂商互联网平台的营收结构上，会员和增值服务的业务增速已经显著提升，可与广告营销收入同台竞技。

强化媒体价值和精准投放是当前智能大屏营销业务增长的发力点，包括两大方向：第一，遵循新媒体的发展规律，从强化智能大屏的媒体价值入手，与行业共同树立广告主对智能大屏广告的认知，完善营销业务中的广告容器和数据等基建产品的开发、后链路策略设计以及销售模式的规划；第二，在数据不断完善的基础上推动智能大屏营销业务的成长演进，通过精准投放减少广告资源的浪费，实现广告投放效果最大化。

在多屏协作融合和跨屏营销方面，行业的探索主要集中于两个层面。其一，数据层面，实现各个场景同源数据的打通，包括收集用户在智能大屏端和手机移动端的使用行为数据，获得更多维度、更精准的用户画像。其二，表现形式层面，海外比较常见的业务模式是通过智能大屏 SDK（基于 Windows 系统平台下的应用程序软件开发工具包）采集的数据赋能移动端的广告投放，未来多屏联合方案仍需进一步研究。总体来看，双屏之间的协作模式较为多元化，有基于流媒体的、基于视频服务的，也有基于整个系统的跨屏协作。实际上，跨屏联动不仅具有广告营销方面的意义，其本身就是一种对用户场景的深耕。

——深圳雷鸟科技有限公司 CEO、TCL 工业研究院副院长　李宏伟○

智能大屏价值升级驱动行业升级，OTT TV 行业呈现出三大革新点：一是 OTT TV 从广撒网的强曝光媒体转变为精准触达的效果型媒体；二是除"开机流量"外，行业各方开发"交互路径流量"与"活动流量"价值，打通消费者不同决策路径，落实整合营销；三是智能大屏从室内走向室外，拓展智能大屏营销边界。

目前，智能大屏广告营销效果已经有所提升。一方面，智能大屏营销可以基于海量数据精准触达用户。酷开科技已经聚集了终端设备数据、家庭用户数据，并与移动端、PC 端、电梯媒体等数据打通，基于机型、尺寸、材质、人群等标签体系让广告精准触达目标人群。但同时投放需求越精准，广告主的流量资源筛选机制就越细致，智能大屏媒体资源方的流量损耗就越严重，这是目前无法回避的问题。

另一方面，智能大屏营销开始构建营销闭环，驱动效果转化，智能大屏购物在其中占据核心地位。酷开科技已经与国广东方网络有限公司（简称"国广东方"）、电视购物频道合作，通过扫码、电话等方式引导用户下单，并完善后期

---

○ 马晓琳. 雷鸟科技李宏伟：深耕媒体价值和精准投放是大屏业务增长动力 [J]. 国际品牌观察（媒介下旬刊），2020（5）：69-71.

配送及服务环节，将广告营销与智能大屏购物融合，有效驱动智能大屏营销转化。

——深圳酷开网络科技有限公司OTT广告营销中心广告支撑总监齐铁林[1]

内容差异化运营和用户精细化运营是提升OTT TV用户体验和用户活跃度的重要策略，也是沉淀用户资产的必经之路。虹魔方非常重视用户体验和精益运营。

虹魔方通过打磨产品品质、提升产品附加值来优化用户体验，实现销售量增长和激活率提高。一方面，虹魔方依托长虹—美菱旗下丰富的"泛虹系"产品线、服务线等资源，建立强大的家庭用户数据库；继而采用用户分层策略，将营销资源向核心优质用户倾斜，辅以科学的用户成长路径，培养更多高价值用户；另一方面，虹魔方挖掘电视社交属性，积极开拓多屏互动玩法，让用户参与到内容运营中，持续撬动用户价值。

此外，内容和用户精益运营离不开大数据运营平台的支撑。利用长虹国家级技术研发中心及智能电视大数据平台，虹魔方不断强化"虹领金"系统的数据能力和运营能力，夯实高效营销基础，快速进入智能营销时代。

——四川虹魔方网络科技有限公司运营部部长赵亮[2]

屏的场景价值不仅仅局限在家庭，而且可以拓展至酒店、景区、社区等诸多场景，覆盖用户全生活范围。因此，智能大屏营销应该融入"跨场景营销"概念，打造洞察人性、激活场景、资源互洽的跨场景整合营销，达到人–货–景联动的场景营销格局，这正是康佳易平方所提出的"易术营销"的概念。

---

[1] 刘晓. 酷开网络齐铁林：智能大屏助力客厅经济升维 [J]. 国际品牌观察（媒介下旬刊），2020（4）：66–67。

[2] 全亦霖. 虹魔方赵亮：基于精益运营的OTT价值挖掘 [J]. 国际品牌观察（媒介下旬刊），2020（7）：77。

对此，易平方推出"易聚屏"跨场景广告平台，从家庭场景中延展，融入酒店场景与景区场景。未来，易平方将继续拓展家庭场景价值的可能性，融入社区场景、办公场景，以用户移动端设备为核心打通同源数据，聚集多方流量实现跨场景精准营销。

康佳认为，终端厂商需要与各方展开合作，共同推动行业发展。目前，易平方已经与智能大屏内容提供方、营销服务商、数据技术服务商等多方行业友商合作，共同深耕智能大屏营销生态。

——康佳易平方广告业务华北区客户副总监韩兆阳㊀

## 本章小结

本章对终端厂商的营销布局思路进行整体性把握，并具体分析创维酷开科技、长虹虹魔方、TCL 雷鸟科技、海信聚好看科技这四个终端厂商行业机构典型案例，从中归纳得出终端厂商的智能大屏营销布局路径为获取用户流量，留存、促活流量，推动流量变现以及拓展流量边界。

在获取用户流量上，终端厂商积极构建智能软硬件矩阵，依靠所属集团的产品研发技术不断推进智能大屏软硬件更新迭代，并依托集团终端铺设优势或者向外部共享系统、与设备厂商成立硬件联盟来扩大终端覆盖率，为智能大屏营销提供用户基础和平台基础。

在留存、促活流量上，终端厂商灵活采取内容差异化运营、业务垂直化运营、用户精细化运营等多重手段，这不仅有利于增强用户黏性，而且能够积累丰富的用户使用行为数据，为智能大屏营销提供数据基础。

在推动流量变现上，终端厂商不断开发和完善广告资源，通过与代理机构合作或直客化运营来提供营销服务，并且加码大数据技术，实现收集数据、管理数

---

㊀ 刘晓. 康佳易平方韩兆阳：大屏场景价值不止于家庭 [J]. 国际品牌观察（媒介下旬刊），2020（10）：74-75.

据、利用数据、监测数据的全程赋能,在提升智能大屏营销精准度的同时也促进智能大屏广告效果数据透明化、全行业良性发展。

在拓展流量边界上,终端厂商基于企业基因打通多终端、融合多场景,这种跨终端、跨场景的数据互通有利于提升营销精准性,并推动智能大屏营销边界持续向外拓展。

# 第 3 章
# 内容应用方:争夺市场的重量级玩家

## 本章提要

  智能大屏用户规模不断增长，对于提供视频应用服务的内容应用方来说，意味着什么？在如今的智能大屏营销产业链中，内容应用方以互联网公司居多，其中不仅有互联网巨头的身影，比如三家头部视频平台"爱优腾"，还有广电背景的正规军，比如芒果TV、风行网，另有长期耕耘智能电视应用服务的新势力，比如当贝市场、电视猫。这一群体出身不同且角色多元。

  以提供影音视频内容应用服务见长的内容应用方为何要为强化智能大屏营销布局？基于自身的视频内容优势，内容应用方都进行了哪些布局？在提升用户流量、开发营销资源以及改进营销投放模式方面有哪些创新？

  处于市场头部地位的腾讯视频、爱奇艺、优酷和芒果TV作为代表性机构，它们布局智能大屏营销的核心思路是什么？在营销资源开发、营销投放模式上有何创新？

  内容应用方一线从业者是如何看待智能大屏营销价值的？他们推进智能大屏营销的业务实践经验有哪些？

在客厅场景中，家庭娱乐的核心依然是内容。随着互联网技术的发展，家庭大屏崛起并向智能化方向升级，用户的收视习惯逐渐由传统的直播收视转为点播收视。同时，OTT TV 用户规模的不断增长，对提供视频影音服务的平台或者机构而言更是重要的利好环境，使得各平台更加重视智能大屏价值。如此环境下，以网络视频平台为主要代表的内容应用方，不仅拥有着 PC 端和移动端视频广告营销的丰富经验，形成了较为完备的营销策略体系，而且其 TV 版的影音应用软件也成为智能大屏的用户流量集聚地，蕴藏着巨大的营销价值。内容应用方以"资深玩家"的身份入局智能大屏营销，将为这一市场开辟怎样的"新战场"呢？

简单而言，内容应用方不仅通过与终端厂商、牌照方、网络运营商等智能大屏上游产业链各方展开合作切入智能大屏产业，而且充分发挥自身内容优势，强化服务能力，在不断丰富智能大屏内容储备量的同时注重提升用户使用体验，以便积累广泛而忠诚的用户。在此基础上，内容应用方积极布局智能大屏端的营销生态：一是基于智能大屏特点开发曝光性的广告资源位，基于内容开发定制化、互动型的营销资源位；二是依托大数据等技术，为广告主提供多样化、精准化的营销服务，挖掘智能大屏的营销价值。

## 3.1 基于内容资源和应用服务，全力挖掘智能大屏营销价值

随着互联网触角向传统电视延伸，客厅经济成为当下炙手可热的风口。内容应用方积极布局智能大屏产业，着力探索智能大屏的广告营销业务。这其中包括三类角色：一类是以奇异果 TV、CIBN 酷喵影视以及云视听极光为代表，它们背靠互联网巨头 BAT 旗下的头部网络视频平台爱奇艺、优酷以及腾讯视频；另一

类是具有广电背景且内容资源雄厚的芒果 TV、风行网等；还有一类是深度扎根智能大屏业务的第三方应用软件，如电视猫、当贝市场。这些企业机构虽然背景不同、实力优势也各有差异，但无疑都在智能大屏营销领域进行了布局和发力。

## 3.1.1 从"量"到"质"，以内容为核心提升智能大屏流量优势

如今，互联网红利消失殆尽，以爱奇艺、优酷、腾讯视频、芒果 TV（业界将这四家视频平台合称为"爱优腾芒"）为代表的智能大屏内容应用方开始将智能大屏作为新流量入口。那么，如何保证智能大屏流量在流量规模以及流量质量上的优势？从内容应用方的布局思路来看，可以简单概括为两方面：一是"软硬兼顾"，全面发展智能大屏业务体系，拓宽智能大屏流量入口，实现"量"的提升；二是强化智能大屏内容布局及提升用户体验，增强用户黏性，实现流量"质"的增强。

**1. "软硬兼施"切入智能大屏产业，争夺用户流量**

基于深耕互联网内容领域多年的优势积累，内容应用方与智能大屏生态各方展开紧密合作，全方位切入智能大屏产业，成为其中重要角色。

从应用软件层面而言，一方面，在播控政策引导下，内容应用方积极与牌照方合作，通过成立联合运营公司、战略合作或投资入股的方式开发智能大屏端的应用软件。比如，爱奇艺联合中央人民广播电台、江苏省广播电视总台、鹏博士电信传媒集团成立银河互联网电视，共同播控运营智能电视应用软件奇异果 TV；腾讯则与广东南方新媒体股份有限公司共同经营互联网电视应用云视听极光；优酷入股国广东方网络有限公司，双方共同打造智能大屏端应用 CIBN 酷喵影视；而芒果 TV 则基于自身的牌照优势推出"芒果 TV"大屏版视频应用。

另一方面，内容应用方通过终端 Inside（内置）策略、应用预装、商店下载等方式进行应用软件推广。例如，爱奇艺将内容应用银河奇异果预装到 TCL 等终端厂商的 APK 和开机登录页面中，此外还与歌华有线等网络运营商合作，在宽带捆绑的电视盒子中植入银河奇异果 APK，获取流量。

在广泛推广旗下应用软件的同时，内容应用方逐渐意识到把控终端流量的重

要性，于是开始搭建终端硬件产品体系。其主要实现方式有两种：

一是与终端厂商联合开发终端硬件，这也是目前内容应用方较多选择的方式。如阿里联合 TCL、创维推出"天猫魔盒"、腾讯视频联合创维推出"企鹅极光盒子"以及"腾讯极光快投"等终端产品；二是自建产品线进行自主研发，比如芒果 TV 在 2018 年推出的"芒果牛奶盒子"就是其首款自主研发的电视机顶盒；当贝市场也先后发布了其首款电视盒子产品 B1 及当贝超级盒子新品 H1。

见表 3-1，内容应用方通过"软件+硬件"布局，搭建起较为完整的智能大屏生态产业链，并获取了颇具规模的用户流量，为智能大屏营销奠定了基础。勾正数据显示，截至 2019 年上半年，奇异果 TV、云视听极光的有效覆盖装机量超 1.1 亿台，CIBN 酷喵影视也覆盖将近 1 亿台，芒果 TV 突破 6000 万台。

表 3-1 智能大屏产业内容应用方代表机构软硬件布局

| | 爱奇艺 | 腾讯 | 优酷 | 芒果 TV |
| --- | --- | --- | --- | --- |
| 智能电视应用软件 | 奇异果 TV | 云视听极光 | CIBN 酷喵影视 | 芒果 TV |
| 牌照方 | 银河互联网电视 | 南方新媒体 | CIBN 互联网电视 | 芒果 TV |
| 智能电视硬件终端 | "歌华小果"机顶盒<br>"蜀小果"4K 机顶盒<br>爱奇艺电视果 | "企鹅极光盒子"<br>"腾讯极光快投"<br>"腾讯极光投影" | "天猫魔盒"<br>"天猫魔屏"<br>"天猫魔投" | "爱芒果"互联网电视<br>"芒果牛奶盒子"<br>坚果牛奶 W700 投影仪 |

## 2. 优化智能大屏内容体系及用户体验，增强用户黏性

优质内容是吸引用户流量、增强用户黏性的基础，也是智能大屏营销的重要组成部分。因此，内容应用方不断提升内容优势，从优化内容体系和用户体验两方面发力，充分保证自身大屏端用户流量高黏性，提升内容流量的价值。

首先，内容应用方发挥自身优势，不断从广度上拓宽智能大屏端内容储备，收拢海量用户流量。一方面，它们将网络视频平台已有的内容嫁接到智能大屏内容体系中。如爱奇艺官方表示，奇异果 TV 已经承袭了爱奇艺所有的高清正版影、

剧、综、漫等泛娱乐精品内容，构建了储量丰富的智能大屏内容体系（见图3-1）。另一方面，内容应用方强化行业合作，布局智能大屏全网内容。2016年，CIBN酷喵影视在聚合优酷、阿里等海量内容资源的基础上，与芒果TV达成合作，二者联手后的片库，总量几乎占整个互联网内容行业的70%以上，所有安装芒果TV或阿里家庭娱乐合作的电视厂商终端的用户，都能独家收看芒果和优酷的全部内容。2019年，CIBN酷喵影视又和芒果TV推出联合会员制，实现内容进一步的联合打通。

图3-1 奇异果TV界面

另外，内容应用方还持续垂直深耕内容布局，收拢圈层用户流量，精细化智能大屏流量价值。例如腾讯云视听极光推出生活、教育、游戏、体育、新闻、音乐等垂直内容满足用户的多样需求，打造智能大屏圈层用户流量池。比如，基于NBA版权优势，腾讯旗下的云视听极光特设NBA特色频道板块，成为NBA球迷用户在智能大屏端的关键聚集地。

在内容广度与深度的双重加持下，内容应用方积累了海量用户流量，尤其是优质内容的表现尤为突出。笔者及研究团队在与智能大屏营销一线从业者的沟通了解中证实了这一判断。爱奇艺商业策略总经理王泉表示："头部影视综艺内容

来自 OTT TV 端的流量平均占比可以高达 40%～50%。"㊀

优质智能大屏内容体系聚拢用户流量之后，如何留住用户、保证用户流量高黏性成为内容应用方不断思考的问题。对此，内容应用方通过使用人工智能技术、优化观看界面等方式不断提升用户观看体验。例如，智能电视盒子的视频应用软件电视猫利用自身"哆啦A梦"人工智能推荐系统，根据用户兴趣变化，实时为用户推荐当前感兴趣的节目，降低用户内容搜索烦琐度。此外，基于不同人群收视行为习惯，腾讯、爱奇艺等内容应用方还在智能大屏端设置了老人、少儿等定制观看模式，满足不同年龄段的用户需求。

必须承认的是，广泛且忠诚的智能大屏用户是开展智能大屏营销的基础。内容应用方拓展并深耕内容体系，同时提升智能大屏用户体验，能够促进智能大屏流量的拉新与留存，提升现有流量黏性，为智能大屏营销落地提供更多可能性。

### 3.1.2 从"强曝光"到"深度定制"，营销资源开发与创新

内容应用方在智能大屏营销资源开发方面有两种常见思路：一是基于智能大屏曝光强的特点开发全链路广告资源位，资源自由组合助力广告主实现品牌曝光；二是基于智能大屏内容为广告主提供定制化和互动型的营销策略，并捆绑电商平台实现智能大屏营销的品效合一。

#### 1. 智能大屏资源组合开发，品牌曝光赋能智能大屏营销

笔者与研究团队在对行业从业者的调研中了解到，鉴于目前智能大屏营销资源主要集中在强曝光的品牌广告资源上，内容应用方在智能大屏资源开发方面也主要集中在对多元化、曝光性的广告资源位的开发上。如腾讯客厅业务部策划总监李博地就表示："智能大屏营销的广告产品有两个明显趋势，一是全链路广告资源的整合联动，二是在全链路资源的基础上开发全系列入口级的用户拦截产品。"可见，对强曝光、全链路的广告资源位的开发已经成为内容应用方布局智

---

㊀ 全亦霖. 爱奇艺王泉：大屏营销机遇与挑战并存［J］. 国际品牌观察（媒介下旬刊），2020（5）：72-74.

能大屏营销资源的主流趋势。

不论是奇异果 TV、云视听极光还是 CIBN 酷喵影视，都已经基于智能大屏营销资源，开发出包括从开机启动、推荐页巨幕，到用户选取内容时的频道皮肤、焦点图等，再到用户观影间歇的贴片、暂停和屏保广告等，以及最后关机的退出广告等全链路智能大屏营销资源位，为广告主提供多元组合投放。同时，内容应用方还将不同资源位进行整合包装，提出一站式营销解决方案，助力广告主实现品牌强曝光，颇受追求强品牌曝光的大型广告主的喜爱。

例如，腾讯推出"超级品牌日"营销方案，可助力广告主实现品牌从闪屏到精选的视觉焦点，再到贴片、屏保等的全面曝光性覆盖。其核心卖点在于能够在一天之内覆盖到腾讯客厅 70% 以上的独立用户，因此受到了宝马汽车、兰蔻等大型广告主的喜爱。同时，腾讯将开发一款客厅的 One Shot 拦截产品，将云视听极光的闪屏和首页浮层广告联动，形成视觉上有冲击力且无缝连接的曝光效果。此外，电视猫基于全链路的智能大屏营销资源位和香奈儿品牌展开合作，在智能电视端从用户开屏观看到退出的整个过程中，都对香奈儿品牌进行曝光，为品牌带来了巨大的营销价值。

通过这样曝光性的广告资源位覆盖，智能大屏营销资源和品牌实现了联动整合，对广告主来说可以实现大规模的用户触达，品牌曝光效果自然不言而喻。

### 2. 品牌内容深度定制，交互引流助力品效合一

在满足广告主品牌曝光需求的同时，内容应用方对广告主的定制化、互动型的需求也提出了相应的智能大屏营销解决方案，并探索实现品效合一的传播效果。

从资源类型来看，内容应用方为广告主开发了品牌剧场、品牌专区等资源，这些营销资源可以与品牌特点深度结合，增强用户记忆度。例如，腾讯与福特汽车合作时，基于其目标群体以有经济能力的中青年男性为主的特点，在智能大屏端开辟了品牌剧场，聚集纪录片、财经、体育等内容，以满足福特汽车消费者的观看需求。同样，爱奇艺基于奇异果 TV 为 999 小儿感冒药在《熊出没》播放期间定制了针对儿童观众的品牌剧场，并配以"感冒不出没，全家更欢乐"的广

告语，实现了品牌理念和节目内容的共融共生。

另外，内容应用方在智能大屏营销布局上融入技术基因，深度开发用户交互功能，并引流至电商平台助力品牌实现销售转化，CIBN 酷喵影视就是其中的典型代表。作为阿里大文娱生态下的智能大屏内容应用方，其通过布局摇一摇、扫码、一键购等方式，将用户从内容引流至淘宝、天猫等旗舰店里进行产品购买。同时，依托阿里大文娱强大的生态体系，品牌的每一次曝光，都能够被回流和监测，从而实现后链路追踪广告的效果提升。

此外，AI 技术的融入更升级了智能大屏内容应用方对"边看边买"营销形式的布局。2018 年 12 月，奇异果 TV 创新推出"AI 雷达"功能，成为智能大屏端中第一个上线视频画面信息即时识别功能的应用。潮流品牌 BABAMA 利用奇异果 TV 的"AI 雷达"功能，在《潮流合伙人》中植入其酷潮时尚单品，帮助用户实现从信息识别到物品购买的一站式体验，通过 AI 技术进一步释放智能大屏的营销价值。

### 3.1.3 从"多屏通投"到"精准定位"，营销投放模式革新升级

内容应用方在开发多样广告营销资源的基础上，进一步探索智能大屏营销的投放模式，此外还通过自建 DMP 为广告主提供更为成熟且精准的智能大屏营销投放服务。

#### 1. 为广告主提供多元智能大屏营销投放模式选择

内容应用方为广告主提供的智能大屏投放模式在一步步的探索中逐渐多样化。总结来看，内容应用方为广告主提供了三种智能大屏营销投放模式：一是多屏通投，二是 OTT TV 独立投放，三是按时间段投放。

多屏通投模式是指广告主可基于智能大屏的头部 IP 内容进行多个终端组合投放，也可基于流量模式进行常规的流量散投。目前，包括爱奇艺、腾讯、芒果 TV 在内的许多内容方都为广告主提供大屏小屏联动的多屏通投营销方案，多屏协同黄金配比购买能更大程度上提升品牌的关键指标，提升广告的投放效率。

OTT TV 独立投放模式则包含智能大屏营销资源位的日常曝光、智能大屏内

容的深度定制以及智能大屏用户的精准投放三种典型方式。在智能大屏营销资源位的日常曝光上，品牌广告的全路径覆盖能触达用户收视路径的各个节点；智能大屏内容的定制则针对广告主的品牌调性和诉求深度定制内容；智能大屏用户的精准投放是利用内容应用方的数据系统为家庭打上标签，助力 OTT TV 家庭用户的精准触达。近年来，随着智能电视的营销价值日益凸显，OTT TV 独立投放这一广告投放模式也受到越来越多品牌主的喜爱，广告主在智能大屏端的投放比例逐年上升。根据爱奇艺、腾讯视频等网络视频平台的智能大屏营销从业人员的普遍反映，2019 年以来为 OTT TV 设立单独预算的客户以及客户单笔的投放量均呈现增长趋势。

按时段投放模式则与传统电视投放广告的模式相仿。广告主可以选择用户观看智能电视的高峰期进行定时投放。例如，腾讯在智能大屏端为广告主提供了"家庭轰炸机"方案。利用 OTT TV 晚间收视高峰高于移动设备的特点，广告主可以选择 OTT TV 的高峰时段进行集中投放。这一广告方案可同时覆盖家庭多人观看场景，通过黄金时段的高可见性曝光，实现超值 CPM。

### 2. 搭建 DMP 推动营销精准化

用户契合度是广告主选择媒体的主要依据，直击用户需求的广告才更容易打动人心，这就需要实现广告的精准投放。立足智能大屏媒体，内容应用方通过构建 DMP，全方位洞察目标家庭用户并生成个性化标签体系，助力智能大屏精准营销。"爱优腾"是其中的领先者，它们拥有 BAT 旗下海量数据优势，可以将智能大屏端的数据与其他媒体端数据进行打通，构建完善的家庭标签体系。

例如，腾讯依托腾讯大数据的优势基因，基于自有的社交、娱乐、资讯等多元数据，对移动手机端与客厅智能电视设备进行数据映射，匹配出家庭多维度特征，为目标家庭贴上精准标签，构建独有的腾讯 Household ID（见图 3-2），实现从个人数据向家庭数据的过渡。爱奇艺基于自身的数据系统——魔数师 DMP，通过密码、Wi-Fi、IP 地址将个人手机设备和家庭 OTT TV 设备进行关联，并进行数据清洗，对目标家庭进行家庭结构、家庭兴趣、家庭消费力等全方位的精准洞察，形成"家庭魔方"体系，其家庭标签模型已累计覆盖超过 8000 万个家庭。

优酷旗下的 CIBN 酷喵影视则利用阿里打造的 Household ID，建立全域家庭识别体系，根据品牌的行业特征和营销需求，形成需求分析、分级触达、再营销等强劲的营销引擎，"家庭全域星"是其中的核心产品。

目前，由于广告主对智能大屏营销精准性的需求逐步提升，以"爱优腾"为代表的内容应用方所搭建的 DMP 日渐受到广告主的青睐。例如，互联网金融品牌玖富与腾讯 OTT TV 合作，基于腾讯 OTT TV 所搭建的 DMP 锁定了目标家庭（家中有对金融感兴趣的 25～40 岁男性），通过暂停、焦点图、屏保、福利社等智能大屏高转化广告直达移动落地页。

图 3-2　腾讯家庭标签体系

（来源：腾讯广告）

当然，由于目前内容应用方对智能大屏 DMP 的探索还仍处于起步阶段，且由于智能大屏家庭属性较强的特点，教育、旅游、金融、日化等主打家庭目标消费者的行业成为关键广告主。但是，广告主对智能大屏营销精准化的需求是不断提升的，内容应用方将如何基于已有数据体系，实现智能大屏 DMP 的升级完善，让更多广告主认可与应用，将是下一步需要探讨的问题。

### 3.1.4　总结与启示

内容应用方作为智能大屏产业的重要角色，在家庭智能大屏营销价值爆发的风口之下充分发挥内容优势，与行业各方展开深度合作，通过"硬件＋软件"双重布局的方式切入智能大屏产业，覆盖广泛的用户，积极布局智能大屏端的营销生态，通过开发不同的广告资源位、提供多样化的广告投放服务，挖掘智能大屏的营销价值。

营销资源开发方面，内容应用方基于智能大屏媒体"强曝光"的特点开发出应用开屏、贴片广告等智能大屏营销资源形式，并立足于内容优势挖掘品牌内容深度定制的营销价值，并通过"边看边买"等形式助力品牌实现品效合一。

营销投放模式创新方面，内容应用方深耕自身在 PC 端、移动端以及智能大屏端的业务优势，实现了在智能大屏营销投放方面的跨屏联投、智能大屏独立投放，并结合传统电视广告投放模式推出按照优质内容和黄金时段进行广告投放的方式，可以满足广告主多样化的智能大屏营销投放需求。在这个过程中，内容应用方充分发挥其数据优势，实现跨屏数据打通，打造标签体系，支持精准用户画像瞄准，进一步支持广告主实现精准营销。

## 3.2　内容应用方机构案例剖析

在家庭场景中，优质内容是吸引智能大屏用户的关键所在，基于智能大屏提供视听影音内容服务的内容应用方也顺势成为智能大屏营销的重要角色。其中，爱奇艺的奇异果 TV、腾讯的云视听极光、优酷的 CIBN 酷喵影视、芒果 TV 作为"爱优腾芒"布局智能大屏端的应用软件代表，因为其海量丰富的视频内容资源而牢牢把控着智能大屏用户流量，成为智能大屏营销的主阵地。因此，本书选择爱奇艺、腾讯、优酷、芒果 TV 这四家引领智能大屏内容领域的头部机构，深入解读其在智能大屏端的营销布局策略。

### 3.2.1　爱奇艺：以奇异果 TV 为起点创新智能大屏营销模式

案例看点

- 从视频网站到智能大屏，爱奇艺如何布局大屏业务？目前其大屏端的流量规模与用户黏性如何？其大屏业务发展重点在哪里？

- 目前爱奇艺是如何规划大屏营销资源的？推出了哪些大屏营销产品？其大屏营销资源开发的创新之处在哪里？
- 结合内容优势，爱奇艺是如何满足品牌定制需求的？其大屏营销布局与百度数据及技术体系是如何对接的？
- 基于广告主多元投放需求，爱奇艺如何构建大屏营销投放模式？在搭建数据平台助力精准营销方面有何突破？

自 2010 年创立以来，北京爱奇艺科技有限公司（简称"爱奇艺"）旗下视频网站爱奇艺秉持"悦享品质"的理念，成为我国网络视频内容领域的佼佼者。大屏风起，爱奇艺迅速基于内容优势拓展业务链条，涉足智能大屏业务。2012年，爱奇艺联合银河互联网电视打造智能电视内容应用奇异果 TV，正式布局智能电视业务。基于此，爱奇艺开始与智能大屏产业链各方展开合作，锁定优质用户和硬件资源，并在此基础上通过开发丰富的广告资源位以及提供多样化的营销服务，挖掘智能大屏营销的价值蓝海，形成了一套独有的营销体系。

### 1. 软硬兼施多方合作，挖掘智能大屏营销流量

用户带来流量，流量带动营销，如今流量已然成为智能大屏营销的重要窗口。在智能大屏端，爱奇艺一方面通过与智能大屏产业链各方展开合作，嵌入大屏操作系统，内置视频影音应用软件，获取用户；另一方面也从终端发力，研发智能电视硬件设施，收拢用户流量。

（1）软件切入多方合作，覆盖广泛用户

作为互联网内容领域的佼佼者，爱奇艺凭借其内容优势与智能大屏的产业链各方展开密切合作，推广旗下智能大屏应用软件，提升用户覆盖规模。

其中，"奇异果 TV"成为爱奇艺布局智能大屏应用的核心。2012 年，爱奇艺联合中央人民广播电台、江苏省广播电视总台、鹏博士电信传媒集团成立银河互联网电视，成为互联网电视牌照方的运营主体，共同播控运营智能电视应用软件奇异果 TV。在此基础上，爱奇艺以 Inside 策略为核心，与终端厂商展开广泛

合作，将内容应用奇异果 TV 预装到 TCL 等终端厂商的 APK 和开机登录页面中，获取用户流量。此外还与歌华有线等网络运营商合作，在与宽带捆绑销售的电视盒子中植入奇异果 TV APK，扩大用户规模。

爱奇艺官方数据显示，奇异果 TV 已覆盖超过 1.8 亿的智能电视用户，为其智能大屏营销奠定了扎实的用户流量基础。另外，奥维互娱数据显示，2020 年 5 月，智能电视端直播与点播媒体混合排行榜中，奇异果 TV 以日活 2967 万台的数据位居第一。由此可见，在奇异果 TV 的支持下，爱奇艺智能大屏业务获取了较为广泛的用户流量基础。

（2）推出电视机顶盒及投屏硬件，拓展终端流量入口

见图 3-3，爱奇艺在广泛推广其智能电视应用软件的同时，也致力于打造终端硬件设施，包括电视盒子及投屏硬件两类产品，以此来把控终端流量。2018 年，爱奇艺携手歌华有线、百度推出兼具电视直播和互联网视频内容点播的 AI 融合机顶盒"歌华小果"。在此次合作中，爱奇艺将提供海量正版视频内容的点播及运营，歌华有线提供有线电视内容的直播和回看，百度则提供人工智能技术加持。可以说，"歌华小果"实现了互联网与有线电视网、手机小屏与智能大屏、遥控与智能语音搜索、互联网视频点播与电视直播之间的深度融合，可以推动爱奇艺扩展终端用户流量。

| 爱奇艺智能电视布局 | |
|---|---|
| 智能电视软件应用 | 奇异果TV（银河奇异果） |
| 牌照方 | 银河互联网电视（GITV） |
| 智能电视硬件终端 | "歌华小果"机顶盒（与歌华有线、百度合作） |
| | "蜀小果"4K机顶盒（与四川广电网络、百度合作） |
| | 爱奇艺电视果 |

图 3-3 爱奇艺智能电视布局

另外，2018 年，爱奇艺还与四川广电网络、百度共同研发"蜀小果"4K 机顶盒，其市场主要集中在四川地区。与"歌华小果"类似，"蜀小果"集成了四川广电网络的有线电视内容以及爱奇艺的互联网视频内容，同时搭载了百度

DuerOS 对话式人工智能操作系统，实现了有线网与互联网的深度融合，并帮助爱奇艺在智能大屏终端硬件业务领域实现突破。

爱奇艺还致力于智能大屏投屏业务，研发爱奇艺电视果，并先后推出了电视果 4K、电视果 4G 等创新投屏智能硬件产品，能够将手机、平板等小屏设备的视频、音乐、游戏等内容无线投屏至电视、投影仪等智能大屏终端设备。爱奇艺电视果负责人谭涛曾表示："客厅智能大屏娱乐的三大生态分别为遥控器生态、投屏生态和 AI 生态。而爱奇艺电视果正是致力于投屏和 AI 两大生态的投屏硬件产品。"㊀ 可以说，电视果的推出对接了智能大屏流量和小屏流量，实现了大小屏流量互补。

### 2. 优化智能大屏内容体验，提升智能大屏用户黏性

自 2010 年上线以来，爱奇艺因其海量优质内容的积淀，吸引了大量忠实的用户。在智能大屏端，内容依然是爱奇艺的核心竞争力。因此，爱奇艺不断提升内容优势，从优化内容体系和用户体验两方面发力，吸引智能大屏端用户流量，增强用户黏性，奠定智能大屏营销基础。

（1）深耕内容布局，吸引用户观看

爱奇艺从两方面着手布局内容体系。其一是不断扩充内容体量规模。爱奇艺基于现有网络视频平台，将已有的内容嫁接到智能大屏内容应用端，奇异果 TV 承袭了爱奇艺所有的高清正版电影、电视剧、综艺、动漫等泛娱乐精品内容，构建了储量丰富的智能大屏内容体系。此外，爱奇艺还与华策影视、Netflix 等内容制作伙伴达成战略合作，持续出品精品内容，进一步扩大内容储备量，为智能大屏用户提供丰富的内容选择。其二是深耕垂直内容。爱奇艺的智能大屏端应用奇异果 TV 还推出知识、课堂、纪录片、资讯、军事等垂直内容，满足不同用户群体差异化的内容需求，在吸引广泛用户流量的基础上也进一步增强了用户黏性。

---

㊀ 流媒体网．资本场上，爱奇艺的大屏布局之路！［EB/OL］．（2018－11－26）［2021－2－16］．https://news.znds.com/article/35052.html．

（2）优化用户体验，提高用户黏性

在搭建海量优质内容体系的同时，爱奇艺还致力于提升智能大屏用户的观看体验，提高智能大屏用户黏性。

其一，在视觉体验上，用户可以根据屏幕尺寸调整画面比例，并且奇异果TV还支持4K、1080P、杜比、HDR等多种码流<sup>○</sup>的任意切换，用户在客厅就可享受极致的视听体验。

其二，针对不同的收视人群，爱奇艺开发出不同的用户模式。比如，爱奇艺针对老年群体开发长辈模式；针对0～12岁的儿童群体开发出奇异果TV儿童版，将娱乐与教育合二为一。

其三，在人工智能技术应用方面，奇异果TV在首页设置了个性化视频推荐功能，可以根据用户历史观看影片，自动生成"以片推片"的展示图，为用户提供"千屏千面"的推荐。2018年8月，爱奇艺上线TV端第一个支持个性化短视频推荐的功能"AI随心看"，通过上下键可直接切换播放的视频。2018年12月，奇异果TV又创新推出"AI雷达"功能，成为TV端中第一个上线视频画面信息即时识别功能的产品，用户简单操作即可识别视频画面中的人物和物品。

通过优化智能大屏端的内容体系和用户体验，爱奇艺不仅收获了广泛且忠诚的智能大屏用户流量，还实现了用户流量的拉新与留存。根据爱奇艺官方数据显示，奇异果TV的日均活跃终端数已超过1800万台，为智能大屏营销奠定了流量基础。

### 3. 开发广告资源位，深度挖掘智能大屏营销价值

在拥有大量活跃用户的前提下，爱奇艺通过开发丰富的广告资源位，实现用户流量的变现。一方面，爱奇艺基于智能大屏自身的特点开发曝光性的广告资源位，通过智能大屏广告资源的自由组合助力广告主实现品牌的曝光。另一方面，爱奇艺根据智能大屏内容为广告主提供定制化与互动型的营销策略，并捆绑电商平台实现智能大屏营销的品效合一。

---

○ 码流是指视频文件在单位时间内使用的数据流量，也叫码率。

（1）智能大屏资源组合，助力品牌曝光

目前智能大屏营销多以追求强曝光的品牌广告为主。为此爱奇艺基于智能大屏资源，开发出一整套全链路的广告资源位，包括用户开机启动广告、推荐页巨幕，选取内容时的频道皮肤、焦点图等，观影间歇的贴片、暂停和屏保广告等，以及最后关机的退出广告。通过覆盖用户整个观影过程，将用户全方位拦截，从而实现品牌的强有力曝光。爱奇艺将不同资源位进行整合包装，为广告主提供多元化的组合投放，将营销资源和品牌进行联动整合，助力广告主实现品牌强曝光，提升品牌知名度。

（2）内容深度定制，实现品效合一

在实现品牌曝光的同时，爱奇艺还开发出品牌剧场等智能大屏专属营销资源，为广告主提供定制化、互动型的智能大屏营销解决方案。将内容与品牌深度捆绑，增强用户对品牌的记忆度，并通过 AI 等技术的运用探索实现品效合一的传播效果。

爱奇艺一直将内容营销作为其营销布局的重点。2018 年，爱奇艺在智能大屏端推出了品牌剧场和品牌专区，满足品牌内容定制需求。其中，品牌剧场包含了爱奇艺多种剧集，向广告主提供剧场冠名权限，并可为广告主定制剧场内部的各种营销资源位。例如，基于奇异果 TV，爱奇艺为 999 小儿感冒药在《熊出没》播放期间定制了针对儿童观众的品牌剧场，并配以"感冒不出没，全家更欢乐"的广告语，实现了品牌理念和节目内容的共融共生。品牌专区则基于节假日流量高峰特质，推出全年 7 个长假专题、52 个周末专题、2 个季节性专题以及超过 60 个专题属性标签，方便广告主进行内容定制。

此外，爱奇艺在智能大屏营销布局上还融入 AI 技术，探索互动型的营销资源，并进一步引流至电商平台助力品牌实现销售转化。例如，时尚品牌 BABAMA 就曾利用奇异果 TV 的"AI 雷达"功能（见图 3-4），在《潮流合伙人》综艺节目中植入其酷潮时尚单品，用户在观看的过程中可以实现从信息识别到物品购买的一站式体验。与此同时，爱奇艺基于其"创可贴"广告资源布局，推出了"创可贴 2.0"，可以在观影过程中智能识别人物、场景、台词、剧情，触发内容高关联的广告。在此过程中，结合 AR 技术，用户可以扫描画面中的实体物跳转至手机端，这既保持了观影行为的连续性又能兼顾用户突发兴趣下的空间转换，跨屏开展更广域的用户流转。

图 3-4 奇异果 TV "AI 雷达"功能

通过 AI 技术，爱奇艺实现了智能大屏"边看边买"的营销布局，进一步释放了智能电视的营销价值。

### 4. 丰富智能大屏投放模式，助力智能大屏精准营销

在智能大屏营销的投放服务方面，爱奇艺提供了丰富的投放模式，并且通过自建 DMP 广告主提供更为精准的智能大屏营销投放服务。

（1）多样化的投放服务

见图 3-5，爱奇艺为广告主提供的营销投放服务大致可以分为三类：一是多屏通投，二是 OTT TV 独立投放，三是按时间段投放。

在多屏通投的服务模式上，广告主一方面可以基于头部 IP 的内容营销进行多屏组合投放，另一方面也可基于流量模式进行常规流量散投。对于不同终端屏幕各自的投放比例，爱奇艺商业策略总经理王泉曾说，在 OTV 与 OTT TV 跨屏预算分配上，PC 端、App 端、OTT TV 智能大屏可实行 1:6:3 的投放策略，OTT TV 在多屏通投上的占比需要达到 30% 的黄金分配比例。

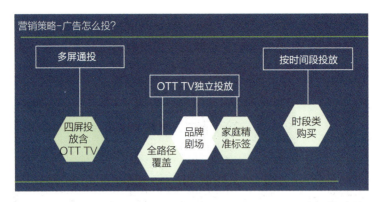

图 3-5　爱奇艺向广告主提供的智能大屏营销采买方式○

OTT TV 独立投放的服务模式，包含了智能大屏营销资源位全路径覆盖、针对广告主的品牌调性和诉求进行内容定制，如品牌剧场，以及根据数据标签系统进行智能大屏用户的精准投放三种典型方式。随着智能电视的营销价值日益凸显，OTT TV 独立投放也受到越来越多品牌主的喜爱。据爱奇艺商业策略总经理王泉透露，2019 年以来为 OTT TV 设立单独预算的客户以及客户单笔的投放量均呈现增长趋势。

在按时段投放的服务模式上，爱奇艺也正在探索智能大屏端以时段为基础的类电视购买模式，开发出名为"十二时颂"的广告产品，即把全天分为 12 个时段，通过分析观影峰谷规律，划分出智能电视的黄金和非黄金时段，在选定时段内用户每次观影时均向其展露品牌广告，实现品牌对用户的高效触达。广告主可以选择用户观看智能电视的高峰期进行定时投放。通过黄金时段的高可见性曝光，即可实现超值 CPM。

（2）自建 DMP 实现智能大屏精准营销

为满足广告主在智能大屏精准营销方面的需求，爱奇艺通过自建的魔数师 DMP 赋能智能大屏营销精准化。通过注册会员、Wi-Fi、IP 地址将个人手机设备和家庭 OTT TV 设备关联，并进行数据清洗，从家庭结构、家庭兴趣、家庭阶

---

○ 全亦霖. 爱奇艺王泉：大屏营销机遇与挑战并存［J］. 国际品牌观察，2020（5）：72-74。

段、家庭位置及家庭消费力五个方面建立家庭 5S 标签模型，对目标家庭进行全方位的精准洞察，形成"家庭魔方"体系。基于这一标签体系，广告主可以根据目标家庭有针对性地投放广告，从而实现智能大屏端的精准营销。

### 5. 总结与启示

作为内容应用方，爱奇艺以海量优质内容为基础，凭借奇异果 TV 智能大屏应用与终端厂商、运营商合作，获取广泛用户流量，同时发力终端硬件业务，把握流量入口。目前，奇异果 TV 应用常年占据直播与点播媒体混合排行榜首位，其主要原因在于爱奇艺拥有较强的内容市场竞争力，并不断优化用户体验，满足用户多元的观看需求。

由此，爱奇艺不断挖掘智能大屏营销价值，进行智能大屏营销资源创新开发，除了常规意义上的曝光类广告资源开发，还尤为聚焦品牌专区、品牌剧场等定制级内容营销资源，并结合 AI、AR 技术优化"创可贴"广告资源位，对接电商平台及移动小屏，实现用户营销转化。

在创新营销资源的基础上，爱奇艺布局了多种智能大屏营销投放方式，满足广告主的多元投放需求。值得一提的是，爱奇艺在自有经验的基础上，总结出 OTV 与 OTT TV 跨屏预算分配中 OTT TV 占比需要达到 30% 的黄金分配法则，给业界提供了参考。另外，爱奇艺将智能大屏营销投放与传统电视投放模式做了结合，基于 CSM 收视率体系，推出"十二时颂"智能大屏营销投放模式，按照时段进行营销资源售卖。

同时，爱奇艺颇为重视数据利用，将智能大屏数据资源对接至旗下魔数师 DMP，建立家庭 5S 标签模型，助力广告主精准投放。

## 3.2.2 腾讯：客厅场景商业价值的深度开发

### 案例看点

- 2015 年，腾讯携手南方新媒体打造云视听极光，开始深度布局智能大屏业务。基于此，腾讯在终端硬件和应用软件领域有何突破？腾讯在大屏端的用户流量规模达到了什么程度？

• 立足大屏内容应用，腾讯是如何深耕大屏内容价值的？其在应用体验方面有何优化？这将为腾讯布局大屏营销提供什么支持？

• 腾讯为了实现大屏营销布局，推出了什么大屏营销资源？腾讯对这些资源如何打包组合构成其大屏营销产品体系？在品牌内容定制方面，腾讯提出了什么新的营销思路？

• 为了更好地服务广告主，腾讯目前提供哪些大屏营销投放方式？尤其在业界关注的精准营销方面，腾讯是如何基于旗下数据优势进行布局的？

腾讯是中国最大的互联网综合服务提供商之一，其网络视频服务腾讯视频以丰富的内容、极致的观看体验成为中国领先的在线视频媒体平台。在智能大屏产业中，腾讯对自身的角色定位有三个，分别是超级连接器（Super Connector）、内容提供者（Content Provider）、产业赋能人（Industrial Enabler）。

基于这三个角色定位，腾讯于 2015 年与智能大屏产业链各方展开广泛合作，凭借自身的内容优势，联合南方新媒体打造智能电视内容应用云视听极光，布局智能电视端的营销生态。经过 5 年的发展，腾讯在智能大屏端收获了广泛的用户流量，并在此基础上探索出了一套较为成熟的智能大屏营销体系。

### 1. 多方合作收拢用户，扎实智能大屏营销根基

在智能电视领域，用户流量就是话语权，是实现智能大屏营销的重要基础。腾讯通过与智能大屏产业链各方的广泛合作，构建了"终端+盒子+App"矩阵。腾讯一方面充分发挥内容优势，以应用软件切入智能大屏产业，另一方面积极开发智能大屏终端硬件产品，覆盖广泛的用户。

（1）软件切入智能大屏产业，收拢用户流量

应用软件层面，在播控政策的引导下，依托腾讯视频丰富的版权内容积累，腾讯与牌照方南方新媒体达成战略合作，推出互联网电视应用云视听极光，即腾讯视频 TV 电视版。此外，腾讯还与多家视频应用服务方合作，如与泰捷视频合

作推出"云视听·泰捷"、与电视猫合作推出"云视听·More TV"、与"CIBN微视听"展开深度合作等，提供腾讯视频丰富正版的视频内容，形成应用矩阵。

另外，通过 SDK 与 APK 两种方式，腾讯与创维、长虹、海信等智能大屏终端厂商进行合作，前者是将应用程序植入厂商的系统层，后者则是将云视听极光、电视猫等 App 预装在应用层中。除了与厂商合作预装，2017 年 6 月和 7 月，腾讯还先后投资 3 亿元和 4.5 亿元，入股创维旗下酷开科技以及 TCL 旗下雷鸟科技，达成与终端厂商的深度捆绑，持续在内容应用端赋能终端厂商的智能大屏业务布局，并助力自身扩大用户流量规模。

根据腾讯公开的官方数据，腾讯覆盖了广泛的智能大屏用户，云视听极光在存量激活的智能电视上覆盖率高达 80% 以上。

（2）开发终端硬件产品，拓宽用户规模

在广泛推广旗下大屏端应用软件的同时，腾讯还联合行业伙伴共同开发智能大屏硬件产品，获取更大规模的用户。2017 年 1 月，腾讯联合牌照方南方新媒体共同推出第一代 OTT TV 电视机顶盒"企鹅盒子"——"企鹅盒子 Q1"，之后腾讯视频联合创维推出"企鹅极光盒子""腾讯极光快投"等终端硬件产品，联合蜂助手股份有限公司打造"腾讯极光 4G 盒子"，与安克创新公司共同开发智能大屏端的智能投影仪等，积极挖掘家庭场景下的用户需求和营销价值，不断提升智能大屏端用户流量。

通过"软件+硬件"布局，腾讯扩大了在智能大屏产业的版图，构建起了较为完整的客厅营销生态，并获取了广泛的用户规模，为智能大屏实现商业化奠定了扎实的基础。

## 2. 优化内容应用体验，留住智能大屏用户

在获取广泛用户的前提下，腾讯从两方面入手，增强智能大屏端的用户黏性：一是深耕自身内容体系，增加智能大屏端的内容储备；二是优化用户体验，充分保证智能大屏端用户的黏性。

（1）深耕内容体系，提升智能大屏内容价值

深耕互联网内容领域多年，腾讯拥有了丰富的内容储备库。在智能大屏端，

一方面，承接了腾讯视频原有的海量优质内容。除海量的片库外，腾讯还致力于自制内容的创作，不断丰富智能大屏内容体系。

腾讯旗下互联网电视应用云视听极光已经依托腾讯视频和广东广播电视台丰富优质的内容，拥有了电影、电视剧、综艺、动漫、新闻、体育、演唱会等缤纷的栏目。云视听极光不仅囊括国内顶级院线影片、热播电视剧，还引进了好莱坞大片、热门海外剧、国家地理纪录片等海外内容。

另一方面，腾讯还注重挖掘智能大屏端的细分市场，打造垂直领域内容，收拢圈层用户流量，推出生活、教育、游戏、体育、新闻、音乐等垂直内容，满足用户的多样需求，打造智能大屏圈层用户流量池。值得一提的是，基于腾讯的NBA版权优势，云视听极光还特设NBA特色频道板块，成为NBA球迷用户在智能大屏端的关键聚集地。

2017年，腾讯视频客厅产品部总经理赵罡在接受媒体采访时曾对腾讯在智能大屏端深耕垂直领域如此表态："优质版权内容本身成本很高，但人群非常垂直，忠诚度也高，他们愿意付更多的钱来欣赏一般渠道找不到的内容，细分的每个品类可能只有10万、20万人群，但如果挖掘的领域够广，也能为平台积累大量的忠实用户。"

（2）优化产品体验，增强智能大屏用户黏性

在给用户提供海量优质内容的基础上，腾讯也采取了一系列的措施，优化用户使用体验，增强智能大屏端的用户黏性。

首先，云视听极光致力于为用户提供全高清乃至4K的优质片源。为提升用户的观看体验，腾讯视频与杜比实验室合作，在云视听极光上提供杜比视界[一]格式的精选4K内容，将视频画质提升至HDR（High Dynamic Range，字面释义为"高动态范围"，是一种提高影像亮度、对比度范围的处理技术），相较于普通画面，这种视频更能呈现出真实环境中的视觉效果，以优质影片搭配杜比音效，用

---

[一] 杜比视界，即Dolby Vision，是由杜比实验室推出的一整套提升画面观感的技术，它与HDR 10/10＋一样是一种HDR格式，是市面上常用的HDR标准。

户在家中即可畅享影院式的震撼视听体验。

其次，腾讯还基于家庭场景中差异化的用户人群数据，根据家庭成员各自的收视习惯推出不同的观看模式。比如，针对老年人打造操作简易的长辈模式，针对儿童开发少儿模式，方便家长对孩子观看的内容、时长进行设置，满足不同年龄段的用户需求。

最后，腾讯升级了视频会员体系，推出腾讯超级影视 VIP，其权益覆盖电视、PC、手机、平板四屏，给用户一站式的会员服务，解决了智能大屏端与其他设备会员体系不相通的问题，实现了各设备端用户数据的对接。因此，基于腾讯大数据，云视听极光可以根据用户及家庭的收视习惯和观影兴趣进行数据分析，从而提供个性化的视频推送服务。

腾讯通过深耕智能大屏内容体系、优化用户体验获取了大规模的活跃用户，促进了智能大屏流量的拉新与留存，为智能大屏营销落地提供了更多可能性。

### 3. 广告资源组合联动，挖掘智能大屏营销价值

在智能大屏营销上，腾讯通过打造多样化的广告资源位，挖掘智能大屏营销价值。一方面，在智能大屏本身强曝光性特点的基础上，腾讯开发出全链路的广告资源位，广告主可以通过智能大屏广告资源的自由组合实现品牌的强曝光；另一方面，基于智能大屏内容，腾讯还为广告主提供定制化和互动型的营销策略，同时捆绑电商平台助力智能大屏营销的品效合一。

（1）全链路营销资源整合，实现品牌强曝光

腾讯十分注重全链路、强曝光的智能大屏广告资源位开发。实际上，腾讯已经基于智能大屏端应用云视听极光开发了包括开屏、贴片、焦点图等在内的全链路广告资源位，并将其进行不同角度的组合打通，推出新的营销解决方案。

例如，"超级品牌日"是腾讯为广告主提供的全链路营销解决方案，可以实现从闪屏到视觉焦点图，再到贴片、屏保的整体联动，能够在一天之内覆盖到腾讯客厅 70% 以上的独立用户，为品牌带来了巨大的营销价值，因此宝马汽车、

兰蔻等大型广告主都曾选择腾讯"超级品牌日"投放广告。此外，腾讯还开发了全系列入口级的用户拦截产品，通过强视觉冲击力的广告产品实现品牌的强曝光，可以使智能大屏用户迅速建立起品牌认知。

据悉，腾讯即将开发一款客厅 One Shot 产品，将云视听极光的闪屏和首页浮层广告联动，形成视觉上有冲击力且无缝连接的曝光效果。此外，随着整个 OTT TV 流量的提升，腾讯还将继续开发基于电视黄金时段的包段曝光产品"家庭轰炸机""第一贴片"等品牌曝光类广告资源位。

（2）广告与内容深度结合，布局营销转化服务

在智能大屏营销上，广告主不仅仅需要品牌的曝光，而且更加重视用户对品牌的记忆度，甚至希望可以让用户直接产生购买的欲望和行为。为此，腾讯为广告主开发了定制化、互动型的广告营销资源，并且捆绑电商平台，以求实现品效合一的传播效果。

从资源类型来看，腾讯为广告主开发了"铂金剧场"等营销资源，将品牌特点与智能大屏内容深度结合。例如，腾讯与福特汽车合作时，基于其目标群体以有经济能力的中青年男性为主，在智能大屏端开辟了品牌剧场，聚集纪录片、财经、体育等内容，以满足福特汽车消费者的观看需求。

与此同时，腾讯也在助力实现智能大屏端营销转化，在智能大屏应用端预置"边看边买"服务。2018年5月，腾讯与京东达成合作，成立"智能大屏联盟"。该次合作中，京东智能研发出的电视购物产品"边看边买"和语音购物被融入云视听极光，用户在电视上看到商品广告时，无须在电视端进行操纵，通过定制的遥控器按键或声控即可快捷地完成下单，此广告对应的商品也会添加到用户的京东手机 App 购物车中，用户也可从手机端完成支付购买。

另外，腾讯也将智能大屏端和移动端捆绑，通过闪屏、浮层、码上贴、正片延续二维码等广告产品，让用户在观看过程中，既可以直接点击广告进入到品牌专属落地页，通过扫码进入移动端实现高效转化；也可以直接扫描播放全路径覆盖的二维码，直达移动端，全程触发高转化机会（见图3-6）。

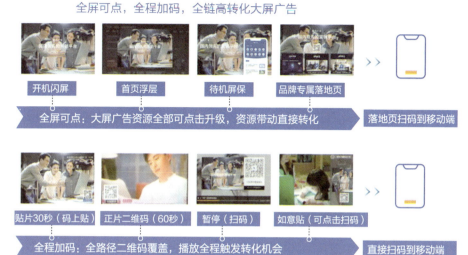

图3-6 腾讯OTT TV全路径二维码覆盖

(来源:腾讯视频营销指南)

### 4. 投放服务多样选择,数据赋能精准营销

除开发丰富的广告资源位外,腾讯为广告主提供了多样化的智能大屏营销投放模式,并且依托完备的数据体系赋能智能大屏精准营销。

(1) 多种投放选择助力智能大屏营销

在智能大屏营销的投放模式上,腾讯为广告主提供了三种可供选择的方案:

一是多屏通投。这是腾讯近年来主推的智能大屏营销投放服务模式,以PC端+移动端+OTT TV端为代表,无论广告客户之前在PC端、移动端投放的是OTV、剧场,还是时段产品,都可以打包OTT TV的同类资源,在终端种类、观看时段、观看场景和投放形式上实现多元化和全覆盖。

二是OTT TV独立投放。基于腾讯智能大屏端营销资源位,腾讯提供了智能大屏营销资源位的曝光、智能大屏内容的深度定制以及智能大屏用户的精准投放等服务,突出智能大屏单屏的价值。

三是按时间段投放。"家庭轰炸机"就是腾讯在智能大屏端为广告主提供的按时间段投放的服务之一。该投放服务主要利用 OTT TV 在晚间收视高峰时段用户流量高于移动端的特点，广告主就该时段进行集中投放，从而实现品牌的高可见性曝光。

（2）家庭数据赋能大屏精准营销

由于拥有成熟完备的数据体系支持，腾讯 OTT TV 构建了 Household ID，为智能大屏广告主提供更为精准的广告投放服务。依托腾讯大数据的优势基因，腾讯基于自有的社交、娱乐、资讯等多元数据以及与合作伙伴的融合数据，通过手机端与客厅智能电视设备进行数据映射，匹配出家庭构成、家庭阶段、消费能力、社交兴趣、家庭位置等多维度特征，为目标家庭贴上精准标签，构建独有的腾讯 Household ID，实现从个人数据向家庭数据的过渡、从 TA 到 TH 的转变。

具体而言，腾讯综合多方数据，对家庭进行有效分类，根据家庭构成分为单身之家、两口之家、小家庭（两代人）、三代同堂等，根据家庭阶段分成新婚期、孕期、育儿期、学龄期、养老期等，根据家庭消费能力分为高端、中产、一般家庭，根据兴趣爱好则分为理财、汽车、母婴、旅游等。基于这套完善的家庭标签体系，腾讯可以全方位洞察目标家庭用户，助力广告主在智能大屏端的精准营销。

目前，腾讯正在努力将移动端和智能大屏端的 DMP 打通、不断迭代多屏数据，在 DSP（Demand-Side Platform，需求方平台）、DMP 等数据平台的支持下，让 Household ID 作用于智能大屏精准营销链条，为广告主找到目标家庭，提高其智能大屏营销意愿。

## 5. 总结与启示

目前腾讯直接负责腾讯智能大屏业务的部门为"腾讯客厅业务部"，由这一机构名称的设计可见腾讯对于客厅场景的重视。基于海量的高质量内容与良好的用户体验，腾讯基于内容优势布局云视听极光开辟客厅业务，推出了系列硬件产品，不断拓宽智能大屏业务版图，获取大规模的智能大屏用户。

基于此，腾讯不断完善自身的智能大屏营销体系，布局了全链路营销资源，进行组合包装，推出"超级品牌日"、One Shot 等营销产品，同时深耕内容营销，探索大屏营销新模式，推出"铂金剧场""边看边买"等营销资源，并将大小屏端的营销资源深度捆绑，打通转化路径。

腾讯重视打造"数据化客厅"，建立从个人到家庭的数据体系。在投放过程中，腾讯将智能大屏端和移动端数据进行对接，打通两方 DMP，匹配出家庭构成、家庭阶段、消费能力、社交兴趣、家庭位置等多维度特征，构建 Household ID，助力广告主精准营销。与此同时，腾讯也意识到了当前智能大屏营销行业中普遍存在的一些问题，比如长尾资源仍有待盘活、智能大屏的营销价值还未被完全挖掘，这也是未来腾讯布局智能大屏营销的发力方向。

### 3.2.3　优酷：阿里生态下的家庭文娱营销突破

案例看点

● 阿里巴巴收购优酷之后，颇为重视文娱业务发展。2016 年，优酷成为阿里家庭娱乐业务的布局核心。为此，阿里是如何调整旗下业务架构的？针对家庭娱乐业务版块，优酷形成了怎样的智能大屏架构布局？

● 为了强化智能大屏端业务布局，收拢广泛用户流量，优酷如何优化其大屏内容体系？在大屏内容应用体验优化方面做了哪些努力？

● 优酷是如何构建其智能大屏营销体系的？其在智能大屏营销资源开发方面有何创新之处？是如何与阿里旗下的电商平台进行捆绑去助力品牌实现品效合一的？

● 基于阿里大数据，优酷在智能大屏的数据领域有何突破？是如何构建大屏营销投放体系的？阿里旗下的营销服务机构阿里妈妈在其中扮演了何种角色？

2006 年，优酷成立，并在 2012 年和土豆以 100% 换股的方式合并成立优酷土豆股份有限公司。2016 年，阿里巴巴为了布局家庭娱乐业务，推出"TV 生态

Inside 计划"，收购优酷并将其与阿里数娱业务打通，其中，优酷负责智能大屏内容，而阿里数娱则负责内容分发和终端支持。在此业务架构下，优酷基于阿里家庭娱乐生态布局的支持以内容优势切入智能大屏营销领域，联合牌照方国广东方打造智能电视应用软件 CIBN 酷喵影视，收获广泛的用户流量，并通过不断探索形成了体系化的智能大屏营销业务架构。

**1. 与产业各方展开合作，开拓智能大屏营销入口**

深耕互联网视频内容领域多年，优酷在阿里大文娱生态体系的支持下与智能大屏产业链各方展开广泛的合作，开拓智能大屏营销入口。

（1）以内容应用切入智能大屏生态，获取用户流量

为赢得智能电视领域的用户流量，优酷以内容优势与智能大屏行业各角色展开深度而广泛的合作。一方面，优酷通过与牌照方 CIBN 互联网电视（中国国际广播电视网络各旗下的互联网电视业务，由国广东方网络（北京）有限公司运营）合作打造智能电视应用软件 CIBN 酷喵影视，保证合规运营。另一方面，优酷还与创维、康佳、长虹等电视终端厂商展开广泛的合作。

阿里巴巴文化娱乐集团大优酷事业群家庭娱乐中心总经理穆旸在公开发言中表示，在阿里生态的支持下，优酷与终端厂商的合作模式分为了四种：其一是给终端厂商提供一揽子的解决方案，合作方仅提供硬件，优酷则提供内容服务和内容运营；其二是优酷一定程度上能够集成视频内容和参与设计交互界面；其三是优酷提供 SDK 植入；其四是优酷作为应用集成分发的服务平台来实现合作。

在多元的合作模式下，优酷与终端厂商的合作愈加紧密，推动其内容应用 CIBN 酷喵影视的装机量提升，并因此收获了海量用户。勾正数据调研显示，2019 年上半年，CIBN 酷喵影视有效覆盖的装机量接近 1 万台，收获了庞大的家庭用户。

另外，2018 年，优酷与华数传媒就优酷内容在全国有线电视网络平台、IPTV 平台接入并运营达成协议。根据协议，华数传媒将在全国各地有线电视网络平台、通信运营商的 IPTV 等专网平台，播放优酷授权的影视剧、综艺等内容。

在此合作下，优酷凭借其海量内容迅速吸收了华数传媒全国用户流量的优势。

（2）开发智能大屏硬件产品，掌控用户流量入口

在智能大屏领域，优酷一方面广泛加强与智能大屏行业各方的合作，收拢用户流量；另一方面在阿里大文娱生态体系的加持下协同行业伙伴开发智能大屏硬件产品，进一步扩大用户规模，掌控用户流量入口。

早在2014年，随着视频网站涉足硬件领域，优酷就开始了在家庭硬件端的布局。2016年被阿里收购以后，优酷在阿里生态下获得了更为丰富的终端流量入口支持。阿里为争夺家庭入口，在阿里数娱业务部门的支持下，提出了"TV生态Inside计划"，并与海尔、康佳、长虹、夏普、飞利浦、微鲸等（终端厂商）合作推出了多款智能电视新品以及天猫盒子等硬件产品。在这一针对智能大屏产业的重要战略布局中，优酷扮演了内容应用方的角色。

随着家庭智能大屏崛起，优酷更是在阿里家庭娱乐业务布局中发挥了重要作用，阿里数娱再度推出了"天猫魔盒""天猫魔投"等产品。目前，优酷在阿里生态的支持下，已经拥有了智能电视终端、电视盒子、电视投屏等多款设备入口，支持其掌握更多用户流量。

### 2. 深耕内容产品优势，增强智能大屏用户黏性

家庭娱乐的核心依然是内容消费，内容是刺激用户情感触点的主干道，同时也是智能大屏营销重要的组成部分之一。在阿里家庭娱乐业务中，优酷是重要的内容应用方，也是确保用户流量的核心。因此，优酷从两方面入手，增强智能大屏用户的流量黏性：一是发挥自身内容优势，丰富智能大屏端的内容储备；二是基于优质内容，不断升级其应用软件的产品体验。

（1）丰富内容体系，紧密连接用户

作为国内优质的视频服务平台，优酷的视频内容储备丰富，具备天然的内容优势。在智能大屏端，优酷主要从两方面着手打造内容体系。一方面，优酷将自有内容体系嫁接到智能大屏应用软件CIBN酷喵影视中，其自有内容涵盖电影、电视剧、综艺、动漫等全类型。另一方面，依托阿里强大的资源优势，优酷与其

他内容方展开深度合作,实现智能大屏内容资源的强强联合,满足用户多样化的观影需求。例如,2016 年 12 月,在阿里生态的支持下,优酷实现了与芒果 TV 的内容合作,阿里资料显示,优酷与芒果 TV 的内容重合度仅为 10%,这意味着双方的合作将在很大程度上扩充内容资源库。2019 年,优酷与 PPTV 展开内容合作,通过 SUPER TV 会员打通优酷和 PPTV 的海量影视内容。

在海量内容满足智能大屏端用户需求的情况下,优酷也不断深耕少儿、教育等垂直内容,深耕圈层用户偏好。例如,早在 2016 年,优酷就推出了"小小优酷"App"小酷宝"等少儿产品,并将其移动端与智能大屏端进行打通,让海量的优质少儿内容以客厅为中心、智能大屏为切入点触达用户群体。2018 年,"小小优酷"正式成为优酷旗下少儿独立品牌,并在智能大屏端有亮眼表现。

由此,优酷凭借海量内容实现了对用户流量的收拢,为其进行智能大屏营销奠定了基础。

(2) 提升用户体验,增强用户黏性

提升用户的观看体验是优酷增强用户黏性的另一方案,主要体现在三个方面。

一是从界面体验来看,联手顶尖的电视厂商打造 4K 高清智能大屏,为用户提供清晰的视频画面呈现。与此同时,在内容应用升级方面,优酷不断升级内容应用界面、设计等,优化应用使用体验。以其核心内容应用 CIBN 酷喵影视来看,优酷在其升级过程中,不断改版 UI 设计,并结合用户需求增加了短视频导看、倍速播放等功能;推出大海报视频预览、视频小窗口自动播放等功能以及瀑布流视频内容展示,方便用户的内容观看与搜索等。

二是从内容观看体验来看,优酷基于阿里大数据及云计算的独特优势,全面了解分析用户及其家人的观看喜好,基于用户不同的观影习惯,智能推荐符合其兴趣点的智能大屏内容,为用户提供内容推荐的个性化定制。比如,CIBN 酷喵影视会将刚上映的院线电影首先推荐给年轻的一二线城市用户,抗战电视剧则把 50 岁以上的用户作为第一推荐位,少儿内容将优先推荐给有幼龄学前儿童的家庭用户等。

三是针对家庭场景中的老人和少儿收视群体，优酷开发出相应的长辈模式与少儿模式。相比腾讯与爱奇艺推出的长辈和少儿模式，优酷缩减了切换动画，切换起来更加方便快捷。在内容方面，以长辈模式为例，优酷界面更加简洁，内容以相声小品、经典电视剧等为主，符合老人的内容偏好。

在海量内容的基础上，提升用户体验，满足不同用户的内容需求，是优酷为确保用户黏性奠定的基础。

### 3. 开发广告资源位，探索智能大屏营销价值

2020年，优酷的内容商业化部门升级为阿里文娱全链路营销中心。这一全新升级的部门整合了优酷、阿里影业、大麦、淘票票、阿里体育、阿里少儿、OTT TV 一系列文娱资源，为广告主提供全方位的营销资源支持。其中，开发智能大屏广告资源位是挖掘智能大屏营销价值的重要手段。目前，优酷智能大屏端的广告资源大致可分为两大类：一类是智能大屏端较为普遍的曝光类广告资源位，另一类则是将智能大屏内容与品牌营销深度结合的定制化、互动型的广告资源位。

（1）广告资源组合开发，助力品牌曝光

在满足品牌曝光需求的广告资源类型方面，优酷开发出从开机、开屏、内容观看浏览、暂停到关机的展示类广告资源位，为广告主提供多元化的组合投放服务。这些智能大屏端的资源可以划分为三类：一类是场景类广告，包括开机视频、开机推荐、屏保广告、关机广告；另一类是传统视频广告，主要为视频内嵌入的广告资源，包括前贴片、中插、暂停、角标等；还有一类为创新形式广告，例如互动可跳过前贴、多功能主题等。

通过以上广告资源，广告主可以有效覆盖用户观看智能电视的全路径，吸引用户的注意力，有效触达和影响消费者，从而实现品牌的强效曝光。例如，可口可乐曾在2018年春节期间借助优酷OTT TV 智能大屏进行营销宣传。优酷OTT TV 为可口可乐规划了设备或App开屏内的开机视频广告、桌面浏览内的首页专题入口和电视剧频道入口、观看视频时的前贴片以及互动角标、观看暂停时的屏

保广告等全链路营销资源，协助可口可乐实现品牌全链路曝光。

（2）OTT TV 营销对接电商平台，实现品效合一

除曝光性的营销资源外，优酷还联动阿里生态伙伴在智能大屏端开发基于内容的广告资源。广告主可以根据自身品牌特点和营销诉求，面向智能电视里的众多频道和专题进行广告投放。

值得一提的是，在这个过程中，作为阿里大文娱生态下智能大屏的内容应用方，优酷旗下的 CIBN 酷喵影视基于智能大屏内容布局摇一摇、扫码、一键购、AI 语音识别等方式，推出"边看边淘"等营销产品，可以将用户从内容引流至淘宝、天猫等旗舰店里购买相应的产品，能够实现广告品效合一的传播效果。同时，依托阿里强大的生态体系，品牌每一次的曝光，都能够被回流和监测，从而实现后链路追踪广告的效果提升。

例如，优酷联动宝洁旗下洗护品牌汰渍完成了在综艺节目《爸爸去哪儿》智能大屏端的营销投放，优酷通过 AI 识别技术显示影片内出现的汰渍产品，用户可以在识别出产品之后按"OK"键进入智能大屏端天猫商城进行产品购买。

### 4. 优化智能大屏数据体系，赋能品牌精准营销

直击用户需求的广告才更容易打动人心。因此在智能电视领域，广告主对智能大屏营销精准性的需求也在逐步提升，这就需要实现广告的精准投放。

立足智能大屏媒体，依托阿里大数据系统，优酷智能大屏在业内率先打造了 Household ID，并形成全域家庭识别体系，对覆盖家庭的组成结构、阶段周期、消费能力、媒体兴趣等维度进行分析，为智能大屏终端背后的每一个家庭贴上精准的个性化标签，并且根据每一个家庭的画像特征组合分类，全方位洞察目标家庭用户。在全域家庭识别体系的基础上，阿里打造出服务于广告主精准投放的广告产品"家庭全域星"。

见图 3-7，基于全域家庭识别体系，联合阿里妈妈，优酷在智能大屏端形成了需求分析、分级触达、再营销等强劲的营销引擎，构建了全新的家庭场景解决方案，能够实现广告的投前、投中、投后全链路覆盖。广告主可以根据品牌的行

业特性和营销需求,针对特定家庭投放广告。某一母婴行业奶粉品牌客户利用阿里这一营销体系,在投放前期首先定位了备孕、母婴及育儿三大家庭,之后通过"家庭全域星"进行智能大屏广告的强势曝光,整个过程中产生的信息都会回流到品牌数据银行,作为消费者的资产沉淀,为品牌后续营销作指引。

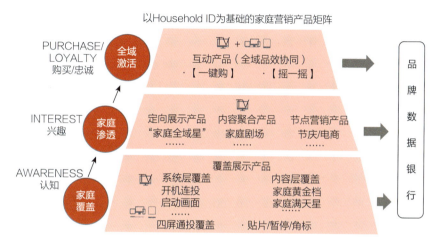

图 3-7　CIBN 酷喵影视 Household ID 营销产品矩阵

## 5. 总结与启示

阿里家庭娱乐在智能大屏上始终秉承着开放合作的态度,致力于打造一个开放式的生态环境,链接产业上下游各方,以"开放升级、超级内容、数据赋能"三大战略,打通家庭娱乐生态链,提供智能电视整体解决方案。其中,优酷与阿里数娱业务部门打通,优酷以 CIBN 酷喵影视为核心,强化与终端厂商及运营商的合作;阿里数娱则基于优酷内容优势布局终端硬件业务,如此构建了优酷智能大屏业务生态。

作为阿里旗下视频内容平台,优酷在智能大屏内容生态上一方面正在加强与其他内容应用方的内容合作,另一方面深耕少儿、教育等垂直内容,不断丰富内容体量。同时,优酷不断升级 CIBN 酷喵影视应用,在界面升级、搜索优化、推荐个性化、用户模式改善方面做了诸多调整,助力解决用户体验问题。

在智能大屏营销体系构建方面,优酷智能大屏营销资源实现了与阿里文娱营销资源的打通。在资源类型方面，在常规全链路资源开发的基础上，优酷 OTT TV 对接了阿里旗下电商平台，"边看边淘"营销产品表现突出，实现了品牌营销转化效果监测。其中，优酷智能大屏端的数据资源对接了阿里大数据体系，成为阿里品牌数据银行的重要数据资产。在此基础上，阿里打造的 Household ID 助力智能大屏营销在需求分析、分级触达、再营销等方面的业务升级，旗下"家庭全域星"营销投放产品也聚焦精准营销。

### 3.2.4 芒果 TV：自主牌照优势下深耕智能大屏内容营销价值

#### 案例看点

- 芒果 TV 作为拥有自主牌照资质的内容应用方，在 IPTV 和 OTT TV 业务领域均有布局。为强化智能大屏业务布局，针对不同业务线，芒果 TV 有哪些整体规划和重点布局？

- 芒果 TV 目前的智能大屏业务体系是什么样的？其在终端硬件和应用软件方面都有怎样的表现？

- 从秉持独播战略到拓展内容体系，芒果 TV 如何优化大屏内容布局？在智能大屏端的观看体验优化方面，芒果 TV 是如何构思的？其颇为重视的大小屏互动是如何落实的？

- 在大屏营销体系构建方面，芒果 TV 有何资源开发动向？其所强调的互动型营销资源开发都体现在哪些方面？

芒果 TV 是湖南广播电视台旗下唯一的互联网视频平台，为用户提供湖南卫视所有电视栏目的高清视频点播服务。芒果 TV 于 2016 年正式进军互联网电视业务，是首批获得互联网电视牌照的内容应用方之一，也是全国 7 家内容加播控双牌照持有机构之一，这为芒果 TV 进入智能家庭领域、布局智能大屏营销提供了强大的优势和后盾。此外，芒果 TV 凭借其独特的精品内容迅速成为智能大屏内容应用服务领域的重要力量。结合其牌照方的身份，本书选择从内容应用方的全新视角来分析芒果 TV 智能大屏营销布局的特色与亮点。

### 1. IPTV 与 OTT TV 双线进击，积累大量用户

用户规模是智能大屏业务运营和营销发展的基础。在智能大屏业务上，芒果 TV 采取 OTT TV 与 IPTV 双线进击的方式收获广泛的用户。

（1）基于牌照优势，扩大用户规模

芒果 TV 作为湖南 IPTV（即湖南交互式网络电视）实际的运营机构，以"三网融合"为依托，利用电信宽带网络，向湖南家庭用户提供电视直播、回看、点播及其他增值业务等多种交互式网络电视服务。湖南 IPTV 作为湖南省"三网融合"产业布局的开路先锋，依托于中国电信千兆光网宽带触达省市县乡的渠道优势，和湖南广电、芒果 TV 原创 IP 矩阵的内容优势，聚焦"三网融合"的先导先行，致力于推进智能大屏的行业生态发展。2017 年，湖南广电正式获得 IPTV 省级播控平台牌照，湖南 IPTV 业务版图得以进一步扩张，芒果 TV 在深耕湖南本土用户的同时，进一步强化了其全平台新媒体业务优势，扩大了用户规模。

（2）"软件+硬件"布局 OTT TV 生态，收拢用户流量

在 OTT TV 领域，芒果 TV 与产业链各方展开广泛合作，打造智能大屏端的应用软件和终端硬件，收拢用户流量。

一方面，基于牌照和内容优势，芒果 TV 推出同名智能大屏端应用软件，并且与三星、TCL、长虹、华为、智我等终端厂商达成深度合作，推出"阳光共利计划"，将芒果 TV 的应用软件植入到电视终端上，获取广泛的用户；另一方面，芒果 TV 与智能大屏终端厂商展开广泛合作，研发一系列的智能大屏硬件产品。2017 年，芒果 TV 联手创维、国美等，发布"爱芒果"品牌互联网电视，正式进入互联网电视硬件市场；2018 年，芒果 TV 联合坚果推出坚果牛奶 W700 投影仪。此外，芒果 TV 还自建产品线，推出自主研发的"芒果牛奶盒子"电视机顶盒。通过软件与硬件的双重布局，芒果 TV 获取了广泛的用户。勾正数据调查显示，截至 2019 年上半年，芒果 TV 的有效覆盖装机量已突破 6000 万台，为智能大屏营销奠定了良好的用户基础。

近年来，随着行业的发展，IPTV业务和OTT TV业务的合作对象、服务对象及业务拐点都存在着越来越高的重合性。同时，二者的业务之间也具有协同性，OTT TV业务更贴近互联网和用户，而IPTV业务更靠近产业前端；OTT TV在新广告模式或电商模式方面形成的策略，可以在IPTV上进行更大规模的变现。因此，芒果TV于2019年将IPTV业务与OTT TV业务及其团队进行融合，并成立智慧大屏业务中心，实现智能大屏业务从运营到商务再到战略的协同发展。

**2. 升级内容体验，增强用户黏性**

芒果TV作为国内领先的视频媒体平台，以其优质的独播、自制内容吸引了广泛的用户群体。在智能大屏端，内容依然是其核心竞争力。因此，芒果TV充分把握内容优势，在较大用户规模的基础之上，进一步增强智能大屏用户黏性。芒果TV一方面深耕内容体系，扩充智能大屏端的内容储备量；另一方面注重优化用户在观看内容时的使用体验。

（1）立足自制内容独播优势，广泛合作丰富内容储备

芒果TV在内容布局方面颇为重视发挥独播优势。尤其是在颇具市场优势的芒果TV自制内容方面，独播战略为芒果TV积累了海量忠诚粉丝。因此，这种优势也从互联网视频领域延伸至智能大屏端。

另外，芒果TV还积极与智能大屏行业各方展开合作，扩充内容体系。在新媒体方面，芒果TV吸引了南方传媒集团、百视通、华数传媒等数十家行业伙伴进行内容入驻，进一步提高内容的全面性和丰富性。在版权引进方面，芒果TV与华纳兄弟、环球影业、迪士尼等好莱坞6大电影公司合作，丰富片源，目前平台的电影片源数量已经超过6000部。在少儿内容方面，芒果TV也与华强方特、奥飞娱乐、比格树、森宇文化等多家优质的内容版权方合作，打造全国领先的少儿内容定制产品体系，并形成独有的少儿IP矩阵。此外，芒果TV还与优酷联合共创内容矩阵，2019年，芒果TV再一次与优酷智能大屏端的应用软件CIBN酷喵影视推出联合会员制，进一步实现了内容的联合打通。

芒果TV不仅向用户提供丰富的电视剧、电影、少儿节目、综艺、纪录片等

视频点播服务，还注重为用户打造有关生活、体育、教育、音乐等垂直化的频道内容，此外，芒果TV还联合湖南广电、芒果互娱等行业伙伴打造了全国性的电竞垂直频道，形成独特的内容优势。通过丰富的内容布局，芒果TV满足了不同用户群体的需求，进一步提升了智能大屏端的用户黏性。

（2）优化内容应用体验，增强用户流量黏性

在提供优质内容的基础上，芒果TV也致力于提升用户的观看体验，增强智能大屏端的用户流量黏性。在功能设计方面，芒果TV以瀑布流的呈现方式为用户提供良好的观看体验，此外还通过大数据、人工智能技术为用户提供"千屏千面"的个性化内容推荐。

在互动体验方面，芒果TV致力于将家庭智能大屏和手机小屏连接起来，用户通过语音遥控、甩屏播放等玩法，可以实现手机与电视的消息互动、内容分享等社交功能，极大地方便用户切换场景看电视，增强了智能大屏的用户互动体验，提升了智能大屏用户黏性。芒果TV副总裁成洪荣曾在接受媒体采访时表示："推动智能大屏营销发展，需要消除智能大屏交互不便的固有瓶颈，从产品上看，电视是家家必备的智能大屏，手机是人手一台的小屏，利用扫码等方式，把智能大屏和小屏连接，将成为很好的思路。"

### 3. 进行曝光类、互动类广告资源开发，推进精准营销落地

拥有广泛且忠诚的用户基础，芒果TV为广告主开发出多样的广告资源位，挖掘智能大屏的营销价值。与此同时，基于芒果体系内部的数据能力，芒果TV不断助力智能大屏营销精准化。

（1）曝光类广告资源全面开发，品牌互动营销资源成重点

目前，芒果TV广告资源覆盖PC、手机、OTT TV以及平板等多种终端，每个终端类型细化出多种资源类型，满足广告主的多元需求。那么，具体聚焦到智能大屏端，芒果TV开发了何种营销资源类型呢？

首先，曝光类的广告资源位是智能大屏营销的基础形式。芒果TV在智能大屏端开发了开机启动广告、焦点图、暂停广告、屏保广告等智能大屏广告资源

位，可以在用户观看智能电视的过程中成功捕捉用户注意力，实现品牌的曝光。在此基础上，芒果 TV 对不同曝光类广告资源进行组合包装，推出曝光类智能大屏营销产品。比如，芒果 TV 推出"易植"霸屏神器，其立足影视内容，打包即时贴、三维道具、神字幕等曝光性广告资源位，实现产品的无缝内容植入；推出"灵动贴"产品，在节目播放至某个时刻时出现与品牌相关的营销素材。

其次，互动类广告资源成为芒果 TV 布局智能大屏营销的重点。实际上，在众多内容应用方还在寻求内容营销深度定制化时，芒果 TV 已经开始注重布局品牌互动营销，期望能在与用户的互动过程中加深品牌记忆，提升营销效果。例如，芒果 TV 通过"灵犀"这一广告系统开启边看边玩边买新模式，通过投票、问答等个性化互动，高度绑定营销需求，引导用户参与营销互动；推出"半屏互动"营销产品，在进行品牌曝光的同时，通过优惠券发放、分享、抽奖等形式，实现边看视频边进行互动。

最后，芒果 TV 非常重视技术对营销资源的赋能。例如，芒果 TV 通过 AI 智能系统，可以为广告主选择合适的营销视频场景，将营销素材完美植入，无缝贴合视频内容，实现更好的广告营销效果；在技术提供商极链科技的支持下，芒果 TV 还可提供虚拟植入、红包等服务，将视频内容流量变为价值流量，实现从内容到变现的客厅商业闭环。

（2）基于数据分析用户偏好，提升营销精准性

与其他内容应用方类似，芒果 TV 借助其在互联网视频领域的数据能力，结合智能大屏业务优势，积累了海量用户数据。芒果 TV 将海量用户数据进行分析处理，根据不同用户对内容资源的选择和观看习惯，对用户的行为特征进行动态分析、深度建模，从而精确地描绘出智能大屏前的用户特征，构建完整的用户画像资料，帮助广告主精准触达用户人群，提升品牌在智能大屏端的营销效果。

芒果 TV 副总裁成洪荣在接受媒体采访时曾表示，目前芒果 TV 已经和合作伙伴基于智能大屏的特性，开始实施精准化广告营销策略，比如向喜爱动作科幻电影的男性用户推送科技产品的广告，向喜爱都市题材电视剧的女性用户推送化妆品广告等。

### 4. 总结与启示

作为智能大屏的内容应用方，芒果 TV 以独播内容和牌照方身份为优势，采取 OTT TV 与 IPTV 双线进击的方式切入智能大屏领域。芒果 TV 基于 IPTV 和 OTT TV 业务优势，在智能大屏内容、终端硬件领域均有布局。2019 年，芒果 TV 合并 IPTV 和 OTT TV 业务团队，成立智慧大屏业务中心，进行智能大屏业务整合，为其智能大屏营销发展提供了业务支持。

在此基础上，芒果 TV 开始思索如何留住智能大屏用户。芒果 TV 在自制内容方面颇具优势，并进一步加强内容合作和版权内容购买，不断提高智能大屏内容丰富度，满足用户多元化需求。同时，芒果 TV 深耕大小屏互动创新，打造社交功能，提升用户体验。

芒果 TV 深耕智能大屏营销布局。在智能大屏营销资源开发方面，不仅推出了"易植"以及"灵动贴"等曝光类营销资源，而且着力进行互动型营销资源开发，推出了"灵犀""半屏互动"等产品，创新了红包、问答、投票等多种互动形式，巧妙捆绑营销需求，实现边看边玩边买。

值得一提的是，在智能大屏业务上，芒果 TV 始终坚持以开放的姿态去合作，实现价值共赢与业务并进。谈及芒果 TV 智能大屏端未来的发展方向，芒果 TV 智慧大屏中心副总经理郝成公开表示："芒果 TV 将继续发挥产品技术和公网业务优势，进一步整合智能大屏端的业务，打通营销功能。"

## 3.3　内容应用方从业者观点分享

目前 OTT TV 营销发展面临三大挑战。其一，资源方和需求方的供需不均衡。其二，智能大屏营销价值未体现，方法论待完善。其三，智能大屏收视测量及评估体系刚起步，且行业数据繁杂，目前行业第三方对时段收视率以及对节目、广告收视的监测是较为割裂的，评估体系仍为缺失；同时在数据方面，广告主渴望行业出现全国性、整合性的权威第三方数据机构，以及将终端厂商数据和跨屏收视数据打通。基于以上问题和挑战，行业需要努力完善相应的智能大屏采买模式、评估方法和相关数据体系，建立各方协同合作的基础和共识。

近年来，在智能大屏商业化变现的演进中，爱奇艺的智能大屏营销模式、营销策略和客户结构在不断更迭调整中慢慢成形。智能大屏端的广告预算分为 OTV 预算、独立的 OTT TV 预算和跨媒体投放的预算。基于此，智能大屏营销模式包括多屏通投、OTT TV 独立投放、跨媒体投放三种类型。从客户结构上来看分为三类：一是 OTV 存量客户，是智能大屏投放中最基本的客户；二是定投 OTT TV 客户，其客户数量和客户体量正在快速增长；三是从 TV 转移到 OTT TV 的增量客户，是 OTT TV 客户拓展的新方向。

——爱奇艺商业策略总监王泉⊖

目前，OTT TV 智能电视用户规模呈现高速增长的态势，家庭智能大屏已然从"传统电视的补充"成为新兴的大众媒体，开创出广告营销新蓝海。一方面，从用户结构看，OTT TV 用户是典型的家庭用户，相比移动端来说，OTT TV 用户更成熟、高端，对品牌主来说具备独特的营销价值。另一方面，在营销产品上，OTT TV 基于自身的特点通过高曝光、高触达的广告产品在品牌和用户之间搭建桥梁。纵观全场景覆盖的移动端、PC 端、OTT TV 三端，OTT TV 是唯一一个触达家庭场景的角色，加上家庭智能大屏"一屏多人"的特性，其媒体价值不言而喻。

当下智能大屏营销的广告产品呈现出两个趋势。一是 OTT TV 全链路广告资源的整合联动，为广告主提供最大化的访问触达。二是开发全系列入口级的用户拦截产品，通过视觉冲击强的广告产品实现品牌的强曝光，帮助品牌广告主迅速建立品牌认知。此外，随着整个 OTT TV 智能大屏流量的提升，腾讯还开发出基于电视黄金时段的包段曝光产品"家庭轰炸机"、基于剧场打包的"铂金剧场"、"品牌声量"等丰富的拦截产品。

——腾讯客厅业务部策划总监李博地⊖

---

⊖ 全亦霖. 爱奇艺王泉：大屏营销机遇与挑战并存 [J]. 国际品牌观察（媒介下旬刊），2020（5）：72-74。

⊖ 王莉娜. 腾讯客厅业务部李博地：OTT 大屏营销将从多屏补充到单屏聚焦 [J]. 国际品牌观察（媒介下旬刊），2020（4）：68-69。

## 本章小结

对于内容应用服务方来说，智能大屏不仅仅是视频服务的流量阵地，也是商业变现的潜力市场。内容应用方大多为互联网公司，智能大屏业务对其来说并非传统主业。因此，在这一领域，内容应用方更多的是本着开放合作的心态，不断加强智能大屏产业上下游合作，积累合作伙伴支持，使自身智能大屏端的内容业务迅速起步。此后，内容应用方凭借着海量高质量内容与良好的用户体验，不断提升品牌价值，推动这一业务在广告营销领域的商业变现。

在内容方面，内容应用方对接互联网视频内容，同时深耕智能大屏垂直内容领域，不断丰富智能大屏内容储备；在用户体验方面，内容应用方从视频画面、视频观看流畅度、视频个性化推荐以及针对特定人群的观看模式等多方面展开，以期能够通过优质内容和绝佳体验留存智能大屏用户，并吸引新的用户流量。在此基础上，内容应用方开始深耕智能大屏商业模式，集中布局智能大屏营销。实际上，由于用户流量更多集中在头部应用，"爱优腾芒"作为行业领先者更具备智能大屏营销布局优势。在营销资源开发方面，内容应用方均进行了全链路营销资源开发，尤其以曝光性的贴片广告、屏保广告等为主。另外，内容应用方基于内容优势及应用跨设备优势，在推进品牌内容深度定制、用户跨屏互动等营销资源类型方面颇具创新性。

特别值得一提的是，在智能大屏营销投放过程中，基于深厚的互联网基因，内容应用方掌握着海量用户数据，并在跨屏数据打通方面有着得天独厚的优势。因此，内容应用方能够清晰洞察用户行为偏好，实现精准营销。同时，内容应用方逐渐开始深入思考如何基于跨屏数据优势进行营销后链路分析洞察。目前，拥有 BAT 庞大体系支撑的头部内容应用方正在助力推进智能大屏 DMP 建设，这对推动智能大屏营销的程序化发展颇具价值。

# 第 4 章
# OTT TV 牌照方：
# 耦合上下游的集成中心

## 本章提要

OTT TV 牌照方[一]在智能大屏产业中扮演着怎样的角色？其作为播控机构，如何履行监管义务，提供可控可管的智能大屏营销环境？

面对竞争激烈的智能大屏市场，OTT TV 牌照方如何依托牌照优势破局？广告业务会是其业务拓展的新增长点吗？

为强化智能大屏营销布局，OTT TV 牌照方有哪些实际行动？其优势体现在哪些方面？

百视通、华数传媒等代表性机构如何进行智能大屏营销业务布局？它们布局智能大屏营销的核心思路与其他机构有何不同？

---

[一] OTT TV 牌照方：OTT TV 牌照方即互联网电视牌照方，持有互联网电视牌照。该牌照是由国家广播电视总局于 2009 年起向行业颁发的许可资质。持有许可资质的机构，履行"提供节目内容和行使播控权"的职责，被称作 OTT TV 牌照方。

OTT TV 牌照方，即获得"互联网电视服务许可"的持证机构。互联网电视牌照是我国政府主管机构在电视平台运营管理"可管可控"基本原则下的一项管理机制，通过对互联网电视集成业务牌照持有者、互联网电视内容服务牌照持有者进行管理，以此实现管控电视终端的目的。

目前，互联网电视牌照主要分为两种：一种是内容服务牌照，即互联网电视内容服务许可，持证机构共 15 家；另一种是集成播控牌照，即互联网电视集成服务许可，持证机构共有 7 家，根据国家广播电视总局官网，这 7 家是中国网络电视台、上海广播电视台、浙江电视台和杭州市广播电视台（联合开办）、广东广播电视台、湖南广播电视台、中国国际广播电台、中央人民广播电台。这 7 家电视媒体各自的运营主体分别是未来电视、东方明珠新媒体（百视通）、华数传媒、南方新媒体、芒果 TV、CIBN 互联网电视以及银河互联网电视。<sup>○</sup>以上 7 家机构即为本书中言及的 OTT TV 牌照方。

当前，终端厂商要发展 OTT TV 类的互联网电视产品，都需要按照政策规定，与集成播控牌照方合作，才能获得进入互联网电视的"入场券"，同样没有内容牌照的内容应用方，它们大都为互联网公司，也需要与集成牌照方进行合作，通过合作的方式成为集成牌照的内容供应商。

2020 年，OTT TV 行业面对疫情带来的市场巨变，正在加速创新。而 OTT TV 牌照方作为 OTT TV 智能大屏生态中的基础的播控及集成中心，在此时被赋予了重要使命。2020 年 7 月，国家广播电视总局网络视听节目管理司就各牌照方强化播控监管职能，确保互联网电视健康有序、合规发展提出了具体要求，包括牌照方的 App 合作、应用商店管理、内容管理及牌照授权管理等几个方面。由此，牌

---

○ 由于机构调整，这些牌照方的运营主体与所属的广播电视机构发生了变化，如中央广播电视总台下属未来电视、银河互联网电视 2 家，CIBN 互联网电视的第一大股东变更为中国广播电视网络集团有限公司。

照方成为智能大屏生态中更重要的"服务商"角色，它们服务于上游内容应用商、下游终端厂商，也服务于庞大的用户群体。它们汇集大量的资源，以更开放的态度参与到智能大屏产业中。

与此同时，随着新用户增长放缓，OTT TV 牌照方依靠服务上下游、发展牌照集成业务的运营模式遭遇了经营"天花板"。当前，它们试图优化运营模式，发展多元业务。其中重要的破局点之一就是发展智能大屏营销业务。

## 4.1 连接与整合，OTT TV 牌照方打开智能大屏营销的新方式

在战略布局上，OTT TV 牌照方将广告营销业务作为重要的发力点。那么，立足牌照优势，它们是如何连接并整合各方资源，将自己的角色定位及功能向外拓展，多角度推进实施的呢？

### 4.1.1 竞争格局生变，牌照方开启多维发展之路

OTT TV 行业，即互联网电视行业，从 2010 年开始起步，经过十余年的发展，汇集了牌照方、内容应用方、终端厂商等多类主体。如今 OTT TV 用户规模破亿，OTT TV 行业进入到用户精细化运营的下半场。面对智能大屏流量增速放缓、群雄竞争加剧的格局，OTT TV 牌照方如何保证其能够依靠原有流量来拓展新的增长点呢？

#### 1. 全方位布局智能大屏业务，多层面收拢运营权

OTT TV 牌照方是持有互联网内容服务与集成播控牌照的服务商。它们负责连接内容提供商、应用平台及终端厂商，规范智能大屏内容及服务秩序。牌照方内部竞争激烈，为了吸引更多的合作商，部分机构通过让渡运营权、加大牌照合作规模的方式来巩固牌照业务。但随着这种合作体系建立，OTT TV 牌照方所持有的牌照优势逐渐被分解，同时由于缺乏智能大屏业务深度运营能力，陷入变现模式单一的窘境。

针对上述问题，OTT TV 牌照方开始全方位布局智能大屏业务，通过增持内容资源、拓展增值服务、铺设终端硬件等方式收拢流量，以增强运营权。其中，内容业务是这些牌照方的主要发力方向之一。它们依靠原有资源累积，积极对外合作，建立合作联盟，垂直深耕细分内容领域，提升自有内容对用户的吸引力。例如，华数传媒携手香港电视广播有限公司（简称"TVB"）、华谊兄弟、博纳影业、唐人影视等企业启动华数传媒国产头部内容合作计划；银河互联网电视、未来电视携手爱奇艺、腾讯视频，联合推出 OTT TV 版"中国梦"党建频道。

同时，"内容＋终端"的合作方式成为新风向。OTT TV 牌照方通过自建或合作的方式绑定终端，获取用户流量入口。例如，CIBN 互联网电视自主研发智能大屏终端；华数传媒与 LG、SONY、海尔、海信、长虹等海内外多家知名终端厂商进行深度合作；芒果 TV 自有终端"芒果 TV 牛奶盒子"以及其与 MIFON[一]合作的终端"MIFON 全 4K 智能电视盒子 F1"也于 2020 年正式发行。

平台建设方面，牌照方通过引进大数据技术，推动其平台系统走向"智能"。比如，未来电视 OTT 区块链平台建设正式启动，该平台将围绕用户积分体系、内容变现模式、版权可信存证三个方面进行探索与设计。

### 2. 业务运营能力存在差异，商业价值有待验证

目前 7 家 OTT TV 牌照方中，一部分机构承担"多重职责"，既是集成播控牌照方，也是内容服务牌照方。它们在成为牌照方之前，就已参与到智能大屏的内容、增值服务领域，例如芒果 TV。它们在这些领域展现出更强的能力，探索多元化业务之路较为顺利。但也有部分机构以单一牌照业务为主，它们若盲目进入多元业务领域将面临较大风险。可以说，OTT TV 牌照方各自的业务运营能力存在差异，这也导致其盈利模式的拓展程度各有不同。

目前，OTT TV 牌照方探索多元业务面临着两重难题。一方面，业务多元化容易导致运营能力分散。牌照方之间的运营能力不同，若盲目地选择"多元并

---

[一] MIFON 创建于 2020 年，隶属于烽火通信科技股份有限公司，主营业务为通信设备。

举"可能会导致牌照方在各个业务领域都无法占据优势。另一方面，部分 OTT TV 牌照方选择自建终端把控用户流量入口，但牌照方并不掌握终端硬件层的核心技术，难以与终端厂商抗衡，其终端技术能力和自有终端硬件业务的商业价值还有待验证。

### 4.1.2 深耕高增长的业务，依靠精细化运营提升话语权

虽然部分 OTT TV 牌照方拓展智能大屏业务面临困难，但芒果 TV 等代表性机构也为牌照方的智能大屏业务运营拓展之路提供了参考样本：在审慎进入多元业务的同时，重点发力高增长的优势业务。从具体布局经验思路来看，可以简单概括为两方面：一是择优开发新业务，依靠核心内容优势，强化与行业其他角色的合作，形成较为完整的行业生态圈；二是凭借行业生态圈的内容、应用、硬件等资源开展深度营销合作，将广告业务作为变现的重要手段。

**1. 深耕垂直化内容运营优势，提升用户黏性**

家庭娱乐的核心依然是影音内容。优质影音内容是吸引家庭用户，增强用户黏性的基础。牌照方除通过对外合作来布局内容及与内容相关的增值业务之外，更可以在此基础上加强对垂直内容的深耕，构建自身独有的内容优势。

当前 OTT TV 牌照方已开始着手布局高用户黏性的垂直圈层内容体系。例如，各 OTT TV 牌照方均向"中老年"及"K12[⊖]"等人群推出了垂直内容专区。在此基础上，华数传媒、百视通等牌照方拓展了远程教育、在线游戏、医疗健康等增值应用。南方新媒体针对广场舞群体推出了"粤舞青春"节目及系列比赛。另外，拥有地域优势的华数传媒、南方新媒体也针对当地智慧城市内容展开了深耕。

OTT TV 牌照方以内容为核心布局智能大屏业务，可以充分强化内容优势并依靠内容迅速拉近与用户的距离。而凭借内容优势所积累的广泛且忠诚的智能大

---

⊖ K12：Kindergarten Through Twelfth Grade，是学前教育至高中教育阶段的简称与缩写。

屏用户将成为撬动商业变现的重要力量。

**2. 充分激活流量价值，开展广告营销**

如今，智能大屏营销业务已成为牌照方业务发展中颇具潜力的"金矿"之一。它们依托多元业务体系获取了充足的用户流量，这些流量成为牌照方进一步开展智能大屏营销业务的基础。

在智能大屏营销业务的经营策略上，首先，OTT TV 牌照方开始审视自身营销业务，广泛听取各方意见，获取经营经验。例如，2019 年 3 月 8 日，华数传媒联合喂呦科技、聚壹科技、秒针数据、奥维互娱等众多营销行业参与者，就如何提高华数传媒 OTT TV 广告售卖率、如何整合广告资源、精准营销等议题进行了意见共享。对此，华数传媒采纳行业意见，加强了与终端品牌的合作，整合了索尼、三星、LG 的开机广告，联合华数电竞、专网等"黄金资源"，形成了量级巨大的资源商城，为智能大屏营销开辟了一条新路。

其次，牌照方代表性机构正在改制，整合资源与团队，赋能智能大屏营销业务经营。比如，芒果 TV 智慧大屏中心副总经理郝成曾在接受媒体采访时表示，由于 IPTV 业务和 OTT TV 业务经营领域协同性较高，OTT TV 在新广告模式或电商模式方面形成的策略可以在 IPTV 上进行更大规模的变现。对此，2019 年芒果 TV 整合了 IPTV 及 OTT TV 业务团队，成立了智慧大屏业务中心，该中心在聚拢 IPTV 和 OTT TV 双业务用户流量的同时，打通了营销资源，实现了智能大屏业务从运营到营销的协同发展㊀。

最后，作为播控集成平台，牌照方开始突破以牌照分成为主的合作模式，进一步调整与牌照合作方的营销业务分成。例如，近几年来，随着南方新媒体业务经营实力的进一步增强，其在与腾讯的合作项目云视听极光中的运营权一再调整，由原来的"冠名"转变为"主要运营"。方正证券研究所调研数据显示，随

---

㊀ 全奕霖. 芒果 TV 郝成：大屏行业要强化自我深耕与业务合作 [J]. 国际品牌观察（媒介下旬刊），2020（2）：66-67.

着南方新媒体在运营中发挥主动性,其与腾讯月度结算时,广告收入分成有所提升㊀。

牌照方有"牌照"的背书,它们以审核、投放、管控为一体的广告播控服务,能获得更高的公信力且为广告主提供更安全的营销投放。目前,OTT TV 牌照方正充分盘活流量,依托广泛连接行业上下游资源、汇聚全产业链的广告营销资源的独特优势,为广告主创造更大的价值。

### 4.1.3 "立体"整合营销,牌照方拓展营销玩法的新思路

作为智能大屏生态中信息流动的必经平台,OTT TV 牌照方以用户的注意力为核心,整合系统层、应用层及内容层广告,以"立体"的广告投放形式持续推进整合营销建设。

**1. 多元数据汇聚助力实现精准营销**

牌照方作为播控集成平台,拥有终端层、应用层及内容层三个层面的用户数据。同时,部分机构所具有的 IPTV 运营商及 OTT TV 牌照方的"双重身份"也为它们带来了更完整的智能大屏用户接触数据。例如,南方新媒体与百视通等 OTT TV 牌照方均拥有 IPTV 业务的运营资格,它们在掌握互联网电视数据的同时,也能深度挖掘基于下沉市场的 IPTV 局域网用户数据,有效提升智能大屏运营价值。

基于掌握的用户数据优势,目前 OTT TV 牌照方开始搭建基于用户智能大屏使用行为的大数据系统。例如,2019 年 6 月,百视通的智慧中台上线,该中台依托于 OPG 混合云㊁,开发了广告系统,可以打通线上智能大屏和线下商圈的数据,助力智能广告推荐。华数传媒则基于其全媒体平台大数据优势,依托现有的

---

㊀ 刘洋. 连接与整合,大屏运营商的营销"新姿势"[J]. 国际品牌观察(媒介下旬刊),2020(3):52-57.

㊁ OPG 混合云:2015 年东方明珠集团布局的云平台。该名词中的 OPG 为东方明珠集团英文名"Oriental Pearl Group"的首字母简写。

电子商务平台、机顶盒数据、宽带数据、监控数据、收视数据等数据积累，推出了数据罗盘等数据产品，也建立了自有的 DMP。

大数据引擎支持 OTT TV 牌照方深度洞察用户，为 OTT TV 牌照方提供精准营销服务奠定了基础。同时，在现有数据体系的基础上，OTT TV 牌照方引入了 AI 等技术手段，支持智能大屏精准营销落地。例如，银河互联网电视与极链科技展开合作，独创全序列采样识别算法，可对视频中的人脸、物体、场景等八项维度进行识别和特征描述，进而实现自动化场景单元的划分和广告投放。

**2. 从单一投放到全链路营销，实现从用户进入到购买的营销闭环**

牌照方位居 OTT TV 产业链的关键位置，上承内容，下接终端。它们可以借助牌照资源及整合能力，促使其智能大屏端的内容及增值产品触达亿级以上的消费者。在这个过程中，它们可以整合从系统到应用、再到内容的各类广告资源。由此，它们开始持续推进终端及内容建设，整合各种营销资源，布局全链路营销体系，助力智能大屏广告触及用户使用智能大屏的各个关键节点。

目前，牌照方将自己定位为一个综合平台商和资源链接者，联合行业各方开始构建智能大屏资源池。例如，华数传媒提出建立"WASU 广告运营平台㊀"，联合各地运营商建立智能大屏广告运营联盟，打破智能大屏网络分散运营的现状。东方明珠集团在智慧中台的启动仪式上召集了百视通的合伙人，提出基于"新连接主义"打造智能大屏的新生态。可见，智能大屏运营商已经开始延伸自己的业务"触角"，通过开发和合作的方式拓展各个层面的广告资源，以期能以行业合力助推智能大屏整合营销的发展。

落实到营销布局上，牌照方立足于多方营销资源整合，可以提供整合营销投放服务。例如，在 CIBN 互联网电视与酒企四特酒开展的智能大屏营销合作中，四特酒的广告素材可在开机、开屏、前贴片、内容等多维度联合立体投放。可以说，牌照方已将整合营销的理念内化于业务布局之中，借助资源优势，开拓更加

---

㊀ WASU 广告运营平台中的"WASU"一词为华数传媒的英文名称。

丰富的场景入口，助力营销效果的最大化。

另外，OTT TV 牌照方在整合营销资源的同时，注重营销闭环搭建。目前，牌照方正在推动对"电视购物的再挖掘"，开辟了专门的"购物频道"。用户除了通过 Banner 广告直接进入购物界面外，还能在节目内容中看到售卖商品。例如，芒果 TV 就借助"大芒计划"挖掘网红，推出了智能大屏购物节目，进行品牌营销带货。CIBN 互联网电视与京东开拓了深化合作模式，通过 AI 实现语音控制下的"边看边买"。与华数传媒合作的电视淘宝也将观看体验和购物场景无缝连接，用户在观看节目时即可随时发现明星同款、流行爆款，享受沉浸式的购物体验。

### 4.1.4 结语

从 OTT TV 牌照方自身来看，其面临着巨大的行业压力与竞争。终端厂商掌握了绝大部分的硬件渠道及 OTT TV 操作系统，而内容层广告则被内容应用方所持有。这两方的繁荣发展使得作为中间环节的牌照方的智能大屏营销业务空间进一步缩减。当前，智能大屏营销价值挖掘的主动权并不在牌照方手中，对此，它们通过多元业务拓展，提升自主经营的能力，并调动系统层、应用层及内容层的广告资源，针对广告主的需求进行统一、整合式的投放。

总结来看，OTT TV 牌照方一方面通过多方合作，构建智能大屏产业生态合作圈，形成智能大屏业务"资源池"；另一方面打通"资源池"，开发出围绕用户浏览路径的高曝光性的广告资源位，同时基于数据基础为广告主提供更精准的营销服务，不断挖掘智能大屏的营销价值。

牌照方入局智能大屏营销业务较晚。错失先发优势的它们，在调整自身 OTT TV 及 IPTV 业务的路上任重道远。但作为用户流动的必经渠道，一旦它们拥有足够的智能大屏业务运营能力，必将依靠其多元内容和增值应用服务实现智能大屏营销突破。而目前"牌照"的背书与加强其监管地位的政策或将进一步增强它们在智能大屏营销上的话语权。

## 4.2 OTT TV 牌照方机构案例剖析

在智能大屏行业中，OTT TV 牌照方是不可或缺的参与者，它们保障了智能大屏生态的稳定与健康。在智能大屏营销领域，它们也同样重要。本节以华数传媒和百视通为典型案例，从内容、终端、数据及营销战略相关优势方面进行整理分析，深入解读它们在智能大屏端的营销布局策略。

### 4.2.1 百视通：基于下沉市场的智慧运营

案例看点

- 同时发力 IPTV 与 OTT TV 业务的百视通，如何布局其智能大屏业务？其布局重点集中在哪里？其中，OTT TV 业务占多少比重？
- 百视通在 IPTV 业务经营领域有何先进经验？该经验是否可以引入其 OTT TV 业务经营？
- 背靠东方明珠集团，百视通有何大屏营销资源布局思路？有何特别之处？
- 百视通是如何形成其独有的大屏营销投放思路的？其大屏营销成果如何？

百视通是东方明珠新媒体股份有限公司旗下子公司。东方明珠新媒体股份有限公司（简称"东方明珠新媒体"）是上海广播电视台、上海文化广播影视集团有限公司（SMG）旗下统一的产业平台和资本平台。目前，百视通拥有了中国最大的多渠道视频集成与分发平台，主要提供包括 IPTV、OTT TV、有线数字付费电视（含 DVB+OTT TV）、手机移动电视在内的新媒体业务，实现了"平台+服务+内容+渠道+技术+垂直产业"的家庭娱乐全业务布局。同时，它基于一体化资源配置、多渠道分发、多终端精准服务、全流程智能协同的 OPG 数据云系统，为智能大屏营销带来了强大的传播力与影响力。在多元业务线的基础上，百视通如何区分 IPTV 与 OTT TV 业务，寻找两者竞争的差异点？其进入新阶段的 IPTV 业务如何实现二次革新，发力智能大屏营销业务？

### 1. 多方连接构建智能大屏营销的基础

百视通拥有大而全的智能大屏生态体系，它通过在 DVB、IPTV 和 OTT TV 的自有业务布局与合作伙伴构建了"平台+内容+终端"的智能大屏业务格局，并在此基础上博采众长，借助优秀的头部 IP 内容和技术资源为智能大屏营销打下基础。

（1）全产业链布局及渠道拓展助力多层次变现

百视通拥有全牌照资质，其在牌照基础上开拓自有业务的同时，也借助牌照整合行业优秀资源，以"联合"的形式探索多元化的商业布局，提升产业价值。

一方面，百视通基于 IPTV 全国内容服务牌照、全国互联网电视集成播控牌照与内容服务牌照、全国数字付费电视集成播控牌照、全国手机电视集成播控牌照等牌照资质打造了融合媒体平台的优势，在 IPTV、互联网电视、有线电视、移动视频等渠道进行了全国范围的业务拓展。百视通官方数据显示，截至 2019 年年末，其 IPTV 用户规模达到 5786 万，互联网电视用户也持续提升，用户规模达到 4307 万。

另一方面，百视通以开放的姿态，共享其在用户规模、运营经验、核心技术、内容版权等方面的经验。百视通与电信运营商、有线运营商、地方广电、终端厂商等合作伙伴形成了长期紧密的合作关系。2017 年起，百视通就开始举办"合伙人大会"，与行业上下游伙伴通过整合各方资源、拓展产业链条等方式，开创以视频为载体、基于渠道资源实现内容变现的合作新模式。2019 年 6 月 10 日，百视通更是以"新连接主义"为主题举办第三届合伙人大会，联合华为、中兴通讯、网达、扬谷、阿里共同发挥上下游主流企业在各自领域的产业优势，进行合作创新。总的来看，百视通比普通 OTT TV 牌照方拥有更多的资源，也一直在以"连接者"的身份丰富旗下品牌营销资源。

在百视通"两手抓"的业务开拓之下，百视通汇聚了视频内容、广告、游戏、购物、教育等多元内容及服务，能够在 IPTV、OTT TV、有线电视、移动视频等多渠道触达用户，形成了以内容收费业务为基础的合作伙伴分成、用户付费、广告运营等多层次变现的方式。而在 IPTV 方面，百视通也与中国移动、中国电信以及中国联通三大运营商深度合作，实现"双认证、双计费"的规范对接，收取播控费用。

（2）通过内容产品体系构建分层次流量矩阵

百视通依托自身的多元业务及开放合作的模式，加强了对内容业务和内容产品的开发，在横向上拓展 OTT TV、IPTV、有线电视及移动端的内容渠道，在纵向上注重对内容及内容产品包括教育、游戏等垂直内容领域的开发，为智能大屏营销带来了庞大的用户流量。

在渠道建设上，除了自有 OTT TV、IPTV 和有线电视渠道建设以及与 BAT 的合作渠道之外，百视通进一步与 B 站（Bilibili）、咪咕等新媒体平台展开了合作，并依托母公司东方明珠集团的媒体资源加强与线下、户外渠道的结合，创造性推出了"购物节 IP 展厅"等营销活动。

在内容制作方面，百视通积极开拓 5G+8K、短视频、音频等新兴内容产品，注重对垂类内容的挖掘。在教育内容方面，2019 年百视通连续获取学而思、立思辰大语文、华师大慕课的独家资源并在全国铺设落地；同时，百视通打造了 AI 互动教育内容，完成了 5G+4K、5G+VR 等多次直播尝试。在游戏方面，百视通过海外发行及国内联合发行等方式对多款知名度较高的游戏完成独家发行权益引入或独家推广合作，2019 年已完成 6 款游戏的上线。

在内容应用打造上，百视通积极引入各方资源打造智能大屏及移动端 App。在短视频行业快速发展的行业趋势下，百视通在智能大屏端推出了"快看"，移动端开发了"小翼 VV"，两者月度访问次数达百万级别。另外，百视通联合咪咕共同开发并运营的"咪视通 4.0"实现了双方系统融合以及统一运营，已在贵州、甘肃、上海等地推广落地。同时，针对多屏共享的行业趋势，百视通旗下的内容应用"BesTV"与 B 站达成了移动端会员产品合作，形成"预付+共享付费分成"的经营模式。通过各方面的努力，百视通专区的用户数量快速提升。

在百视通的内容战略指导下，百视通的有效用户规模持续增高。由于百视通对文娱等垂直内容的深度挖掘，这些用户也呈现出了高垂度的兴趣偏好和人群特性，极富价值。

（3）终端与内容紧密结合，提供稳定流量

终端是用户流量的入口，也是保持稳定流量的平台之一。为保持良好的用户体验，百视通以终端为基础对系统层进行了建设。其在研发自有终端的同时与各内容、应用 IP 合作开发了定制终端，提升了对用户的吸引力。

目前，百视通的自有终端包括机顶盒、智慧屏及其他外联设备。它自产自建的机顶盒"小红盒子"除了基础的内容服务外，还网罗了生活资讯、社区周边动态以及银联便民服务等增值服务，并且可以搭配体感游戏。而其与巧虎联合开发的少儿定制机顶盒，走出了早教围绕玩具、图书和 DVD 展开的"闭环"。此外，百视通还与立思辰大语文研发了教育智慧屏，并依托百度联合定制了新的终端"百度伴侣"。

除了终端硬件层，百视通也颇为注重对系统层的开发。凭借深厚的广电基因，百视通对电视智能大屏用户行为习惯的研究和运用颇有"心得"。它自主研发的智能大屏系统"Stage TV"是当前主流的 EPG（Electronic Program Guide，电子节目指南）系统。该系统以 EPG 7.4 系统为基础研发，实现了全国首发横向导航瀑布流桌面、沉浸式视频流、智能推荐系统、全新观影形态的"百视播客"等功能，开创性地提出"让节目来找用户"的终极交互理念。而支撑和实现该理念的正是强大的 AI 智能推荐、实时大数据分析、可视化编排、智能语音操控、媒体融合等多项能力。

借助终端及内容的能力，百视通牢牢地把握住了用户流量，迎来了对用户"精耕细作"的时代。

## 2. 大数据技术驱动智慧运营与营销

百视通不仅仅拥有 OTT TV 牌照，而且拥有全体系的媒体生态网络。为汇总多元数据，百视通所属上市公司东方明珠新媒体以"BesTV 融合媒体平台"为核心,开发了 OPG 云。百视通在 OPG 云的支持下,可以基于统一的数据分析内容、产品、用户的运营,给用户提供最佳的产品体验,并在此基础上,整合多方营销资源,推动智能大屏营销落地。

(1) 统一的数据中台搭建营销数据基础

为了实现业务数据全面汇集和精细运营的要求,百视通所属上市公司东方明珠新媒体开发了数据资源池,将百视通 IPTV、OTT TV、App 等各业务线数据统一通过自建的"数据管道"进行数据采集、清洗、处理和分析,为各业务线提供固定报表、多维分析、用户画像和即席查询等服务。

该数据资源池是依托 OPG 云数据中台实现运营的。OPG 云作为一个智慧运营平台,实现了三个"打通",即打通业务的拓展和分发、打通统一用户体系建设、打通运营平台的构建。有了这些流通的渠道,百视通的内容及营销资源可以实现全渠道、全终端、全场景的用户触达。目前,根据东方明珠新媒体披露的官方数据,东方明珠新媒体已初步打通了 18 大业态,实现了 IP 全产业链开发;其用户中心已汇聚 6000 万用户数据,形成 16 大类、500 + 个用户画像标签。

2019 年上半年,在 OPG 云服务的基础上,百视通加强了中台能力建设。其数据中台拥有强大的精准推荐和精准营销能力,它的核心为智能推荐系统,可以通过算法智能编排,无须人工干预,即可实现从"千屏一面"到"千屏千面"。该数据中台的具体功能有基于 AI 的智能推荐、标签体系、可视化报表等。

当前百视通正在着手提升 OPG 云数据中台的智能推荐引擎,并逐步在合作伙伴 IPTV 以及 OTT TV 平台上进行实践落地。在以技术赋能业务的方针下,百视通将分散的各业务板块打通,通过同源数据为智能大屏营销"保驾护航"。

(2) 大数据处理技术提升精准营销的可操作性

拥有丰富的同源数据之后,百视通更注重开发数据分析的能力,提升以"数据驱动营销"的可操作性。百视通营销能力的提升主要是依靠两大工具来实现的:一是用户画像和标签处理的能力,二是 AI 技术能力。

百视通拥有强大的用户数据标签库。根据百视通官方数据,基于庞大的内容资源库,百视通构建的标签体系覆盖了 50 万种影视内容与 40 万名艺人,标签维度近百个，包括了看点、舆情热点等标签，可以随时根据内容和营销业务的需求进行提取。基于已有标签体系，百视通结合用户行为数据构建了用户画像模型。以百视通旗下产品"BesTv 橙子视频"为例，其借助多维标签输出了精准的用户画像模型，其中包括两个方面：一是依据家庭数据建立起单个家庭的家庭画像；二是依据家庭画像，再深一步挖掘家庭成员行为数据，逐步建立起各个家庭成员的子画像。这些用户画像可以结合热点、时段、渠道、事件、社交、关联等维度为精准广告投放提供依据。

AI 技术的应用则是紧贴业务需求而建设的。AI 技术为上文所谈到的智能推荐、敏感人物识别、视频自动打标等提供支持。百视通的 AI 技术基于内容标签相似度的关联推荐模型，可以构建数据监管及推荐转化效果监测的可视化模型，在帮助提升系统运行的稳定性的同时，能够检验营销的触达能力。百视通总裁程曦在 2019 年 10 月举办的"聚视而上 构建视听产业新生态"主论坛上表示，AI 是智慧运营的基础，"IPTV 战略"的"I"是 Intelligent，有了 AI 的加持，平台能更好地理解用户。

（3）基于数据的"一省一策"及下沉营销

自 2018 年提出"智慧运营"理念以来，百视通市场营销部数据团队对于总体数量超过 1 亿户的数据资源进行了全面盘点、梳理、分析、迁移，并针对不同业务，进行核心数据的提炼、整理和反哺，以期实现"向数据要效率、向数据要收益"。这也吸引了广告客户的参与，拓宽了百视通的盈利空间。

基于数据分析，百视通发现 IPTV 的收视用户呈现出下沉及区域化的特点，因此，百视通根据地域条件和本地习俗，进行 IPTV 的二级化运营、定制化服务。比如，百视通基于数据分析了不同省份的内容偏好，其中，广东省偏好好莱坞大片，京沪更喜欢艺术电影，而动漫电影在西部省份高度受欢迎，东三省则是国产片的根据地。基于此，百视通可以更精准地进行 IP 运营，发展"一省一策"，进行不同省份的不同垂直细分内容的建设和相关营销价值挖掘。例如，在江西省，百视通携手江西电信、江西广电、华为和诸多行业伙伴全球首发"IPTV 视频 3.0"，将 IPTV 业务从"规模提升阶段"推向"智慧运营阶段"，实现生态开放、精准触达、沉浸式的运营与营销服务。另外，百视通也同时发现视频库内纪录片 19% 的流量来自于江西省，对此，其通过对用户的交叉对比分析，进一步发现，爱看纪录片的主要是中年男性，他们同时也关注健康、汽车和英超。因此，百视通可以借助数据标签提供更精准的营销服务。

百视通 IPTV 在渠道和内容方面的优势，可以为品牌营销下沉、精准触达和用户精细化运营提供更多的可能性。同时，基于"一省一策"的智慧营销能为广告主提供更稳定和可信的 IPTV 广告营销服务。

### 3. 多场景的营销资源位的拓展及营销闭环的实现

百视通旗下的各个平台构建了不同的商业化变现体系，这些变现体系主要包括传统的电视广告资源位、创新性广告资源位及基于内容营销的定制资源位等，基本锁定了用户使用智能大屏的各个场景。

（1）多场景商业化变现体系推动营销增长

根据用户使用智能大屏的基本行为轨迹，百视通旗下的"BesTv 橙子视频"开发了应用启动广告、前贴片广告、后贴片广告、角标及暂停广告等不同的资源位。在此基础上，它创新性地针对信息流页面的浏览方式开发了对应的信息流广告，并针对游戏等专区场景定制了激励广告。

百视通基于自己的内容及 IP 优势，开拓了基于内容的广告资源。百视通优选了美食、娱乐、时尚、旅行、生活、萌宠和广场舞等垂直内容，打造了垂直内容频道。在这些垂直内容频道中，广告主可以进行品牌定制。同时，百视通提供包括频道定制总冠名、第一贴片独占、强势广告内容专区及定制创新资源形式等独特的营销方式。这些资源位满足了广告主对于锁定精准细分领域用户的诉求，广告主可以依据自身品类的特性选择相匹配的垂直内容领域规划营销活动。

（2）基于对购物场景的深度挖掘搭建营销闭环

目前，百视通开始注重布局效果广告，且尤为聚焦布局智能大屏营销与智能大屏购物业务的对接，助推营销转化，搭建营销闭环。

随着行业发展与技术升级，以视频为特色的购物形式所展现出来的业务价值更加凸显。对此，百视通也积极探索渠道融合，将视频购物引入到 OTT TV 与 IPTV 中，建立了以视频购物为特色的全媒体立体销售平台。百视通的购物平台与同属于上海文广集团旗下的电视购物平台东方购物息息相关。东方购物平台是电视视频购物领域的头部平台，拥有丰富的资源，可以给百视通搭建购物平台提供资源支持。在此基础上，百视通通过内容 IP 化、形式栏目化、营销板块化、促销工具化的方式与电商巨头、知名品牌合作，大幅提高购物商品规模，提升供应商商品上架和铺货效率，为用户提供了优质的购物体验。

同时，百视通也与联想等公司展开了合作，将海量的优质内容资源与智能硬件深度捆绑，结合东方明珠新媒体旗下的各类 IP 内容及衍生品，引入东方明珠新媒体的购物、游戏、文化、旅游等优势资源，打造 O2O 的营销闭环。

### 4. 总结与启示

百视通一方面布局优质内容矩阵，另一方面透过优质内容衍生出增值服务，不断拓展营销潜力。作为行业的先行者与领导者之一，百视通一直保持旺盛的创造力和积极的执行力，并将内容优势与数据创新的基因贯彻始终。

背靠广电背景的上市主体东方明珠新媒体，百视通拥有了强大的数据中台，打通了 IPTV 与 OTT TV 的平台壁垒，汇集了更丰富、更多元的用户数据，并在此基础上深度发展了智慧运营的能力。对外，它不吝啬先进的发展理念，以"连接者"的身份分享商业价值，与合作伙伴共同推动智能大屏进入精细化、智慧化运营时代。

在具体的运营实践中，百视通在融合媒体平台建设、内容储备、渠道拓展和大小屏联动四个方面积极探索实践，面对不断变化的用户需求努力实现新视觉、新运营、新体验，并基于平台的数据建设为营销提供了更精准的服务。目前，百视通已打造了包含用户运营、内容运营、IP 运营和产业运营在内的智慧运营新平台，给智能大屏营销业务的发展打下了基础。

另外，百视通基于下沉市场的本地定制化运营、数据颗粒化分析也显现出了其强大的运营能力。虽然在智能大屏营销领域，百视通的探索才刚刚开始，但其丰富的运营经验能为其创造极其广阔的盈利空间。

## 4.2.2 华数传媒：互联网＋局域网，双向赋能、双轮驱动

### 案例看点

- 华数传媒曾是规模最大的有线网络运营商之一，在互联网时代，它如何重构业务体系，布局大屏业务？
- 庞大的有线电视用户是否能转化为 OTT TV 大屏用户？华数传媒如何看待这个问题？
- 华数传媒在 OTT TV 业务领域有何营销创见？其大屏营销能力如何？有哪些大屏营销资源位？
- 在大屏营销的新赛道上，华数传媒如何扩大用户规模，汇聚新用户，实现业务突破和超越？

华数数字电视传媒集团有限公司（简称"华数传媒"）是大型国有文化传媒产业集团，也是国内领先的有线电视网络和新媒体运营商，拥有全媒体和宽带网络业务牌照资源，覆盖海量传统媒体和新媒体用户。当前，华数传媒依托新媒体、云计算和大数据、原创内容以及广告营销等业务板块，借助牌照优势，积极发展合作，拓展智能大屏营销资源位。同时，基于大规模用户带来的数据，华数传媒可以实现精准的智能大屏营销投放，给广告主提供更具价值的营销服务。那么，华数传媒是如何保有原有用户，汇聚新用户，并在智能大屏营销新赛道上实现突破和超越的呢？

### 1. 基于全牌照优势，构建流量入口

稳定且成规模的用户流量是实现智能大屏营销的第一步。华数传媒凭借牌照优势，汇集了大量"直播＋点播"的内容及终端合作方，构建起完整的用户流量入口，积累起了海量用户。

（1）全牌照优势助力拓展内容体系，锁定海量用户

华数传媒拥有有线网络业务、手机电视业务与互联网电视业务等全国新媒

体业务以及宽带网络业务方面的运营牌照或许可授权,是全国领先的互动电视、手机电视、互联网电视等综合数字化内容的运营商和综合服务提供商之一。凭借牌照优势,华数传媒发展了"直播+点播"的内容矩阵,内容覆盖数字电视、互联网电视、华数 TV 网(视频门户)、手机电视、华数频道及地铁电视。

在拓宽内容体系的过程中,华数传媒十分注重保持内容的独特性。当前,华数传媒官方数据显示,其联合了超过 800 家全球内容合作商,吸纳了国内外知名节目内容供应商和众多普通节目内容供应商参与建设节目内容合作体系,涵盖了电影、电视剧、综合资讯节目、娱乐综艺、原创动漫和音乐节目等内容类型。例如,华数传媒与浙江卫视的合作关系紧密,被纳入了浙江卫视"中国蓝"IP 内容体系,并积极参与影视剧投拍,实现原生内容的输出。另外,华数传媒在聚合优质内容的同时,也颇为注重垂直细分内容与本地内容的运营,开发了电竞、知识付费、宠物、少儿和短视频等五大细分品类。

丰富的内容资源储备为华数传媒与运营商和终端厂商的长期合作奠定了基础,也为其沉淀了大量用户。另外,华数传媒多而优的视频影音内容资源也受到了广告主的青睐,为广告主提供了软性广告植入的多种选择。

华数传媒作为一家拥有全牌照资源并集成了丰富内容资源的运营商,已成功迈入我国新媒体产业发展的第一阵营,这些资源也为其智能大屏营销业务的发展提供了前所未有的推动力。

(2)终端矩阵配合自有系统助力用户沉淀

一切智能大屏业务的起点和终点都落脚于用户上,而终端则是稳定的用户输入及互动入口,而终端硬件承载的智能大屏操作系统则是积累用户数据的最佳平台。为拓展用户,华数传媒通过多年的积累,开发了自有系统,并覆盖到了市场几乎所有的终端硬件品牌,包括索尼、LG、长虹等知名品牌在内。当前,根据华数传媒官方数据,其系统已经覆盖了 1 亿互联网电视用户。

那么,华数传媒的自有系统如何助力用户沉淀呢?2019 年,华数互联网电视 5.0 系统推出,该系统能在用户数据分析的基础上,通过人工智能技术帮助内容精准推荐到个人，提供定制化内容服务。另外，该系统推出了基于三种不同人群的模式，除了标准模式，还有针对学龄前儿童以及老年人的模式。同时，该版本还推出了"随心看"功能，该功能结合了直播频道和轮播频道，将不同类型的内容串联了起来，给用户更好的观看体验。

可以说，华数传媒自有系统通过与不同终端品牌的合作，覆盖了大规模用户。同时，华数传媒在系统功能上不断优化，并为不同用户提供定制化内容服务，满足了用户的使用需求，可以助力华数传媒实现用户沉淀。

### 2. 技术赋能，提升营销数字化能力及营销效率

随着互联网的快速发展，广告主投放广告的渠道也越来越丰富，并且对精准且高效的投放模式及效果反馈能力有了更高的需求。在此背景下，华数传媒加强数字化能力，开发了对应的数据平台及广告投放系统来支撑智能大屏营销的业务运作。

（1）基于全媒体大数据的数据产品支持精准运营

华数传媒基于自身全媒体平台大数据优势，依托现有的电子商务平台数据、机顶盒数据、宽带数据、监控数据、收视数据等积累，不断探索与大数据相结合的创新数字营销之路。当前，华数传媒推出了多款数据产品，也建立了自有的 DMP。

华数传媒非常重视数据的价值，并在企业战略层面将"大数据"放于重要位置，希望通过注入数据基因，构建大数据引擎，让华数传媒成为一个数据化运营的企业。为此，华数传媒开发了多样的数据产品，这些产品推动了华数传媒数字化运营的进程，也同样支撑了其广告营销业务运作。目前，华数传媒的大数据产品包括经分魔镜、收视罗盘、阿拉丁推荐、收视率统计及客户晴雨表等。其中，客户晴雨表可以对全业务线用户的属性与行为进行分析，也支持对线上运营活动效果进行分析。而阿拉丁推荐这款数据产品则有提供"千屏千面"服务的能力，其依托精准化的推荐内容系统拉动用户内容点击量的提升。

此外，针对广告主的精准营销需求，华数传媒利用丰富的数据构建了用户画

像，收集并分析了有关用户收视行为习惯的数据，通过自有 DMP 向广告主直观地呈现出来。华数传媒的用户画像是基于用户开机情况、用户家庭构成、对广告的容忍程度、日均使用时长等标签来绘制的。在此基础之上，华数传媒通过技术合作，进一步提升用户画像的精确度。举例来说，未来华数传媒数据的类型可能包含用户在同一网关环境下的行为数据，并打通 PC 端、移动端、OTT TV 端的数据，识别分析用户在不同渠道的行为，支持 OTT TV 端家庭用户标签的建立，从而帮助广告主在 OTT TV 端找到更精准的目标用户。

（2）智能广告系统助力数据产品落地，实现统一投放

为了拓宽广告营销业务场景，实现数据产品实践落地，华数传媒开发了智能广告生态系统，整合有线电视大屏，为智能大屏争取更多的广告流量。当前，华数传媒实现了与上游互联网广告平台的对接，获取广告流量；同时下游对接各广电有线数字电视终端，完成从上游到下游连贯的广告投放业务流程。华数传媒智能广告生态系统整体架构见图 4-1。

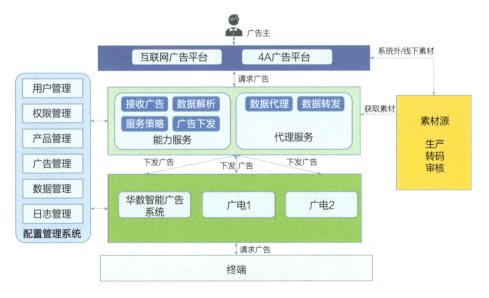

图 4-1　华数传媒智能广告生态系统整体架构

（来源：华数传媒官方微信）

华数传媒智能广告生态系统实现了对各个终端广告的统一投放管理，支持广告位管理、素材管理、广告投放管理、白名单等操作，并且针对不同区域的产品线和广告主的综合需求，可以实现跨平台的广告投放。同时，该系统支持开机图片、开机视频广告，支持互动门户中各个页面的图片类广告；支持点播、回放视频播放场景中的前贴片广告以及图文广告等。对于外部的创意素材及创意形式，该系统也支持 PDB（Programmatic Direct Buying，程序化直接购买）等方式的外部程序化系统对接。另外，为了打消广告主对广告效果的疑虑，华数传媒引入了第三方监测数据，可同步反馈真实的广告效果。

当前华数传媒的广告业务的服务与销售模式包括数字化程序购买、直销、代理等多种模式。在广告系统的统一管理下，华数传媒能充分对接到各个资源的需求，以整合和统一管理的形式将广告流程精简、透明化，实现高效的营销投放。

### 3. 营销场景拓展，整合线上线下营销资源

为了更好地整合多样化的营销资源，华数传媒在产品开发与区域拓展两个维度上都进行了深入考量。在产品上，华数传媒推出了数字电视、互联网电视和华数 TV 网等多平台创意互动产品。在区域整合上，华数传媒实现了数字电视广告在全省的投放。同时，华数传媒整合了优质的非华数自有资源，例如地铁电视资源，以寻求更大的营销价值。

（1）多元广告资源覆盖用户点播路径

华数传媒通过自采、合作、引入等方式建立了"内容＋终端"体系，并且为该体系的主要运营方，这意味着华数传媒拥有充分的内容及广告运营权。基于此，华数传媒开发了多种广告资源形态，覆盖用户行为全路径。

针对用户开机、关机、进入应用和退出应用等操作，华数传媒开发了强制曝光、高频展示的对应广告位。这些广告以视频形式为主，能充分地强化用户的品牌记忆，为广告主带来强制的观看流量。另外，针对广告主的定制需求，华数传媒还开发了系统层开机的霸屏广告、播放器内浮窗、桌面换肤等非标准的资源

位，甚至提供整个专区页及频道页，为重要广告主提供定制化整合营销资源方案。

另外，为实现品效合一，华数传媒增加了互动型广告的设置。例如，其推出的"边看边买"功能，可以根据画面识别物品，引入购买链接。在华数频道专题片《奇妙旅行》中，华数传媒就十分注重与用户产生深度连接。华数传媒基于该专题片的农副产品、手作文创、旅游周边、宠物用品等商品，定制了线上商城订购、短视频营销、直播及电视购物等营销方式，加强了对相关产品的推广，同时也强化了内容IP的品牌化，赋能该专题片的品牌价值与经济价值。

(2) 线上线下场景拓展实现整合式跨场景通投

华数传媒在提升家庭智能大屏业务运营能力的同时，依托智慧城市建设，让智能大屏覆盖杭州的各个重要场所网点，实现了户外流量累积。此举为华数传媒拓展了重要的线下场景。同时，华数传媒与杭州地铁电视有限公司也展开紧密合作，充分借助地铁流量密集的特点，构建起了极具冲击力的户外智能大屏矩阵。基于线下的智能大屏矩阵布局，华数传媒充分发挥本土优势，开拓了线下的营销活动。

在此基础上，华数传媒进一步整合线上和线下营销活动，充分发挥用户在其中的关键作用。华数传媒提倡把用户从消费者变成传播者，通过"周周乐"及"粉丝Pai"⊖等方式强化用户之间的联系。对此，华数传媒成立了粉丝俱乐部，让用户能参与线上、线下的品牌营销活动，激起用户对品牌的情感共鸣。当前，华数传媒的线下活动已经高度品牌化，拥有"熊孩子运动会"及与TVB合作的"大牌香港之旅"等优质活动类IP。

另外，华数传媒尤为深耕垂直领域的整合营销活动，深度聚焦更具潜力的垂

---

⊖ "周周乐"与"粉丝Pai"均为华数传媒面向有线网一线员工和终端用户的营销运营工具。

直用户群体。例如，在汽车板块，华数互动电视在满足用户选车、用车信息获取需求的同时，也以此为契机与车商、车企在细分领域进行密切合作。线上活动方面，在智能大屏端，华数传媒储备了车视频、车展、车赛事等丰富的内容，引入智能大屏游戏和 VR 体验。在手机端，华数凭借创新栏目《车生活》，着重开发信息功能，集成小区停车位信息、洗车优惠等一系列信息。线下活动方面，用户的社群化运营一直是华数传媒线下互动的重要构成。华数传媒利用车友会组织一群志同道合的用户，既增加了用户对平台和产品的黏性，又可以通过各个活动对目标人群做软性品牌推广。

### 4. 构建广告运营联盟，合力提升智能大屏营销价值

华数传媒借助牌照、渠道及资源整合优势，抓住了智能大屏行业发展的红利期。但随着超高清产业在设备端和内容端的不断完善，智能大屏行业在商业变现方面的广告经营能力也愈发提高。对此，华数传媒联合了各地运营商搭建了广告运营联盟，充分进行资源转化，并且与头部公司深化合作，提升智能大屏价值。

一方面，华数传媒借助其长期在全国市场形成的渠道、业务以及牌照资源优势，携手各大互联网龙头企业，着力创新内容及产品，为智能大屏营销提供了流量入口。例如，华数传媒在与优酷、天猫精灵等阿里巴巴旗下的业务部门合作的基础上，进一步与其他大型互联网公司在短视频、二次元等新型视频业态中展开创新合作，形成了用户类型多样、营销价值多元的产品矩阵。

另一方面，华数传媒希望借助广告运营联盟突破智能大屏网络分散运营的现状，打破地域壁垒，布局全国 OTT TV、DVB、IPTV 大网。另外，华数传媒也积极与 4A 公司、DSP 公司、ADX（Advertising Exchange，广告交易平台）平台公司等广告营销服务机构合作，将全国智能大屏资源转化成具备营销价值的商业资源。例如，华数传媒与喂哟科技结为战略合作伙伴。喂哟科技在此次合作中代理了以华数传媒为牌照方背书的索尼、三星、LG 的开机广告以及华数电竞、专网等营销资源。

## 5. 总结与启示

华数传媒得益于原有的有线电视网络业务，积累了基础用户流量。华数传媒大力发展 OTT TV 等新业务，充分挖掘用户流量价值。依靠多元业务的市场化运营，华数传媒已与多数终端厂商、网络运营商建立了良好的合作关系，并在此基础上不断地完善智能大屏的数据服务。

数据层面，广泛的互联网公网数据与颗粒度更细、更贴近消费者生活的局域网数据为华数传媒的智能大屏营销业务提供了指导。华数传媒基于自身全媒体平台的大数据优势，推出的阿拉丁推荐、数据罗盘、魔数水晶球等数据产品也获得了较好的运营效果。

广告营销领域，华数传媒依托线上线下双渠道优势聚拢了大批用户流量，开发了多种类型的广告资源，持续推动流量变现。华数传媒也充分依托对外合作，借力广告运营联盟和各个公司的独特优势继续深挖智能大屏价值，助力广告主的品牌营销向多元、年轻的方向发展。

可以说，华数传媒在"互联网 + 局域网"的双向赋能下构建起来的线上和线下"双轮驱动"的智能大屏营销模式具有较强的市场竞争力。

## 4.3 OTT TV 牌照方从业者观点分享

随着行业的发展，IPTV 业务和 OTT TV 业务有越来越多的重合之处。一方面，IPTV 和 OTT TV 业务的合作对象、服务对象、业务拐点都具有一致性；另一方面，IPTV 业务和 OTT TV 业务之间具有协同性，OTT TV 业务更贴近互联网和用户，而 IPTV 业务更靠近产业前端，OTT TV 在新广告模式或电商模式方面形成的策略，可以在 IPTV 上进行更大规模的变现。因此，芒果 TV 在 2019 年将 IPTV 与 OTT TV 两个智能大屏业务进行整合，实现智能大屏业务从运营到商务再到战略的协同发展。

在此基础上，芒果 TV 提出了智能大屏业务"横纵坐标系"，即横向集结多元业务生态，纵向打通业务产业链。在多元业务体系的赋能下，芒果TV从内容和渠道双方面汲取能量：一方面，其作为内容方持续深耕内容优势，赋予智能大屏广告更深的价值；另一方面，芒果TV通过省内整合的平台打通营销功能，充分发挥IPTV省级强势渠道优势。

但是，智能大屏的发展仍处于成长期，存在一些产业不成熟的问题。比如，囿于IPTV平台的发布机制和OTT TV厂商的技术升级能力，智能大屏端要实现第三方有效的数据监控，仍存在技术部署上的壁垒。并且，新的监控技术部署周期长、覆盖率不乐观的现状也在一定程度上影响了行业发展。另一方面，从服务层面讲，目前智能大屏搭载的增值服务较少且互动性较低，限制了用户价值的深度挖掘。智能大屏需要摆脱对移动端溢出价值的依赖，提升多元服务能力和互动玩法，才能汇聚用户，使得供求平衡，真正提高智能大屏自身的营销价值。

——芒果TV智慧大屏中心副总经理郝成[一]

## 本章小结

OTT TV牌照方正处于业务转型时期，它们通过技术变革，另辟营销新思路，结合自身优势拓展营销价值链。由于入局智能大屏营销业务时间较晚，OTT TV牌照方的广告资源形式有限。它们在保留传统广告形态的同时，也在开拓升级新的营销形态。例如，OTT TV牌照方构建了以用户为核心，整合系统层、应用层及内容层广告，"立体""整合"的广告投放方式，打造沉浸体验的营销策略。

基于连接优势及多重牌照的优势，OTT TV牌照方掌握着海量的用户数据，这有助于它们基于用户开展跨屏数据打通、精准化营销。OTT TV牌照方应注重

---

[一] 全奕霖. 芒果TV郝成：大屏行业要强化自我深耕与业务合作 [J]. 国际品牌观察（媒介下旬刊），2020（2）：66-67.

对数据的运营，进行智慧化运营，基于数据进行营销分析与洞察。

面对一个资源分散、竞争加剧的智能大屏营销生态，OTT TV 牌照方也应当注重以用户思维发挥牌照方的管控能力，促进智能大屏生态健康、稳定发展。站在用户的角度去考虑如何连接上下游，既保证可控可管，又追求用户体验，可以视为牌照方重要的责任。

# 第 5 章
# IPTV 运营商：
# 行业拐点期的探索者

## 本章提要

　　IPTV 已正式成为中国媒体传播的主流渠道，用户规模突破 2 亿。中国移动、中国电信这些具有传输牌照优势的 IPTV 运营商，是否拥有与用户规模相匹配的收益？

　　IPTV 运营商如何看待流量经济下的智能大屏营销业务？它们是否参与了智能大屏营销？目前已进行了哪方面的布局？

　　中国电信、中国移动等代表性机构是如何经营 IPTV 智能大屏营销业务的？它们布局智能大屏营销的核心思路是什么？面临着哪些问题？

IPTV，即宽带电视，是一种利用宽带网，集互联网、多媒体、通讯等技术于一体，向家庭用户提供包括数字电视在内的多种互动服务的电视服务。当前，IPTV 业务以"一二级播控 + 运营商传输"<sup>⊖</sup>的架构为主，中国电信、中国联通、中国移动等运营商在其中扮演"传输者"的重要角色。随着 IPTV 用户规模增速放缓，各 IPTV 运营商也从追逐用户量的增长的"量化"发展转向挖掘用户价值的"质化"发展道路，纷纷转向更精细化的用户运营。如此环境下，IPTV 运营商又将如何发展智能大屏营销业务，在智能大屏领域开辟"新战场"呢？

简单而言，IPTV 运营商在此时期经历了两个阶段：第一是依靠泛娱乐内容和差异化服务，将流量转化为"留量"；第二则是充分激发"留量"价值，开启智慧化的智能大屏营销，获取更强的变现能力。

## 5.1　IPTV 运营商布局智慧营销，着力打造业务差异化

客厅经济是当前智能大屏行业的重要风口。IPTV 运营商依靠用户规模推动业务增长、获取收益的盈利方式面临重重困境，它们也开始转型探索 IPTV 营销业务。运营商的 IPTV 业务由于起步早，拥有一定规模的用户基础。那么，IPTV 运营商将如何利用这些用户基础深耕智能大屏营销业务呢？IPTV 运营商的智能大屏运营能力究竟如何，是否能打破智能大屏营销天花板？其方法论备受业内关注。对此，本节将立足三大运营商视角，分析 IPTV 运营商如何布局智能大屏

---

㊀ "一二级播控"架构最早是根据广电总局 2010 年发布的 344 号文《关于三网融合试点地区 IPTV 集成播控平台建设有关问题的通知》中提出的，建立以中央电视台为总播控平台、地方电视台为集成分播控平台的 IPTV 播控架构。"运营商传输"指由三大电信运营商负责 IPTV 传输，目前中国电信、中国联通均拥有传输牌照资质，中国移动拥有区域性传输牌照，按省合规发放。

营销。

## 5.1.1 吐故纳新，IPTV 运营商迎来业务变革新时代

根据工信部数据，截至 2019 年年底，中国移动等三家运营商的 IPTV 用户达到了 1.9 亿户，全年净增 3870 万户，用户规模增长放缓。但与此同时，IPTV 的运营业务收入达 294 亿元，比 2018 年同比增长 21.1%。从数据来看，IPTV 运营商针对原有规模用户的"精细化运营"时代已来。

**1. IPTV 用户规模触顶，IPTV 业务转型在即**

近年来，IPTV 市场发展较快，IPTV 用户数逐渐接近市场容量上限。用户红利的消失带来的是用户增长边际成本的增加，运营商难以依靠提升用户规模获取利润增长。但三大运营商 2019 年的财报显示，其 IPTV 营收结构中，基础业务服务⊖收入仍占据主要位置，其次为销售增值业务⊜的收入，二者比例约为7:3。可见，即使处于用户增速较慢的当下，IPTV 运营商的业务结构并无本质变化，仍是依靠用户规模增长带来的经营收益。运营商的新兴业务增长点缺乏，增长乏力。

为解决营收结构问题，寻找新的收入增长点，三大运营商开始聚焦家庭场景，充分激活用户的价值与活力。它们的市场竞争也从追求用户数量的"圈地运动"转向于挖掘已有用户价值、提升精细化运营等。例如，2018 年，中国联通重整旗下家庭产品，成立了联通视频科技有限公司，专注于智能大屏及小屏的视频业务。2019 年，中国电信的天翼智慧家庭科技有限公司在上海挂牌成立，以家庭场景为核心，开启了以智能大屏为主要终端、智能产品为辅的运营模式，并把对 IPTV 的深耕也列为公司重点的业务经营方向。中国移动则把"基础 + 增值 + 广告"作为 2020 年的新发力点，重点强调用户运营的价值。可见，三大运

---

⊖ IPTV 基础业务服务是指在营业厅开通 IPTV 后即可使用的基础内容和服务。
⊜ IPTV 销售增值业务是指在基础业务服务之外提供的增值服务，包括远程教育、在线游戏、健康医疗等多种服务在内。

营商都期望能借多元业务，保持 IPTV 业务线的可持续成长。它们已拥有了颇具规模的用户数量，如何挖掘海量用户的流量价值红利成为当前的业务发展重点。

但在三大运营商从事用户精细化运营的过程中，也显现出了力不从心的迹象。运营商已习惯于依靠产品进行规模化扩张，对于用户运营业务缺少经验。同时，分省运营的模式也导致管理上产生困难，各省发展情况不一、发展空间也存在较大差异。

### 2. 被动卷入，运营商入局智能大屏营销挑战重重

推动运营商获取用户价值的三大新兴业务为增值业务、用户运营与广告业务。但由于运营商在 IPTV 产业链中主要承担"传输"职责，起初并未在用户运营及广告营销业务上有较多布局。由于智能大屏行业对客厅经济的重视程度提高，智能大屏广告业务呈现出高增长的态势。在这个过程中，运营商由于其拥有的庞大用户规模，被动卷入了智能大屏营销市场，开始逐渐掌握主动权，积极探索智能大屏营销业务。

三大运营商探索智能大屏营销业务时，或多或少面临一些问题。这些问题主要包括：

第一，平台"惯性"问题。中国移动等运营商在家庭端面向用户提供服务，主要采取前向付费模式⊖。但智能大屏营销业务的主要服务对象为广告主，从这个角度讲，运营商缺少与广告主对接的经验。同时，广告营销业务是一个包括用户洞察、策划、执行、数据反馈等在内的完整的操作体系，运营商是否拥有完整的广告营销业务体系是广告主十分关注的问题。

第二，运营商在参与 IPTV 业务时，主要采取分省运营的模式。对于拥有全国性广告营销需求的大型、全国性的广告主而言，难以形成规模效应。

第三，运营商在 IPTV 生态圈中，主要的业务是基础电信服务。它们参与底层基础设施搭建的业务发展动力和意愿远大于其进行用户、内容运营的动力和意

---

⊖ 前向付费模式是指运营商销售自有/集成产品给客户，直接从客户身上获取收益的模式，包括用户包月费、点播费等。

愿。相比于广电系的运营商，网络运营商发展智能大屏营销业务的主动性更弱。

同时，广告主不了解网络运营商在营销领域有何布局。因此，当前三大运营商推广的 IPTV 营销模式仍为短信营销或线下营业点捆绑销售等基础模式，鲜有创新的营销模式。

但三大运营商并非会在智能大屏营销领域"折戟"，它们正在通过充分激活"留量"价值的模式，探索运营商参与智能大屏营销的可能性。

### 5.1.2 深度链接，依靠内容培养留存用户

智能大屏端的核心业务依然是内容。打造内容矩阵一方面有利于运营商积累广泛而忠诚的用户流量，另一方面便于运营商深挖内容层广告，发展智能大屏营销业务。

#### 1. 打造头部内容，提升对用户的影响力

三大运营商官方数据显示，截至 2019 年，中国电信与中国移动均有 1.3 亿左右的 IPTV 用户规模，拥有极强的社会影响力。基于已有用户规模，运营商开始着力提升内容服务能力，增强平台与内容的捆绑程度，助力留存用户，增强用户黏性。

中国移动依靠旗下咪咕文化科技有限公司（简称"咪咕"）来发展内容生态。当前咪咕拥有热门影视、TVB 节目、四大卫视节目等优质内容资源。其中，头部内容覆盖率超过 90%。同时，咪咕可向用户提供包括视频、音乐、阅读、游戏等九大类垂直领域数字内容，满足家庭用户的共性需求与个性化需求。

中国联通在内容服务领域发力较晚，其凭借 5G 技术优势打造以"智慧沃家"为王牌的 4K 高清视频业务，提升内容质量。中国联通率先在业内提出了"双通道"的策略，即 IPTV 与宽带用网独立，这有利于保证用户观看高清视频的质量，提高对用户的吸引力。

中国电信旗下的号百控股股份有限公司（简称"号百控股"）也在 5G 时代悄然"刷新"定位：作为中国电信旗下统一的互联网文娱产业平台，号百控股将成为中国电信的内容版权运营中心。号百控股主要通过合作的方式拓展内容版

图,与五洲传播、4K花园、华数传媒、中国体育等签约合作,并将加速推进与爱奇艺、腾讯、优酷等平台在优质内容等方面的合作。可以说,BAT内容生态的融入,成为中国电信改善IPTV内容生态圈的一个重要举措。

**2. 深挖垂直内容,打造本地化服务**

在拓宽内容体系的同时,运营商也专注于垂直内容布局。运营商依靠其强大的数据体系,挖掘用户感兴趣的垂直内容。这些高精度、贴合用户标签的垂直内容可以真正地吸引、留存用户。

例如,咪咕依据IPTV人群特性,对接到了"体育人群"。对此,咪咕与包括世界杯、英超、中超、五大联赛等在内的顶级体育赛事进行内容合作。2020年4月,咪咕又与中国男子篮球职业联赛(简称"CBA")合作,获得了IPTV运营商独家CBA转播权。

运营商在线上线下均有无数个与用户的交汇点,这成为它们发展另一种类型的垂直内容——本地化服务的推手。中国电信一直积极探索基于本地的"智慧养老"服务。例如,中国电信江苏省宜兴分公司推出了"虚拟养老"服务。据悉,该服务包含了手机、固话、光纤线路、电视终端、系统维护等多个方面。同时,"虚拟养老院"还能提供社区服务、便民服务、呼叫中心、老年人手机定位等综合服务。这种联合智能大屏端的本地化服务更有利于推动线上、线下的一体化。该服务以线下门店作为中心,进一步拓展以社区为单位的服务体系,充分提升用户黏性,助力用户留存,为营销带来更多可能性。

基于对用户需求和使用场景的理解和洞察,运营商如果能依靠终端入口,打造具有吸引力的内容,或将打开其智能大屏业务发展的窗口。但这些策略背后,都需要配合合适的营销手段及数据服务。因此,IPTV运营商还需重视对用户流量的运营,才能有所破局。

### 5.1.3 优势积累,提升"留量"的转化效率

在从用户流量转化为用户"留量",并激发用户"留量"价值的过程中,三大运营商也逐渐发展起它们的差异化经营路线。运营商涉足智能大屏营销究竟有

何优势？简单而言，运营商长期业务经营积累下来的数据资源和跨屏优势成为吸引广告主的重要因素。

## 1. 三大优势，运营商积蓄差异化发展的势能

IPTV 行业目前以"一二级播控 + 运营商传输"的架构为主。受到播控合作等因素影响，运营商在各省合作的播控机构不同，呈现分散运营的状态。但运营商依然在智能大屏营销业务布局上占有一定优势。

第一，用户优势。三大运营商的 IPTV 业务根植于广泛的下沉市场。例如，江西省等地的运营商极大地覆盖了三、四、五线市场甚至农村市场，实现了省市区县之间的逐级渗透。而运营商的大数据体系也为深入下沉市场的营销提供了更多的机会。

第二，终端优势。三大运营商的电信业务围绕手机端、智能大屏端等多场景展开。在鼓励用户使用 IPTV 之时，运营商就十分注重使用短信营销的手段。随着智能大屏业务运营进一步深化，跨屏服务成为可能。以中国移动为例，中国移动拥有超 2 亿规模的大小屏资源：宽带电视（魔百和）用户达到 1.2 亿户、咪咕视频月活用户达 1 亿。"手机 + 电视"双屏融合，将打通个人移动市场和家庭市场，为消费者带来无缝衔接的大小屏观看体验，给中国移动带来新的业务增长点。

第三，数据优势，TA 数据全打通。运营商拥有丰富的个人数据，其中中国电信是基于用户数据布局 IPTV 智能大屏营销业务的先行者，目前已形成了一套完整的营销数据解决方案。中国电信基于人群定向，拓展了多种标签描绘用户画像，例如区域标签、家庭结构标签、收视偏好标签、家庭消费能力标签、有车标签等。其中，消费能力标签主要是依靠用户家庭所在区域的房产定价、电信每月账单的消费、银联数据融通、C 端用户向 B 端用户的通话行为等数据来判定的。目前，运营商已有将此类数据打通的能力，可以实现精准定向个人。

## 2. 精耕数据，助力智能大屏精准营销

依靠三大优势，运营商获得了更大的发展空间和发展势能。它们在建立优势

的基础上，进一步探索智能大屏营销的数据基础能力，并通过自建 DMP 等手段在精准营销业务方面走得更远。

在数据体系的统一上，中国移动已委托咪咕统一整合支撑多省的智能大屏广告业务，并组建了专业的广告运营和销售队伍，整合了多方数据。根据其财报显示，其 2019 年广告收入已达 10 亿元。

在数据标签的定位上，以家庭业务为重要发力方向的运营商，基于电信数据、网络数据以及智能大屏数据对家庭场景进行具体分析，实现营销从"到家"抵达"到人"。例如，上海电信拥有"细化到上海各区街镇围栏"的行政区划三维标签体系，可高精度地展现基于地域的人群偏好，助力有较强地域营销需求的广告主进行精准的智能大屏营销投放。

同时，为提高数据的可视化程度，上海电信着重打造了跨屏 DMP 服务，解决了一屏多终端的收视场景问题。它的可视化配置工具平台 EMAP 也可以通过简单的"托、拉、拽"操作完成数据生产，适合家庭智能大屏行业的运营团队用于快速的大数据可视化配置。

借助数据优势，三大运营商能够了解用户喜欢什么、喜欢什么时候看，帮助广告主精准定位消费人群，并选择在用户观看智能电视的高峰期进行投放。此类精细化营销的方式，使广告主的广告露出效率大大提升，并实现品牌对用户的高效触达。

### 5.1.4 共同发力，探索运营商独有的营销路径

从三大运营商的营销资源位来看，运营商的广告投放形式仍然以差异化的内容资源包、Banner 硬广为主。其中，部分地区的 IPTV 广告资源包括了视频、图片、专区等多种广告形式。例如，上海 IPTV 拥有 TVC 广告、首页导视、背景图冠名、图片位广告、植入广告、品牌专属互动频道等营销资源。其中，品牌专属互动频道设有电视气象频道、电视社区频道、电视杂志频道、卡拉 OK 频道、电视游戏频道等。广告主可在这些频道的各个模块中进行广告投放。但从实现来看，IPTV 的广告形式远没有 OTT TV 广告丰富。

可以说，IPTV运营商才刚刚起步挖掘智能大屏营销这座"金矿"，虽然运营现状并不乐观，但在营销战略上，它们建立起了运营商独有的营销思路：将智能大屏打造成智慧家庭的中心，为用户带来沉浸式的营销体验。

例如，河北电信IPTV将视频业务定位为战略性的基础业务。其所规划的视频战略以最终用户体验为核心，可实现4K视频秒级起播，又增加了"九屏导视、四屏同看、千屏千面、直播推荐"等重磅功能。其中"四屏同看"是指用户可通过DIY的方式将四个频道聚合在同一屏幕上，"千屏千面"是指提供基于大数据的智能推荐。河北电信IPTV推行的新视频战略标志着IPTV的业务服务能力得到全面升级。

河北电信打开了沉浸式营销的可能性，而中国移动则走得更远。中国移动旗下的咪咕建立起了五大内容型业务，并可以借助某一个终端，完成多个终端的内容协同呼应。中国移动倡导在消费者出现的所有场景中，为他们带去具有凝聚力、全方位包围的内容体验。在这个过程中，广告主可以借助多终端内容协同呼应实现整合式智能大屏营销。可以说，运营商已将整合营销的理念内化在未来的营销布局之中，借助资源优势，它们将开拓更加丰富的场景入口，实现营销效果的最大化。

### 5.1.5 结语

从上文分析可见，IPTV运营商在智能大屏平台商业运营的模式可以概括为整合视听内容、新用户、增值业务合作方等，将各类资源汇聚，通过对平台内的存量用户进行精细运营的方式来获得多模式、持续性的商业变现。

同时，IPTV运营商作为智能大屏行业的重要角色和参与者，在业务转型过程中开始探索后向付费收入模式⊖。运营商通过扩大头部内容占比、提升内容质量的方式满足用户多元需求，提升用户的忠诚度。其"内容+终端"深度绑定

---

⊖ 后向付费收入模式是指运营商通过对企业单位或信息提供者收取费用来获得收入，包括广告发布费、竞价排名费、冠名赞助费、会员费等费用收入。

的模式，为它们开拓智能大屏营销资源位、提升智能大屏营销的主动性打下了坚实的基础。

当前，三大运营商的广告营销业务仍处于初步发展阶段。它们的广告形式较为单一，互动有限，智能大屏营销的价值并未充分凸显。但运营商拥有的丰富用户数据，将为精准营销、提供多样化的广告投放服务提供基础。可以说，IPTV方面的智能大屏营销"金矿"未被充分挖掘，各大运营商依托客厅的终端布局及环绕式体验或将带来全新的沉浸式的营销模式。未来，智能大屏运营商将基于客厅经济及智慧家庭业务开发出何种营销形态值得期待。

## 5.2 IPTV运营商机构案例剖析

IPTV智能大屏营销行业正处于发展的混沌期，广电系播控机构及三大负责传输的电信运营商均在调整IPTV的业务布局和收入结构。在运营商话语地位正在逐步下降的情况下，它们应当如何调整运营方式获取发展空间呢？区域下沉市场是否是它们业务的增长点？陷入发展僵局的IPTV是否能依靠内容和增值应用服务实现营销突破呢？中国电信及中国移动给出了它们的答案。

### 5.2.1 中国电信：多维数据构建精准到人的能力

#### 案例看点

- 中国电信如何布局智能大屏业务？它目前的流量规模如何？其智能大屏业务发展重点在哪里？
- 目前中国电信是如何规划智能大屏营销资源的？在大屏营销领域有何创新之处？
- 拥有丰富数据体系的中国电信是否将现有数据体系应用于大屏营销业务之中？它是如何进行精准化智能大屏营销的？
- 号百控股作为中国电信旗下的负责信息内容及增值服务的全资子公司，在中国电信的大屏营销业务中发挥了什么作用？

中国电信财报数据显示，截至 2019 年 12 月，其宽带用户达到 1.53 亿户，天翼高清（IPTV）用户达到 1.13 亿户。中国电信作为 IPTV 的网络运营商之一，以高速、高品质、大流量的宽带服务以及天翼高清内容、智慧家庭应用融合套餐满足个人和家庭消费需要，打造了智慧型大屏业务生态。基于庞大的用户流量，中国电信从追求用户规模效益开始向挖掘用户运营价值、IPTV 智能大屏媒体价值转型，其中，发力 IPTV 广告营销业务成为它转型的一个出口。围绕智能大屏的营销需求，中国电信通过强大的数据能力，实现了从家庭到 TA 的定位，推动了智能大屏端程序化广告的进程。

### 1. 硬件铺设规模见顶，内容成为"圈定用户"的新入口

中国电信凭借机顶盒及宽带网络铺设基础，收拢了大量用户。但随着智能大屏行业从上半场到下半场的过渡，IPTV 面临用户流量增长乏力的问题。对此，中国电信也开始从追求用户规模向重视用户价值转变。其中，它采取的主要措施是在终端的基础上发展内容：不仅是扩大内容量，而且要提高内容品质。终端及内容的结合帮助中国电信稳固流量，也可以实现内容与特定场景捆绑，实现广告营销中所强调的品效合一。

（1）稳定的信号能力及视频业务能力支持用户规模增长

电信运营商的基础业务为网络铺设及宽带运营业务。借助网络运营的优势，电信运营商打造了以智能大屏为核心的 IPTV 体系。而伴随着其机顶盒规模化的铺设，中国电信为智能大屏用户提供的服务也更加多样化。

智能机顶盒和宽带设备是中国电信重要的终端铺设基础。为了保持竞争优势，中国电信的下属子公司江苏电信发展了 OTT TV 的技术，把 IPTV 的码流从以前的 CBR（Constant Bit Rate，固定码率）调整为 VBR（Variable Bit Rate，动态码率），从而节约网络带宽，显著降低了视频高清化带来的网络演进成本。

面对视频业务卡顿、视频画质低的问题，中国电信通过探针技术，将直播及点播中的问题信息上报到网管，帮助用户解决 IPTV 观看中难处理的卡顿问题。在视频安全方面，中国电信对视频业务的安全防护体系做了全面优化，建立了安

全监控系统，用自动化监控、自动化扫描，对所有视频业务进行监控和扫描。凭借着中国电信稳定的终端能力及视频服务体系，中国电信的 IPTV 机顶盒保有量逐年上升，拥有着巨大的可挖掘的用户流量。

(2) 丰富内容生态，增强用户留存能力

运营商传统的信号"传输商"的角色使得用户对其平台的依赖性不高，并且部分用户为了减少电视付费支出而追捧 OTT TV 业务，也给 IPTV 业务造成了打击。为了提升用户体验，增强用户黏性，中国电信提出了告别"管道工"，要成为"领先的综合智能信息服务运营商"的愿景。中国电信旗下号百控股更是在 5G 时代悄然"刷新"定位：成为中国电信旗下统一的互联网文娱产业平台。

为保持行业竞争力，中国电信将智能大屏业务的布局重点聚焦于内容建设，着重发展 5G 大视频业务，提升内容的观看质量，打造统一的大视频业务平台。中国电信充分运用运营商所拥有的网络资源优势，推出了"超高清视频""云游戏"和"云 VR"等内容，不断优化内容质量，提升用户观看体验。

另外，中国电信旗下号百控股通过合作的方式拓展了内容版图，与五洲传播、4K 花园、华数传媒、中国体育等内容资源方签约合作，并将加速推进与掌握优质视频内容资源的 BAT 旗下的爱奇艺、腾讯、优酷等视频平台的合作。可以说，中国电信正在不断改善其 IPTV 内容生态。

中国电信期望能够通过丰富的内容资源留存住现有用户。而这些用户流量基础，将成为中国电信发展智能大屏营销业务的基础。

### 2. IPTV 智慧运营体系助力智能大屏营销价值最大化

当前 IPTV 智能大屏业务已进入以数据赋能为核心的智慧运营时代，运营商必须基于数据能力了解用户，才能实现多模式、持续性的商业变现。对此，中国电信就基于自身能力，搭建了智慧运营体系，通过数据能力支持智能大屏营销业务落地。

(1) 中央数据厨房构建"一屏多端"的数据管理

中国电信的数据十分庞杂。由于其网络运营商的身份，中国电信保持了对数据的常态化搜集，拥有了许多用户的各类型数据，其中包括了基础信息数据、社交关系数据、消费数据、位置数据及终端类型数据等。而在智能大屏业务运营过程中，中国电信也拥有了用户的开销户、开关机、页面浏览、点播直播回看和增值业务收视行为数据。中国电信结合这"一屏多端"的数据建立了中央数据厨房，进行统一存储与管理。

在确定了数据源后，中国电信对这些数据进行采集、清洗、存储和管理。该项举措是中央数据厨房的最主要功能。清洗干净的数据会根据用户的智能大屏操作行为数据构建模型，形成用户画像，该画像可以用来支撑用户分类及用户定向。

在实际的数据运营中，中国电信通常会关注用户从到来到停留、参与付费甚至离开的各个状态，依据用户的停留信息决定如何干预用户。例如当用户第一次出现付费的时候，中国电信会注意用户的使用渠道。由此，在进行营销活动时，中国电信就能辅助广告主决策，告知广告主哪种入口引流会让用户转化数据最大。

基于统一的数据管理，中国电信构建了全渠道打通的用户数据，为实现更精准的匹配搭建了底层数据平台。

（2）数据分析产品助力精准广告营销

维度丰富的各类数据支撑了中国电信的日常业务运营及广告营销服务。由于这些数据都是业务使用场景的数据，不是专门为广告营销业务而去采集、处理并积累的数据，因此数据的真实性更高。因此，中国电信的大数据工具也能基于这些真实数据更好地针对存量用户进行运营。可以说，基于海量用户数据，中国电信能够充分了解用户行为、兴趣等，并将其与广告营销活动做精准匹配。在这个过程中，数据流动于整个广告营销活动的各个环节，实现了广告营销全周期的数据化管理。

当前，中国电信的广告投放工具中很重要的一项工具是基于用户画像的人群定向工具。这是中国电信在 IPTV 广告的时间定向及栏目定向的经验基础上推出的定向工具，是广告主进行投放的重要决策依据。以上海电信的人群定向工具为例，上海电信构建了丰富的用户数据标签体系，包括区域标签（聚焦于上海将近31000个自然小区的家庭结构标签）、收视偏好标签（用户在消费什么样的视频内容）、有车标签（汽车代表了消费偏好及消费能力）、家庭消费能力标签（基于房价、电信账单、通话数据等）等，用以描绘人群画像。在上海电信与车企上汽荣威的合作案例中，上海电信就基于这些标签体系做到了人群定向，分两个时间段将上汽荣威的广告投放给与之相匹配的目标用户，完成了对汽车家庭的覆盖。

在人群定向的基础上，中国电信也实现了"从户到人"的价值还原，助力广告主定位到更为精准的家庭某一成员。中国电信的"精准到人"的技术，是与市场调查公司尼尔森合作推出的。该项技术是经过以下研究流程实现落地的：通过用大量的均匀样本进行调研，了解每一个时段家庭成员中是谁在看哪类节目，计算出收视概率模型，经过反复对比测算出家庭某一个成员的收视类型。

（3）数据可视化提升营销决策能力

为了让广告主能够直观地了解数据情况，达成对智能大屏营销更好的决策指导，中国电信加强了对数据可视化能力的提升。

首先，中国电信基于已有的用户实名和家庭与个人账号的关联体系，搭建了基于家庭用户为主ID的多终端跨屏DMP。例如一个家庭用户里的IPTV、OTT TV智能大屏收视及这个家庭成员的手机小屏收视行为数据互相关联，实现数据结构化处理，构建家庭和个人画像。这些画像将成为DMP里的重要组成部分。

在构建DMP的基础上，中国电信完成了配备可视化功能的工具平台的开发。可视化工具平台可以实现对小到街区、大到省份的场景做出可视化图例。以上海电信提供的数据为例，在微观层面上，上海电信可以对上海闵行区下属14个街镇内的家庭用户在IPTV、OTT TV智能大屏终端上的收视分布进行可视化呈现；在中观层面上，上海电信建立了上海市的目标人群标签体系，包括了"年龄/性别/家庭结构"等人口基础标签、"汽车/旅游/房产"等兴趣偏好标签、"细化到上海各区街镇围栏"的行政区划标签等，可以通过三维组合查询上海市的目标受众；在宏观层面上，上海电信推出了"中国IPTV用户分布地图"，可以查询对应的用户在区域和运营商两个维度上的统计结果，也可将不同数据和指标进行关联分析。

落实到具体的广告投放中，中国电信可以将用户偏好、产品销售数据等以地图的形式向广告主展现，营销人员也可以用简单的标签组合的方法找到人群及人群分布的社区。例如，健身房机构就能以自身为范围，了解附近的常住人口的特点及分布，从而在智能大屏中定向投放健身房的优惠广告。同时，这个可视化系统也可基于实时更新的地点信息，帮助广告主了解线下的广告营销资源位，与智能大屏营销组合投放。

（4）数据支持实时测量，实现营销效果评估

中国电信认为，任何一个智能大屏广告如果没有一个公正客观的数据监播机构提供反馈报告来扮演广告投放的"结算货币"，是很难大规模打开广告市场的。在实际的操作过程中，中国电信用数据指标体系回溯每一步的数据，帮助广告主评估广告效果，调整商业决策或营销策略。

为了更好地基于数据为广告主提供广告营销效果评估服务，中国电信开放了数据体系，与尼尔森合作发布了大数据解决方案"流量优拓"。尼尔森官方表示，借助于中国电信数亿用户的线上行为数据，"流量优拓"能够同时把观看数据和购买数据结合起来，帮助广告主评估广告投放效果。这项工具为广告主提供了消费者面对广告的购买路径及线上表现等信息。利用这些信息，广告主可以更好地理解它们的产品，了解哪些渠道具有更高的传播效率，最终帮助广告主优化自己的媒体投放计划。

另外，中国电信、蒲公英链、荣耀三方也在2019年年底联合宣布开启重要战略合作。借助区块链，中国电信或将利用广告传播的区块链，在保护用户隐私的同时，更客观地评估广告效果，对用户的行为数据和广告效果数据进行跨场景对比，使广告主对媒体的效果有清晰的掌控。

### 3. 线上线下联动，丰富营销方式

当前，中国电信的 IPTV 广告形态与 OTT TV 广告相比略有不足，但已经呈

现出多元化发展倾向。中国电信在智能大屏端开发了 TVC 广告、首页导视、背景图冠名、品牌专属互动频道等。其中，品牌专属互动频道设有电视气象频道、电视社区频道、电视杂志频道、卡拉 OK 频道、电视游戏频道等。广告主可在这些频道的各个模块中进行广告投放，也可以根据自身需求定制，定制包括品牌新闻、专属视频节目、电视购物等多种形式。另外，中国电信为提升互动性，还开发了有奖互动活动，设置了抽奖、竞猜等互动环节。

在具体投放方式中，广告主可根据广告需求，选择按天投放或者按次投放，也可以根据广告内容选择特定视频节目进行投放。其中，只要观众使用点播、回看，广告就会强制推送，可快速有效地增加品牌影响力。

为了提高广告的影响力，中国电信积极拓宽了广告营销的阵地，将广告从智能大屏端转为线上、线下同步联播。例如，江苏电信开发了营业厅广告联播系统，将全省营业厅开拓为广告宣传新阵地，为广告客户提供一条龙的宣传推广服务。

### 4. 开放生态提供营销解决方案

中国电信的业务生态极其庞大，智能大屏业务只是其中之一。当前，中国电信极其重视自身云服务及大数据服务生态，在面向 C 端服务的同时，也将相关的营销工具、营销云体系向 B 端进行开放，提供数据及营销解决方案，帮助 B 端的运营商快速地搭建自己的智慧营销体系。在向外开放的同时，中国电信也基于合作共赢的理念，不断吸纳行业的优秀资源，实现互惠合作。

为此，中国电信搭建了"天翼开放平台"，立足于服务平台化与渠道开放化，聚合中国电信内部各互联网产品基地、专业公司，以及外部第三方企业所提供的优质信息和服务，为合作伙伴和开发者提供一站式、标准化、规模化的服务。中国电信不仅鼓励互联网开发者通过天翼开放平台了解和使用开放能力，同时也鼓励广大互联网技术提供商在其之上加载特色功能，以帮助合作伙伴专注于发挥自身核心技术优势，依托真正的运营商级别的基础云平台，轻松打造自己的数据及营销能力。

例如，中国电信旗下号百信息服务有限公司基于中国电信大数据的优势，联合拥有智能电视 OTT TV 终端海量数据的欢网科技，共同成立了多屏大数据实验室。双方以更开放的生态合作机制，联合行业数据资源方，在多屏精准广告领域进行深度战略合作。而上文中所提及的可视化配置工具平台也已被中国电信部署到了云端和开放平台中，面向广大家庭智能大屏生态链的友商开放。同时，中国电信也会提供基于可视化工具平台的"按需定制开发及维护"的服务，助力全行业的价值实现。

### 5. 总结与启示

中国电信的核心优势是其庞大的数据及云服务能力。中国电信依托多屏打通的用户行为数据可实现有效的广告定向推送，推动了智能大屏端的精准广告进一步发展。它以市场需求为导向，打造了广告投前市场洞察、投放多屏触达、投后效果评估等多样的广告服务；同时充分发挥了资源及数据优势，以开放的姿态助力渠道互通、资源共享，有力推动了智能大屏营销大数据生态圈的构建。

在实际的运营管理工作过程中，中国电信以用户思维为导向，关注了用户从到来到停留、参与付费甚至离开的各个状态，依据用户的停留信息决定如何干预用户，针对用户进行智慧化运营。

IPTV 的用户量极其庞大，但当前 IPTV 广告市场仍没有 OTT TV 广告市场繁荣，广告形式也存在局限性。中国电信作为 IPTV 智能大屏平台运营者也将在实现精准推荐的同时，继续拓宽广告形式，提升用户体验，加强智能大屏端互动广告的跨界交流与对接。

## 5.2.2 中国移动：布局全媒体，落实全场景营销

### 案例看点

- 中国移动用户规模化发展陷入僵局，它如何调整业务运营方式获取新的增长空间？其大屏业务发展重点集中在哪里？
- 目前中国移动有哪些大屏营销资源？其推出的大屏营销产品有哪些？区域下沉市场是否是它们业务的增长点？

- 依靠咪咕，中国移动如何构建起自己的内容优势？其是否能依靠内容和增值服务实现大屏营销突破呢？
- 中国移动的大屏营销理念是什么？有何创新之处？

中国移动官方数据显示，截至 2019 年，中国移动拥有智能大屏用户 1.2 亿，日活跃终端 6000 万，月活跃终端 8200 万。凭借"IPTV 专网 + OTT 公网"的优势，中国移动开拓了独具运营商特色的全渠道广告资源。在海量用户规模的支持下，中国移动的智能大屏广告业务还有较大增长空间。作为重要的运营商之一，中国移动正在通过自建及合作的方式部署智能大屏广告业务。作为全国性的媒体平台，中国移动如何借助庞大的用户量级成为家庭智能大屏营销市场的破局者之一？

### 1. 多牌照优势构建专网及公网运营能力

中国移动作为"传输商"和"内容资源提供商"，一直是 IPTV 与 OTT TV 的业务生态圈中的重要组成部分之一。中国移动自 2013 年获得第四代移动通信业务牌照（即 4G 牌照）以来，就开始实施全业务运营战略，推出"和"品牌的家庭业务，即以电视机为显示设备，面向家庭用户提供视频、教育等一系列产品服务。

中国移动不同于其他运营商，它获得 IPTV 牌照较晚，其最开始是借助旗下子公司咪咕的庞大内容来发展 OTT TV 智能大屏业务的。例如，2017 年，中国移动就与互联网电视牌照方未来电视携手，推出了视频应用"NewTV 咪视界"。同时，借助 OTT 公网，咪咕大力发展内容业务，也基于互联网探索了多种互动性较强的营销模式，为中国移动发展 IPTV 业务提供了流量基础。

在 2018 年获得 IPTV 牌照后，中国移动开始将 OTT TV 业务的用户转移到 IPTV 上，由咪咕统一负责用户运营。IPTV 主要是分省的专网运营模式，区域性强且深入低线市场。对此，咪咕通过持续的业务扩张拥有了完善的专网监播体系及市场化的运作能力。

当前，中国移动整合了专网及公网，采取了分省运营及全国统一运营有机结合的模式，网罗了大量的用户。借助 OTT TV 的全国性覆盖广度及 IPTV 的区域性垂直铺设能力，中国移动能够解决广告主的全国覆盖需求及垂直下沉营销需求，并建立统一的价格体系。同时，中国移动也可以为广告主提供一体化的营销组合方案。

### 2. 线上线下全媒体矩阵构建用户流量入口及营销触点

咪咕是中国移动旗下专注数字内容业务的专业公司，也是中国移动智能大屏业务运营的主体。当前，咪咕已经建立了线上线下全媒体的矩阵，拥有丰富的营销触点，可以实现多场景的营销触达。

（1）布局多渠道、多终端来聚拢用户，增加营销触点

从渠道类型来看，中国移动拥有智能大屏、小屏、户外等多种渠道形式的营销触点。

在智能大屏方面，中国移动依托移动宽带网络的家庭用户覆盖，拉动了相关终端硬件如盒子的覆盖规模增长。2019 年，咪咕联合康佳定制了智能电视，并置入了咪咕内容平台和咪咕灵犀（语音系统），可提供语音搜索、天气查询、股票查询、语音聊天等增值服务。咪咕和传统终端厂商的合作使其可以借助终端硬件来贴近用户，并为用户提供定制化服务。这种合作模式也在一定程度上为咪咕汇集了家庭数据。

在小屏方面，咪咕拥有线上线下联动的相关 App 触点，覆盖了视频、音乐、阅读、跑步、直播等多重场景；另外，中国移动有独有的运营商触点，可以通过线下营业厅及彩铃、短信、推送等电信服务打通各个触点的营销资源。

中国移动依托多渠道、多终端的布局，收拢了大规模用户，也可以使中国移动的智能大屏业务服务依据其网点分布深入下沉市场，拥有更多营销机会。

（2）借助内容构建品牌壁垒，留存用户

咪咕是中国移动旗下音乐、视频、阅读、游戏、动漫数字业务板块的唯一运营实体。从内容上看，咪咕提供包括音乐、视频、阅读、游戏等九大垂类数字内

容,能够满足家庭用户的共性需求与个性化需求,也能适度满足家庭教育、体育、家庭健康等方面需求。

其中,咪咕在体育等垂直内容领域拥有绝对优势,拥有包括世界杯、英超、中超、五大联赛等在内的顶级体育赛事内容。2020年4月,咪咕公司又与CBA合作,获得了IPTV运营商独家CBA转播权。这意味着五年内中国电信和中国联通的IPTV都不得转播CBA,这无疑赋予了中国移动内容竞争优势。除了体育内容,在直播内容上,中国移动汇集了央视及各大卫视、地方台的直播、回放。这也成为咪咕相比其他聚合类内容平台的内容资源优势所在。

中国移动获得IPTV牌照,并积极发展OTT TV业务给咪咕的内容业务运营带来了机会。中国移动作为运营商之一,虽在自制内容生产层面不占优势,但可以借助差异化路线,深耕垂直用户,用"赛事+周边"的模式抓住用户,促进用户站内留存。

(3)基于全媒体矩阵的整合营销理念

中国移动针对智能大屏营销生态,提出了"BI"(Brand Immersion,品牌沉浸)的理念,即在消费者出现的所有场景中,给他们带去具有凝聚力、将消费者全方位包围的体验。而伴随5G业务的发展,中国移动结合自有的全媒体矩阵在"BI"的基础上提出了"5G+4E"的营销模式。中国移动认为,5G时代下,平台应当更加以人为本,加强"4E"(Event、Excite、Experience、Emotion)。

据中国移动介绍,"BI"是为了让品牌在消费者的头脑中留下深刻印象,提升消费者对品牌价值的认同。为了实现"BI",咪咕集合了包括智能大屏在内的媒体资源,整合大小屏及丰富的O2O活动资源,将广告主的多元化营销诉求与产品体验的场景密切结合,做到"用户全覆盖、布局全媒体、营销全场景"。例如,针对奥利奥双十一广告投放的需求,咪咕整合了各渠道资源,包括重点城市组的智能大屏开屏广告、移动端开屏广告,以及线下多场景营销资源,全面打通线上线下,实现纵深的联动传播和营销。

对用户而言,咪咕提供的"BI",就是在适合的场景,以用户接受的方式,连续不断地给用户营造潜移默化的有效品牌价值记忆,让用户认同品牌价值。该目标实现的方式在于：多场景连接而非单一场景触达、重体验营造而轻广告兜售、重长期记忆而轻短期认知、打通线上线下形成营销全方位体验。

而"5G+4E"则强调了针对新时代用户兴趣更多元、取悦更困难、注意更分散三大特点，结合技术的方式增强营销互动性与趣味性。其中，Event 指全场景，不仅是现实的某一具体地点，还有基于智能大屏及 VR 的虚拟场景；Excite 是指通过技术构建外界环境而影响用户内心，从而触发用户行为；Experience 指的是以人为本的用户体验；Emotion 则指用户体验后在情感上留下的好或者不好的回忆。中国移动提出，新的智能大屏营销应当按照"4E"的模式流畅地滚动起来，最终促使用户实现"BI"。而中国移动的自有矩阵资源、运营商资源及合作资源等，可以达成全场景网罗用户，实现一站式整合营销传播。

### 3. 依托数据、技术能力开发智能大屏营销新模式

中国移动拥有庞大的中国家庭用户群体，积累了海量用户数据。因此，中国移动可以借助数据能力加强对用户的洞察，实现广告营销的精准触达。另外，中国移动积极引入 AI、VR 等多种技术，为广告主提供更具创意和品质的营销选择。借助数据、技术带来的智慧运营能力，中国移动为广大广告主提供了新的智能大屏营销模式。

（1）大数据体系加持下的精准投放能力

运营商在数据方面天然具有优势。但是，随着传统管道业务的红利封顶，技术变革不断驱动产业的升级，运营商必须要加快数字化创新。尤其是随着智能大屏的互联网化，线上内容数据越来越丰富，线下的行为数据也逐渐变得更有价值。这就给以中国移动为代表的运营商带来一些新的发展机遇。当下，中国移动依据其通话关系网数据、实时的位置数据、丰富的上网行为数据、全面的终端行为数据以及权威的用户身份信息数据搭建了数据中台，加强了精准投放能力。

为实现数字化转型，中国移动子公司浙江移动于 2015 年前后就提出启动智慧运营转型的要求。浙江移动数据相关负责人傅一平在公开发言中指出，浙江移动数据中台能够实现跨域数据整合，能提供丰富的数据模型、标准化的数据服

务、个性化的开发平台①。

数据中台能够支持广告主了解并明晰市场的发展、助力广告主分析决策、实现投放优化。在这个过程中，依托数据中台建立的大数据标签能够对用户画像属性进行分类，助力实现精准营销。当前，咪咕大数据体系已建立了超过 1100 个细分标签，并在持续精细化人群画像，帮助提升广告投放效率。

可以说，基于智能大屏的家庭用户大数据平台正在通过建立对于用户家庭的统一标识，为广告主定制化的精准营销需求提供解决方案。

（2）新技术拓展营销新形式

除了大数据能力，中国移动非常注重对 AI 技术领域的探索，并将其运用在智能大屏业务经营中。

2019 年 5 月，上海超高清视频产业联盟成立。咪咕作为中国移动旗下唯一的视频运营实体，成为联盟副理事长单位。在联盟成立会上，咪咕提出了要在创新技术、IP 资源、跨屏互动、人工智能、商业探索等维度深入驻扎，发挥优势驱动产业发展。其中，咪咕展示了 AI 科技如何赋能超高清直播，并表示未来也会将这种技术运用在智能大屏营销之中。

以体育专题为例，针对智能大屏直播，咪咕推出了 AI 技术平台"AI 智能剪辑官"。它拥有"3D 卷积神经网络眼睛"，可以准确识别出进球、射门、点球、角球、红牌、黄牌、庆祝等关键场景与动作。同时，它还拥有成熟的人脸识别技术和 OCR 识别技术，能够实现高速运动下的球星人脸实时定位与检测，识别直播流中的所有球星、球队，堪比一本"世界杯球星球员百科全书"。这一技术在 5G 环境中可以进一步提高识别速度与精准度，并将赋能更多的营销场景。广告主可以在庆祝场景中植入互动广告，或选定代言人进行广告投放，在进球时通过 Banner 等播放对应广告。

在 AI 技术的推动下，中国移动将不断完善全沉浸用户体验的内涵和外延，

---

① 浙江移动数据中台的建设和应用实践［EB/OL］．（2019 - 12 - 19）［2021 - 03 - 04］．https：//cloud.tencent.com/developer/article/1556538.

积极拓展相关的营销互动形式。

### 4. 资源整合，构建"智慧大屏生态共同体"

当前，中国移动在智能大屏端深入挖掘内容业务、增值业务、广告营销业务的商业价值，积极推动中国移动多元合作体系的建立。中国移动的合作对象涉及内容、渠道、广告营销、5G 技术等各个方面。

聚焦广告营销层面，2019 年 11 月 15 日，中国移动同时牵头众多合作伙伴，共同成立了"智慧大屏广告生态共同体"，共享专网与公网的广告资源，实现营销资源互通。"智慧大屏广告生态共同体"的建设，促进了内容、广告、数据、渠道的行业共享。

当前"智慧大屏广告生态共同体"的成员包括终端公司、数据公司、内容公司、运营商等，集结了多方智能大屏行业角色。该共同体能够推动建设完整的数字化平台生态、实现统一的价格及服务体系、拓展多元化的市场营销渠道，以专业权威的形象面向广告主，共同撬动智能大屏广告市场预算。

IPTV 及 OTT TV 的广告都面临着资源分散、运营割裂的问题，类似共同体的出现也能帮助智能大屏行业以同一个声音与广告主进行对话交流，提升生态中各成员的话语权。产业角色各方的合作是行业发展的必然，是市场的需要、广告主的需要，也是整个价值链的需要。

### 5. 总结与启示

在智能大屏领域，用户量就是话语权，也是实现智能大屏营销的重要基础。中国移动通过终端铺设，拥有了大量的用户群体，并在此基础上与智能大屏产业各方合作，打造了"IPTV + OTT TV"的双重优势。

在价值挖掘的过程中，中国移动以内容为核心，技术为驱动，连接了营销的各个场景。一方面，中国移动借助终端构筑内容生态，收拢用户流量；另一方面，它积极布局体育等内容垂类市场，留存站内用户。依托数据、技术优势，中国移动可以实现精准定位人群，完成新颖的用户深度运营与整合营销。

面对 5G 技术的飞速发展，中国移动提出了以体验为核心的营销新理念，强调以"5G+4E"指导营销,让用户获得沉浸式品牌体验。中国移动旗下咪咕打造的"技术+内容+场景"营销新生态通过"跨屏+互动"的协同,最大化撬动了智能大屏价值。中国移动也结合自身的"专网+公网"的优势,与合作伙伴携手,发挥硬实力、提供强支撑,创建生态。

## 5.3 IPTV运营商从业者观点分享

IPTV产业进一步发展需突破四个问题:其一,播控平台需加强规范对接,加快服务转型,利用统一的平台规范强化话语权;其二,平台的技术标准不统一,播控平台与传输平台技术体系两立;其三,用户对IPTV的品牌认知不统一,用户规模和IPTV的媒体影响力不协调;其四,收视数据暂无第三方认可的行业标准,亟须建立数据标准体系。

目前,行业若想让IPTV创造更大的价值,首先需要回归家庭服务之初心,吸纳更多流量,扩大终端用户的规模和提高用户活跃度。在此基础上,行业才能深度挖掘IPTV的流量价值,实现精准营销。其中,用户数据的分析利用至关重要。但目前行业所使用的单一互联网ID认证技术需要配以具体的收视行为数据,才能更完整地还原真实收视画像,支持用户流量价值的最大化利用。

同时,围绕着家庭服务的目标,IPTV的商业模式需要从过去单一的运营商结算,衍生发展多样化的变现手段。其一,技术驱动业务多元发展,IPIV运营商要运用AI、4K/8K、5G、IoT等新技术使IPTV更加智能化,构建智慧客厅,挖掘更多商业价值。其二,IPIV运营商要搭建开放平台聚合,更多业务形态,为用户提供教育、医疗、政务等多元增值服务,开拓价值蓝海。其三,技术的发展也刺激着相应运营手段的升级,IPIV运营商要完善技术平台、提升数据能力,从内容层面挖掘真正的需求,从粗放型运营转至精细化运营,释放精准流量的价值。

——广东南方新媒体股份有限公司高级副总裁彭伟㊀

---

㊀ 全奕霖. 南方新媒体彭伟:内容和技术是IPTV发展的突破口 [EB/OL]. (2019-11-28) [2021- - ]. https://mp.weixin.qq.com/s/rSQQyUSZmlT9oYDqmIJ-zA.

## 本章小结

IPTV 运营商对 IPTV 智能大屏业务的运营仍处于初级阶段。为了发挥原有用户的价值，三大运营商多以"内容+终端"的绑定模式，提升内容优势及用户体验，以获取高黏性的用户流量，从而开展智能大屏营销业务。

但是，IPTV 运营模式主要以分省运营为主，该模式分散了广告流量，难以吸引优质广告主进行投放。所以，以中国移动为代表的运营商正在推行"整合化""融合化"的业务体系，搭建统一的数据体系支持业务经营。同时，IPTV 分省经营的模式使其能够充分渗透到下沉市场，相较于 OTT TV，拥有更立体的、多样的用户类型，可以作为企业品牌在下沉市场的发力点或作为 OTT TV 营销的补充工具进行开拓。

目前，基于多业态的服务类型，IPTV 运营商掌握了海量的用户数据，这使得它们在跨屏、程序化等方面拥有得天独厚的优势。例如，上海电信 IPTV 已经结合大数据，实现数据到"户"、精准到"人"，但相关的营销产品较少。智能大屏运营商可持续强化相关优势，强化数据优势。

另外，IPTV 运营商的广告资源较为单一、互动性不强，当前仍以曝光性的贴片广告、导航条广告为主。这一方面是由于运营商掌握的营销资源有限，另一方面是由于运营商并没有结合自身终端及网络优势，实现营销资源的创新。

IPTV 运营商拥有 PC 端、手机端、智能大屏终端等线上智能终端，同时拥有线下营业点等实体销售终端。运营商除了可以凭借大小屏互动的形式创新营销模式，也能配合多网点打造跨屏、跨域的营销服务体系，满足广告主的多样化需求。

可以说，IPTV 运营商的智能大屏盈利空间还未被充分挖掘，未来可期。

# 第 6 章
# 营销服务机构：
# 方法创新的实战派

## 本章提要

智能大屏营销市场高速发展，但依然难以吸引足够规模的广告主，那些在智能大屏营销投放方面不积极的广告主究竟有何顾虑？

营销服务商承接着广告主在智能大屏端的营销服务具体操作，作为智能大屏营销领域的创新实战派，经过多年的营销探索和经验积累，它们是如何解决广告主的需求和痛点的呢？在这个过程中，智能大屏营销方法论有了哪些升级？

以欢网科技为代表的智能大屏营销服务机构作为专业型服务机构，在流量聚合、广告资源创新开发、效果评估等方面，做出了哪些布局和优化？

秒针系统、勾正数据等数据服务商在智能大屏营销领域中的角色和地位如何？它们在数据采集管理、用户画像描摹、营销决策支持以及后链路营销效果分析等方面进行了哪些升级？

智能大屏市场能够实现快速发展，与广告主和营销服务机构的积极参与分不开。但是目前，作为智能大屏营销的关键角色的广告主，却并没有像我们想象的那样对智能大屏营销持颇为积极的态度，也未能形成足够规模。由于智能大屏营销的发展还处于探索阶段，广告主对于智能大屏的媒体价值大多抱着谨慎观望的态度。对此，接触与服务广告主最多的4A公司更容易感知到，群邑集团媒介投资总经理顾振荣就曾表示："广告主虽然很重视智能大屏，也非常认可智能大屏的价值，但目前仍存在一些顾虑，对OTT TV的投放比例仍过于保守。"[一]那么广告主究竟有什么样的顾虑？营销服务商应当如何升级智能大屏营销的策略与方法，满足广告主的智能大屏投放需求？

营销服务机构作为直接对接广告主需求的一方，它们实战经验丰富，也更容易洞察并发现广告主的投放痛点。目前，从事智能大屏营销服务的机构主要由以下几类典型角色构成：一类是电通安吉斯集团、昌荣传播等综合型媒介代理公司，一类是欢网科技等深耕智能大屏多年的专业营销服务商，还有一类是秒针系统、勾正数据等数据技术服务提供商。它们在探索中不断创新，形成了各自差异化的智能大屏营销"打法"，以吸引更多广告主参与智能大屏广告投放（见表6-1）。

表6-1　智能大屏领域的营销服务机构类型

| 机构类型 | 机构名称 | 机构优势 | 服务侧重点 |
| --- | --- | --- | --- |
| 综合型媒介代理公司 | 电通安吉斯集团、昌荣传播 | 直接对接广告主，掌握广告主大屏端的营销需求和痛点 | 规模化大屏流量，加强与大屏端广告资源方的合作，对接系统层、内容层、应用层等各类广告资源 |

---

[一] 全奕霖. 群邑顾振荣：OTT精准投放和跨屏营销大有可为 [J]. 国际品牌观察（媒介下旬刊），2020（4）：70-71.

(续)

| 机构类型 | 机构名称 | 机构优势 | 服务侧重点 |
|---|---|---|---|
| 专业大屏营销服务商 | 欢网科技、悠易互通 | 不仅掌握广告主大屏端的营销需求和痛点，还对接大屏端各类广告资源方 | 加强大屏端的流量聚合与人群数据管理；根据广告主需求，创新开发大屏营销资源 |
| 数据技术服务提供商 | 勾正数据、秒针系统 | 拥有海量大屏端用户数据和技术优势 | 通过技术手段确保大屏流量真实；精细化、标签化管理用户数据；优化数据分析能力，支持各类广告主营销决策与效果评估 |

笔者通过走访这些智能大屏营销服务机构，与一线营销从业者沟通，将广告主对智能大屏营销的关注焦点总结为三个，它们是智能大屏广告能否精准定向、广告资源能否创新、广告效果能否全面衡量。针对上述三大焦点，营销服务机构进行了大量的突破创新。

## 6.1 回应三大焦点，完善智能大屏营销方法策略

见图6-1，根据秒针系统发布的《2019电视营销新生态发展报告》，2019年广告主媒介预算分配比例中，智能大屏媒体预算占11%，位居第三。随着行业各方的持续推动，广告主对智能大屏媒体营销价值的认可度已经有所提升。

图6-1 2019年广告主媒介预算分配比例

针对广告主对智能大屏营销存在顾虑的三个关键词——流量、投放方式、效果，不同的营销服务机构有着怎样的应对之道？广告主为何更关注这三类问题？

作为营销服务机构,它们如何帮助广告主筛选出广泛且精准的人群?如何提升智能大屏营销投放效率?又如何保证智能大屏营销效果呢?

### 6.1.1　如何确保广告投放的用户"广"且"准"?

如今,广告主对智能大屏媒体所具备的用户流量价值较为认可。拥有多年大健康企业营销服务经验的营销服务机构凤翔传说第一事业部策划总监郭铁亮认为,"作为传统电视媒体智能化升级的智能大屏媒体,实际上承接了最具价值的观众群体[一]"。虽然如此,但智能大屏媒体所积累的流量规模和流量质量等问题仍是广告主较关注的问题。那么,目前智能大屏所覆盖的流量规模如何?智能大屏流量覆盖人群的"广度"和"精度"如何保证?

**1. 加强渠道铺设,提升流量规模**

截至 2019 年年底,中国电视用户规模见图 6-2。

图 6-2　截至 2019 年年底中国电视用户规模

(来源:奥维互娱)

具备一定的流量规模基础是开展智能大屏营销的前提。南方新媒体高级副总裁彭伟认为:"(智能大屏流量变现)首先要有终端用户的规模、用户的访问,

---

[一]　刘晓. 凤翔传说郭铁亮:可信度是大屏媒体的核心价值 [EB/OL]. (2019-12-18) [2021-2-16]. https://mp.weixin.qq.com/s/dbU59pdJK-SkiyJ1r-eUxA.

没有这些流量做基础,其余的产品都是空的"。㊀当前,智能大屏覆盖用户广泛,但由于信源方式不同且终端产品品牌多元,用户流量较为分散,这就为广告主进行智能大屏营销提出了难题。对此,营销服务机构是如何通过各种渠道聚合流量的呢?

首先,最为直接的方式是加强与终端厂商的合作。如今,智能大屏营销服务商已经深刻意识到这一点,开始加强与不同品牌智能大屏终端厂商的合作以覆盖不同层级的用户群体,获取大规模、多层级的用户。例如,2017 年,蓝色光标就与海信、创维、康佳等 7 大主流终端厂商达成合作,积累了一定规模的用户数量。深耕智能大屏营销领域多年的欢网科技则将终端厂商分为外资品牌、国产品牌以及互联网品牌三类,以此覆盖高端小资、年轻高知等不同层级的用户群体,实现多层次流量覆盖。欢网科技官方数据显示,在智能电视/OTT TV 市场,截至 2020 年 8 月,欢网科技的平台已连接的智能终端突破 1 亿台。

值得一提的是,随着下沉市场成为广告主营销布局的重点,营销服务机构也开始重视下沉市场的流量积累。在三四线城市拥有一定用户流量基础的 IPTV 由此成为布局重点。智能大屏营销服务机构在强化与终端厂商合作的同时,将 IPTV 运营商纳入合作范围内。如欢网科技采用"OTT TV + IPTV + DVB"的三维布局模式,与 25 个区域的电信运营商和 21 个区域的广电运营商展开了合作,实现不同地域用户流量的覆盖。昌荣传播战略项目发展部策划总监许维新认为:"整个智能大屏体系中,有一个不能忽略的领域就是 IPTV。但它因为地方广电及运营商二级播控,会涉及一部分利益冲突。如果 IPTV 能够真正整合到一起,将是一个不容忽视的体量㊀",此外,他还提到昌荣传播在 2020 年将利用 IPTV 补充下沉市场,预计"OTT TV + IPTV"联合可覆盖到 80% 的用户流量。

---

㊀ 全奕霖. 南方新媒体彭伟:内容和技术是 IPTV 发展的突破口 [EB/OL]. (2019 - 11 - 28) [2021 - 2 - 16]. https://mp.weixin.qq.com/s/rSQQyUSZmlT9oYDqmIJ - zA.

㊁ 全奕霖. 昌荣传媒许维新:内容 + 创意 + 数据,多方合作让智能大屏营销告别 "小" 时代 [J]. 国际品牌观察(媒介下旬刊),2020(10):74 - 75.

## 2. TH 与 TA 标签升级，确保流量质量

智能大屏用户流量规模的提升，一定程度上为广告主开展智能大屏营销投放增强了信心。然而，对于熟悉并习惯开展线上数字营销的广告主而言，智能大屏流量能否支撑其实现精准营销又成为新问题。这就对营销服务机构基于用户标签数据管理把控智能大屏流量质量提出了更高要求。结合广告主对智能大屏营销的实际需求，可以将营销服务机构的标签数据管理分为两方面：一是 TH 标签管理，即能否精准触达目标家庭；二是 TA 标签管理，即能否精准触达目标个人。

实际上，触达家庭用户、确保家庭用户流量质量是智能大屏营销的独特价值。很多营销服务机构已经实现对家庭用户流量的精细化运作，推动智能大屏营销实现对家庭用户的精准触达。这直接表现在营销服务机构打破智能大屏端数据局限，充分吸纳其他设备数据、商品消费数据等数据资源，拓宽 TH 标签维度，并针对广告主所圈定的家庭用户进行后续分析洞察，提升智能大屏家庭用户流量质量。

如专注于智能大屏领域的大数据技术和应用服务商奥维云网曾提出"物、屋、人"的数据资源概念，通过电视端 SDK、数据合作与购买、市场调查等方式，有效采集与"物"相关的智能家电零售数据、与"屋"相关的房屋室内精装数据、与"人"相关的行为数据和门店数据等，并整合运营数据、行为数据、交易数据、交互数据，构建多维 TH 标签体系，助力精准描绘家庭用户画像。

勾正数据则基于电视端 APK 采集用户全流程追踪数据，并与外部数据结合，升级其家庭标签体系。该标签体系包括人群属性，如家庭消费力、生命周期、位置信息等；消费行为，如智能家居、汽车、美妆、日化等；内容广告特征，如综艺、时政、体育、电视剧等；使用行为，如开机频次、观看时长、收视时段等。勾正数据同时为广告主提供 ID 筛选、标签筛选、历史人群筛选三种人群选择方式，对筛选后的人群进行收视行为、偏好内容、属性特征的深入洞察，助力广告主精准聚焦家庭用户。

除家庭用户流量外，智能大屏终端屏幕前的每位用户个人的流量价值的开发利用也是当前智能大屏营销正在解决的问题。在拥有各年龄层的家庭用户当中，

锁定屏前某个用户的基本特征、内容偏好、观看行为等成为当前业内的一大难题。对此，营销服务机构是如何解决的呢？

得益于移动端数据采集技术和方法的不断成熟，营销服务机构大都选择借助移动智能终端的个人数据与智能大屏数据进行同源匹配，从而实现跨屏同源数据打通。如欢网科技就与多家 4A 公司的广告营销平台进行数据整合和挖掘，通过不同设备在同一局域网登录、以及同一 Wi-Fi 接入等方式，找到同源 IP，从而实现不同数据系统的数据对接，并在此基础上对终端所属关系进行映射，通过多重数据识别目标用户，支持跨终端投放。尼尔森网联则利用智能电视 SDK 2.0 技术，通过对 MAC 地址（Media Access Control Address，局域网地址）追踪，与内容数据、用户社交行为数据、电商消费数据进行匹配，保证个人数据多样化、全面化。

### 6.1.2 如何提升广告服务的创新能力，用数据支撑营销决策？

传统电视广告投放形式较为单一，使得广告主的广告信息触达人群的方式稍显简单粗暴。针对智能大屏，营销服务机构在丰富营销形态上进行了哪些创新？营销过程是否已实现了营销决策的程序化操作？围绕着智能大屏营销资源创新和广告营销投放模式升级这两方面，营销服务机构不断强化服务能力，借助自身数据、技术优势，试图解决广告主"投什么""怎么投"的问题。

**1. 推动营销资源创新，满足多元投放需求**

秒针系统发布的《2019 电视营销新生态发展报告》显示，广告主投放最多的三种智能大屏广告形式分别是贴片广告、开机广告和暂停广告。其中，选择贴片广告的广告主占比为 83.3%，选择开机广告的广告主占比为 69.4%。广告主智能大屏营销投放形式较为集中。随着技术的不断成熟演变，仍有许多广告形式未能被真正发掘。对此，营销服务机构进行了大量的创新升级。

其一，推动行业合作，丰富常规营销资源的种类和形式，并升级已有营销资源。鉴于目前智能大屏营销资源相比移动端及 PC 端来说仍较为有限，营销服务机构不得不更加积极地推动智能大屏行业营销资源形态的创新。

一方面，营销服务机构对开机、贴片等已有的广告形态进行创新升级。如部分营销服务机构与合作方开发了将开机与首页加载运行页面进行动态结合的升级版"15s+5s"创意开机广告。昌荣传播战略项目发展部策划总监许维新认为："2019年下半年开始，大家都在做'15s+5s'的开机广告，把一些创意与首页加载页面融合，这部分对多数广告主来说具有一定吸引力。"

另一方面，营销服务机构开展多方合作，积极探索并推动创新资源的开发落地，开发出了如全景互动海报、互动弹窗、互动专区等丰富的互动广告创新形态；再如，利用语音、人脸识别技术，对智能大屏端内容进行人物或场景识别，从而投放相匹配的广告素材的AI场景营销等。值得一提的是，营销服务机构在AI技术与智能大屏广告营销结合的探索中，表现出较高积极性，主动与技术公司寻求合作。如欢网科技与科大讯飞达成合作，通过图像识别、人脸识别、语音识别，实现节目、明星、语音关键词三维定向广告推送，发挥明星与IP营销价值，直击用户兴趣点。

其二，根据广告主需求，开发定制广告容器。如欢网科技与药企华润三九的合作中，欢网科技根据品牌方想要体现人文关怀的营销诉求，为其定制了品牌天气预报提醒和儿童频道的品牌定时提醒。同时，在此次营销活动中，当父母解锁儿童频道定时提醒时又可实现品牌二次触达，让家庭人群中的父母和儿童都可以在界面提醒中感受到品牌的温暖关怀。

### 2. 升级广告营销投放模式，推进智能大屏营销程序化

除了满足广告主对智能大屏营销资源的需求，营销服务机构还须进一步解决智能大屏营销的投放落地问题，即帮助广告主完成智能大屏营销投放的具体操作。

首先，营销资源的扩充的确为广告主提供了更多投放选择，但也导致一些广告主不知该"如何选"。为此，营销服务商从广告主需求出发，提供了三种主流

---

⊖ 全奕霖.昌荣传媒许维新：内容+创意+数据，多方合作让智能大屏营销告别"小"时代[J].国际品牌观察（媒介下旬刊），2020（10）：74-75.

投放模式。

其一，按照人群投放，提供以目标人群为核心的定向投放服务。如欢网科技成立了受众购买与运营中心（Audience Buy Center），为广告主提供四种人群精准投放模式，包括社群投放，即根据自定义的 6 大社群和上千用户标签进行选择投放；区域投放，即分省市进行局域化覆盖；高端人群投放，如 65 寸智能大屏多个品牌的终端通投，智能大屏的付费用户定向投放；定制化人群投放，即根据广告主需要的人群标签，定制筛选人群包并验证后投放等。

其二，按照场景跨终端投放。WPP 中国首席执行官、群邑（中国大陆、香港和台湾地区）首席执行官徐俊在"跨屏新'视'代——媒介联投趋势分享会"上表示："后疫情时期，OTT TV 及长视频流量增长显著，跨场景跨屏幕的营销价值再次成为品牌主关注的焦点。"营销服务机构从跨媒体组合的角度出发，为广告主提供以数据为支撑的媒体评估和媒介组合优化服务。具体有三种实现方式：一是跨不同信源，如欢网科技可实现跨 OTT TV、IPTV、DVB 三种信源的营销服务，为广告主提供三种信源背后不同的用户覆盖；二是跨不同屏幕，如悠易互通就基于 YOYI 跨屏技术在服务卡塔尔航空时提供了"移动 + OTT TV + DOOH"跨屏营销服务，进行跨屏人群定位及营销全程优化；三是跨场景，如昌荣传播在为汽车之家提供的多场景组合投放中，通过 OTT TV 15 秒开机广告和 CCTV-5 广告进行线上品牌曝光，增强品牌公信力，线下通过著名赛事、品牌车展等场景进行品牌露出，实现线上线下场景联动，互相引流。

其三，从内容营销角度出发，捆绑 IP 内容资源进行广告投放。例如，昌荣传播通过引进独家版权，汇聚大量独家头部动漫教育资源，与五大主流 OTT TV 平台共同创立昌荣少儿频道，并将金鹰卡通直播节目冠名权与 OTT TV 端打通联合售卖。欢网科技则整合体育 IP 资源，上线智能大屏端应用"热血体育"，为广告主提供频道栏目、换肤等定制服务，同时与多家电视台合作，通过联合招商模式，降低广告主智能大屏投放门槛。

其次，基于数据技术的营销投放决策，是提升投放效率的重要因素。伴随着移动端程序化广告的普及应用，智能大屏端的广告程序化进展如何？

我们发现，智能大屏端的广告程序化布局已经得到普遍应用。一方面，以 4A 公司为代表的营销服务机构，正持续将智能大屏媒体资源纳入现有视频类广告程序化营销资源体系中。如根据电通安吉斯集团数据，电通安吉斯集团在 2018 年成立程序化团队，并基于旗下程序化广告投放平台 Capper 与营销数据中台 M1，与 BAT 建立全球战略合作伙伴关系，整合头部视频平台媒体资源，实现了 1047 万 OTT TV 设备、666 万 PC 设备和 5437 万移动端设备的覆盖，日均流量达到 30 亿㊀。

在整合智能大屏营销资源的基础上，营销服务机构也在不断提升智能大屏营销程序化投放能力。比如，欢网科技与 CSM 合作推出收视率分析系统 CSM - Huan，强化了广告营销的实时程序化投放能力。该系统可通过频道或节目的竞争分析、用户流动分析、收视盘点等实时捕捉收视冠军，让广告主实时定向投放热门 IP 内容。

此外，营销服务机构在智能大屏营销程序化推进方面已经可以实现针对未触达用户进行程序化补投。如勾正数据自建的 CHMP 可基于投放后的数据分析和人群洞察来追踪未触达的用户群体，洞察其所集中的媒体类型，为跨屏补投提供决策依据。

### 6.1.3 如何保证全面、真实的智能大屏营销效果评估？

对于智能大屏的营销效果，群邑集团媒介投资总经理顾振荣认为："智能大屏程序化以及第三方监测的更加成熟会逐渐打消广告主的顾虑。"㊁的确，在智能大屏营销程序化的发展进程中，投放效果监测与评估体系的成熟至关重要。

**1. 触达精准度与后续转化效果成评估主要依据**

提及效果评估，为智能大屏广告营销提供决策支持的数据服务机构更有切身

---

㊀ 杨雅坤. 电通安吉斯苏永刚：大屏媒体将成为营销方案的重要组成部分 [J]. 国际品牌观察（媒介下旬刊），2020（9）：66-67.

㊁ 全奕霖. 群邑顾振荣：家庭场景下 OTT 精准投放和跨屏营销大有可为 [J]. 国际品牌观察（媒介下旬刊），2020（4）：70-71.

感受。勾正数据广告和媒体事业部副总经理陈正轩曾表示，"广告主对智能大屏营销表现出的顾虑之一在于广告效果如何衡量"。㊀ 不可否认，目前智能大屏营销的效果评估仍存在一定局限，用户观看广告后的行为轨迹较难追踪。沿用移动端的效果广告投放经验，广告主对智能大屏效果评估有两大集中需求：一是人群触达是否足够精准，二是营销后续转化效果如何。

在用户触达效果上，如何核验智能大屏广告触达人群是否符合广告主的营销预期呢？对此，营销服务机构将 TA 浓度检验列为衡量人群触达精准度的重要指标。电通安吉斯集团程序化北京总经理苏永刚表示，"TA 浓度指标肯定是要的，因为给无效的人投，就是浪费他们（广告主）的预算"。㊁

实际操作中，多数营销服务机构通过与第三方监测机构合作，在广告投放完成后向用户发放问卷并收集问卷反馈，再由监测机构校验目标人群占广告曝光人群的比例，为广告主提供较为真实的 TA 浓度检验。如欢网科技在与某母婴品牌的合作中，向已定向投放的家庭终端推送"千屏千面"的二维码，利用抽奖激励用户扫码参与问卷调查，配合第三方监测公司的数据统计，统计内容包括二维码曝光数、累计终端数和回传问卷的手机设备号等，欢网科技将问卷结果数据和设备终端进行匹配，并根据问卷回答来校对核验是否为目标人群。

在后续转化效果上，营销服务机构则基于跨屏同源的数据打通，识别同一家庭场景下的不同类型终端，追踪其用户行为，从而洞察智能大屏用户观看广告的后续行为路径。以勾正数据为例，其提出跨屏同源设备标识体系 CHID，精准锁定智能大屏用户的移动端设备 ID，追踪其在移动端上的浏览、购买等一系列行为。

## 2. 流量监测与设备过滤以规避流量造假

当前，智能大屏营销领域由于监管力度较低、行业参与机构较多，滋生了一

---

㊀ 杨雅坤. 勾正数据陈正轩：智慧屏营销是"人"的回归 [J]. 国际品牌观察（媒介下旬刊），2020（9）：73 - 74.

㊁ 杨雅坤. 电通安吉斯苏永刚：大屏媒体将成为营销方案的重要组成部分 [J]. 国际品牌观察（媒介下旬刊），2020（9）：66 - 67.

些行业问题，典型的问题便是虚假流量。根据《2019电视营销新生态发展报告》，2019年1~5月，智能电视异常流量占比为12%，其中设备异常为最主要的类型。对此，营销服务机构在智能大屏媒体监测手段上有哪些升级？样本库内的异常数据又是如何被过滤的呢？

首先，营销服务机构采用了新的智能大屏营销监测模式，确保终端流量的真实性。目前智能大屏行业内采用的更多是S2S（Server to Server）监测模式，即真实完整的数据先传输至终端方，再由终端方发送给第三方监测机构，两次数据回传中存在一定造假空间。对此，营销服务机构为保证监测数据的真实和安全，借鉴移动端C2S（Client to Server）监测模式，即与家庭用户签订协议，将用户端数据直接发送至第三方监测机构。勾正数据便是采用C2S监测模式，在样本库中的每个智能大屏终端底层植入应用程序，终端启动后，便利用自身监测代码自动收集数据，保证每个智能大屏样本数据的真实性。

其次，针对已经录入设备库中的异常设备数据，营销服务机构如何识别并过滤呢？许多营销服务机构会通过技术应用和验证模型，或是与终端方合作，验证终端的真实性，用不断更新设备库的方式过滤虚假终端。例如，秒针系统基于全网监测数据，通过真实设备的样本训练和机器学习，提取异常特征，实现异常流量的自动识别，并与多家厂商合作更新样本库，确保设备真实有效。另外，CSM也通过和终端方合作，收集已经出厂的终端设备的物理地址等独立标识进行认证，判断终端是否真正被使用。基于此，CSM可以向合作方提供可以投放广告的真实终端，以此改变行业造假现象。

针对虚假流量，一些营销服务机构还选择主动参与构建行业标准，推动行业数据规范的建立。2019年1月，国双参与了中国首个针对OTT TV广告市场监测标准《MMA中国无线营销联盟OTT广告监测标准》的建立，该标准可以通过统一OTT TV广告监测的度量单位、规范数据传输、为OTT TV广告效果评估提供更加有效的依据，激励OTT TV营销行业的发展。

### 6.1.4 结语

目前，智能大屏行业发展势头迅猛，但问题也不断凸显。不可否认，营销服务机构在解决智能大屏营销痛点上做出了诸多努力,并一直秉持乐观心态对待行业发展困境,时刻体现着其专业程度和服务能力。但是,智能大屏营销行业仍未发展成熟,距离行业规范化有一定距离,采买模式、评估方法、数据透明、价格规范等行业问题仍待解决,各类营销服务机构更需要以开放包容的心态联合起来,共同推动智能大屏营销的发展。相信未来的智能大屏广告生态将呈现出愈发良性健康的发展态势,释放智能大屏营销价值。

## 6.2 营销服务机构案例剖析

深入了解智能大屏营销服务机构的业务实践后,不难发现,其中有许多代表性机构在营销理念的创新和探索方面值得行业借鉴和学习。智能大屏营销服务机构作为智能大屏营销的实战派,其营销理念的升级、实操策略的优化、服务能力的锻造都将大大提升智能大屏营销市场的成熟度。为此,我们筛选了深耕智能大屏营销领域多年、中国境内最大的智能电视服务商欢网科技,国内第一家以家庭数据为核心驱动场景营销的大数据公司勾正数据,助力推动行业标准建立、提供智能大屏营销新风向的秒针系统作为代表性机构,对它们的智能大屏营销业务布局特色进行解读。

### 6.2.1 欢网科技:深耕终端流量,探索广告资源蓝海

**案例看点**

- 欢网科技作为智能大屏领域的代表性营销服务机构,其在大屏营销行业占据怎样的地位?目前其业务所覆盖的智能大屏流量规模如何?
- 由于信源和终端品牌的差异,智能大屏流量规模虽大却散。对此,欢网科技是如何聚合大屏流量,挖掘用户数据价值的?
- 智能大屏营销资源蓝海有待开发。欢网科技应如何开发出创新型的大屏端广告容器?如何满足广告主精准触达、定制化营销等多元营销需求?

2009 年 12 月，终端厂商巨头 TCL 集团和长虹集团携手宽带资本和腾讯投资成立了广州欢网科技有限责任公司（简称"欢网科技"），从事智能大屏运营及营销服务。经过十余年在智能大屏领域的探索，欢网科技目前的智能大屏用户流量规模如何？其所积累的数据、技术在支持营销决策的过程中起到了哪些作用？广告资源的创新有何实质进展？针对广告主需求的营销模式有了哪些升级？

### 1. 多渠道流量聚合，挖掘"用户+内容"数据价值以支持营销决策

智能大屏用户流量的聚合，是提供营销服务的基础。对广告主而言，智能大屏用户流量规模虽大，但较为分散，这使广告主选择投放智能大屏广告的效率大大降低。如何有效地聚合流量？如何通过流量背后的数据积累支持营销决策？这两个问题是广告主选择智能大屏时普遍存在的顾虑。

（1）多终端及信号源接入，拓宽用户流量规模

在流量入口的布局方面，欢网科技从用户使用的不同终端品牌和接入的不同信号源两方面入手，不断扩大用户流量覆盖面。

其一，欢网科技与不同类型的终端厂商合作，覆盖了不同消费层级人群。欢网科技将其合作的终端厂商分为三类：东芝、三洋等外资高端品牌，用户多为高端小资家庭，消费力强劲；TCL、长虹、海尔等国民品牌，用户所在区域较为下沉；暴风、风行网等互联网新锐品牌，用户多为年轻高知的新消费群体。

其二，通过"OTT TV + IPTV + DVB"三维布局，欢网科技将自主开发的智能大屏端应用产品作为用户流量入口，保证不同信号源用户的覆盖。根据欢网科技官方数据，欢网科技开发的智能大屏端应用产品包括欢视商店、欢视助手、乐学教育等，已覆盖 30 多个区域的电信运营商、广电运营商。截至 2020 年 7 月底，欢网平台及业务系统独家接入并运营的智能大屏终端突破 1 亿台，实现了较大规模的用户流量覆盖，为其营销服务提供了强有力支撑。

（2）广泛数据合作，自研数据工具，提供营销决策支持

在智能大屏端的数据收集和分析方面，欢网科技自建了 DMP，其中包括三种数据来源：业务系统积累的 OTT TV 大数据、第三方合作机构的数据以及广告

主投放数据。这三种数据源的融合积累构成了庞大的数据体系，为欢网科技后续的营销分析服务提供了更高的可信度支持。欢网科技基于目前的数据体系，从用户和内容两个角度分别研发出数据工具，为广告主提供更为便捷的营销决策支持。

例如，欢网科技推出了提供用户行为分析的"TV-ZONE"智能电视精分系统，可帮助广告主全面追踪屏前用户的行为路径，构建出以人群属性、兴趣偏好、消费层级为核心的用户画像，并可以在此基础上洞察用户对不同类型的内容偏好，从而指导广告投放策略。另外，该系统升级后还可支持人群分层洞察，做到对重点收视人群的内容需求把握。其中，该系统推出的分人群洞察功能可支持智能大屏新生代、"银发一族"等重点人群收视数据榜单，分析用户内容偏好与观看差异。再如，欢网科技与CSM联合推出收视率分析系统CSM-huan，该系统可通过实时更新和预测收视数据，帮助广告主了解实时热门IP内容，为IP内容定向投放服务提供有力的数据支撑。另外，通过内容观看行为、收视等数据辅助，广告主可实时衡量电视媒体的营销价值，进行广告投放决策。

**2. 积极探索营销资源蓝海，提供多元营销解决方案**

作为专业的智能大屏营销服务机构，欢网科技如何为广告主提供更契合营销需求的服务是重点。这背后不仅需要欢网科技具备丰富的广告营销资源，还需要具备更多元化、差异化的营销模式满足不同广告主需求。

（1）紧密联系终端厂商，保证广告资源的顺利对接和开发

作为前端对接广告主需求的营销服务机构，欢网科技比终端厂商更了解广告主痛点。并且在TCL和长虹集团的终端业务生态支持下，欢网科技在智能大屏营销资源方面优势明显。因此，欢网科技颇为重视与终端厂商的合作，进行广告容器的开发。这其中，负责TCL广告资源开发的雷鸟科技便是与欢网科技保持紧密合作的代表之一。雷鸟科技中国业务部总监孙冰表示，"欢网科技是前端，主要对接企业品牌的各项需求。雷鸟科技将基于产品与技术优势，针对品牌主需求进

行广告容器的开发"。⊖

（2）内容和技术双重布局，挖掘智能大屏营销资源蓝海

智能大屏端所面临的一种尴尬在于，目前已在使用的智能大屏广告仅占10%左右，剩余90%左右的营销价值还有待挖掘。对此，欢网科技首先保证基础广告资源的布局，设置了从用户开机到关机全链路广告触点，包括开机广告、暂停广告、贴片广告等，实现用户全链路的品牌触达。

其次，欢网科技布局三种IP资源，让广告主得以借助热门内容实现营销触达。

在内容IP上，欢网科技推出了智能大屏领域的内容营销入口级广告产品——IP直通车，基于欢网与头部卫视平台及优质内容平台的深度合作，将头部卫视及内容平台的爆款IP与OTT TV大屏进行有机结合，通过智能大屏全链路广告资源与技术支持创新营销。在与欢网科技的沟通中，我们了解到欢网IP直通车有三个方面的优势：一是直播点播同屏锁定智能大屏终端入口，不遗漏任何收视行为群体；二是实现智能大屏端最具性价比的热门IP关联内容营销；三是兼具传统电视直播端内容营销的关注度与智能大屏营销的互动性、创新性。

在活动IP上，欢网科技利用活动本身具有强互动性特点，增强品牌在互动中的用户记忆度。根据欢网科技官方数据，其品牌活动"国民宝贝大赛"在2020年春节期间推出的"品牌红包""春晚时钟"等创新广告形式，收获14万参与人数，帮助广告主实现品牌效益的进一步扩大。

另外，欢网科技还升级了已有广告资源，并努力推动创新型营销资源开发。欢网科技开发了升级版"15s+5s"创意开机广告，将开机与首页系统登录页面进行动态结合，得到许多广告主的青睐。在推动创新形态的营销资源开发上，欢网科技注重技术的融合和用户体验的提升。例如，全景互动海报、互动弹窗、互动专区等交互形态广告，增加用户接受广告的趣味性和新鲜感；利用语音、人脸

---

⊖ 刘晓. 优化用户体验，发力大屏营销——专访雷鸟科技中国业务部总监孙冰[J]. 国际品牌观察（媒介下旬刊），2020（1）：70-71.

识别技术，对智能大屏播放内容进行人物或场景识别，从而投放于至相匹配的广告素材的 AI 场景营销，将品牌与观看内容实现深度结合等。

（3）营销模式升级，结合客户痛点提供解决方案

在营销模式上，欢网科技针对广告主和电视媒体的营销痛点，提出了相应的解决方案。对广告主来说，智能大屏端的精准营销和营销效果策略是其面临的两个主要痛点；对电视媒体来说，智能大屏端的内容导流和用户运营受限于技术问题难以实现。

从广告主的痛点出发，欢网科技一方面提出人群定向模式的投放服务，实现屏前用户的精准触达。基于其搭建的受众购买与运营中心（Audience Buy Center），欢网科技通过人群识别与画像、受众与媒体实时洞察、媒介资源选择与聚合、投放执行策略优化四种能力，可实现指定社群投放、区域投放、高端人群定向投放以及定制化人群投放。在保证精准营销的效果方面，欢网科技引入了 TA 浓度检验，向已定向投放广告的家庭推送"千屏千面"的二维码，从而验证实际投放人群中目标人群的占比。另一方面，欢网科技提出效果导向模式的营销服务，在智能大屏端实现品效合一。其通过打通同屏、跨屏以及线下多个购物通路，助力广告主提升营销购买转化。其服务具体包括利用观看场景实现引流的电视购物平台"选好购"、通过大小屏设备同源抓取并进行广告投放的 OTT TV "跨屏购"、利用线上营销资源引流至线下活动的 IPTV 区域营销等。

从电视媒体的大屏落地痛点出发，欢网科技推出了"欢视听"产品。针对电视媒体的内容与有观看需求的用户匹配效率低的问题，欢网科技开发了"导视三工具"，有效解决电视媒体"内容找人"的难题，助力收视优化。此工具具体包括三种模式。其一，用户与内容深度捆绑的"约会模式"，即欢网科技"欢视听"可通过智能大屏端提醒用户精彩节目内容，用户一键预约后，在节目开播前可实现智能大屏与智能手机双端提醒。其二，"迷茫时刻"的"我帮你选"模式。该模式将主界面停留选择时刻、退出指定应用时刻、切换直点播信源时刻等定义为"迷茫时刻"，针对处于此时刻的用户适时推荐节目内容，提升用户智能大屏端的观看时长。其三，观看场景下的 AI 推荐模式。欢网科技引入了科大讯

飞 AI 识别技术，可迅速识别出用户正在观看的明星或语音关键词，推荐相应节目，依靠用户兴趣进行有效内容引导。

另一方面，欢网科技"欢视听"针对用户"看完即走"的特点，帮助电视媒体开辟频道专区，搭建专属私域流量阵地，深度运营粉丝用户。其服务包括提供节目内容相关的基础服务，即在提供原本的节目、影视播出信息基础上，专区内可增加周边花絮、短视频等内容，满足观众多样化的观看需求；也包括频道粉丝相关的工具服务，即提供粉丝关注和福利发送服务，将节目观众转化为专区粉丝，并利用福利刺激用户活跃；也包括增值运营服务，即专区可通过搭建线上线下的购物通路，实现用户向消费者的转变。

除此之外，智能大屏营销形式单一问题，是广告主和电视媒体共同的痛点。于广告主而言，营销形式老套，用户专注度不高，自然会影响传播效果；于电视媒体而言，营销资源创新度不够，难以吸引品牌投放，从而限制其广告营收空间。

为此，欢网科技"欢视听"推出"广告四大模块"，既帮助电视媒体基于多元化的广告容器实现 IP 资源变现，又为广告主提供触达消费者的新选择。其模块包括四种营销模式。其一，"心动"场景。借助科大讯飞的 AI 人脸和语音识别技术，"欢视听"结合电视台 IP 内容定向推送广告素材，提升用户对广告内容的接受度和好感度。其二，"迎客"场景。"欢视听"针对"迷茫时刻"的用户设置了导视广告资源，让品牌化身"内容推荐官"，与电视台 IP 进行深度捆绑，强化品牌记忆与好感度。其三，"包圆"营销。"欢视听"基于欢网科技的数据洞察能力，可实时捕捉收视冠军，并通过内容的流动、收视、竞争等分析追踪最火 IP，直观呈现电视台火爆 IP 的营销价值。其四，"有效"营销。欢网科技可通过 AI 识别电视端正在播放的广告内容，在右下角弹出对应品牌广告，引导用户使用遥控器一键加购，方便且快捷地完成品效合一的营销闭环。

### 3. 坚持开放包容的合作心态，持续创新求变

作为致力于智能大屏营销的营销服务机构，欢网科技一方面保持开放、包容的心态，与产业链众多角色广泛合作，努力寻求生态共赢；另一方面仍在积极探

索智能大屏营销领域的新风向，主动为行业修桥铺路。

（1）保持开放、包容心态，实现生态共赢

基于推动行业共赢、扩大智能大屏生态的目标，欢网科技提出了联合招商策略，期望能降低智能大屏广告的投放门槛，让更多中小广告主有入局机会，激发行业活力。因为，以往智能大屏广告的投放门槛较高，许多中小广告主受到预算限制无法参与，一定程度上影响了行业参与者的丰富度。而联合招商策略的提出，让小型广告主也可以实现与大 IP 的同框。

欢网科技与众多产业角色组建联盟，推动业内资源的互通。早在 2017 年 5 月，欢网科技便联合 CSM、CTR、勾正数据等机构共同组建了智能电视大数据联盟，推进智能大屏数据的互通与集结，并共同建立了统一规范的智能电视广告监测系统和广告效果评估体系。2019 年 10 月 25 日，欢网科技联手科大讯飞、微视新媒体、勾正数据、奥维互娱共同发布了智能电视 AI 营销联盟，实现媒体方、技术方、资源运营方和数据方的强强联盟，共同推动 AI 技术赋能智能大屏营销。

（2）探索智能大屏营销新风向，用"科技 + IP"为行业修桥铺路

在未来发展方向的探索中，欢网科技坚持求新求变，积极探索智能大屏营销新风向。对欢网科技来说，内容是桥，科技是路，只有不断地修桥铺路，才能带动整个行业的蓬勃发展。在内容布局层面，目前欢网科技所推出的"欢视听"产品已基本实现与湖南卫视、江苏卫视等头部卫视频道深度合作，把不断增加的智能大屏流量与爆款内容相结合，创造更多营销价值。在技术引入层面，欢网科技也在做智能大屏 AI 场景营销的积极实践者，将技术与智能大屏观看场景深入结合，为广告主提供更多营销资源。在欢网科技官方微信推文中，欢网科技 CEO 吴盛刚有这样的描述，"我们希望通过修桥铺路，把村庄变成像乌镇的状态，让生活在里面的每一个村民都具备千万身家，这种状态是对这个行业最大的贡献，也是未来几年欢网科技活下去的必经之路"。

## 4. 总结与启示

欢网科技于 2009 年成立，由 TCL 集团、长虹集团、宽带资本等投资，是智

能大屏行业的"资深老兵",专注智能大屏运营及营销服务。欢网科技多年深耕,积累了1亿家庭智能大屏终端的流量规模。凭借着在智能大屏领域近十年的打磨和努力,欢网科技不断发掘行业和用户需求,强化入口、流量、数据三大方面的基础能力,形成了用户规模、广告产品体系、第三方监测标准等竞争优势,成为智能大屏营销的第一平台。

## 6.2.2 勾正数据:用数据技术辅助营销科学决策

### 案例看点

- 勾正数据作为第三方数据服务机构,其在智能大屏领域的数据覆盖规模如何?其基于数据挖掘技术的数据服务模式有何特色?其如何解决行业内各方的数据需求?
- 在跨屏同源数据的真实采集方面,如何规避流量造假问题?从个人到家庭的用户数据如何实现打通和同源匹配?
- 基于数据积累和分析能力,勾正数据推出了哪些数据产品支撑营销决策?对勾正数据而言,营销投放前的媒介组合优化、投放中的精准人群触达具体如何实现?
- 智能大屏广告效果评估大都局限在触达类的指标,后续的转化效果是否可以被有效测量?勾正数据在大屏广告后链路分析中做出了哪些尝试和优化?

2014年成立的勾正数据,可谓是智能大屏行业的新生力量。基于行业第三方数据服务机构的角色定位,勾正数据一方面注重屏前用户的数据收集、管理,为广告主呈现从个人到家庭的用户画像;另一方面利用大数据驱动营销产品的开发,给予广告主营销全流程的服务支持。目前,勾正数据官网显示,勾正数据已覆盖智能电视终端1.4亿,OTT TV盒子3000万台,有效覆盖1.49亿家庭。那么,勾正数据的数据技术运用在了智能大屏营销领域的哪些方面?广告主对于智能大屏营销精准度的担忧能否得到解决?勾正数据在营销效果评估层面又做了哪些升级?

## 1. 跨屏同源数据的真实采集，建立从个人到家庭的用户画像

作为数据服务机构，勾正数据在数据采集和管理上积极突破。于广告主而言，一方面，智能大屏流量的真实性仍是目前行业需要解决的问题；另一方面，个人和家庭用户画像作为筛选营销目标的重要参考，需要不断完善细分指标，保证智能大屏端的精准触达。对此，勾正数据为保证流量真实性，搭建了个人和家庭的用户画像标签体系。

（1）用户全流程数据的真实追踪，实现用户跨屏数据采集

在跨屏同源数据采集上，勾正数据一方面努力保证智能大屏样本库的真实性，针对屏前用户行为进行全流程数据追踪，另一方面建立了跨屏同源的唯一标识，实现用户跨屏数据打通和匹配。

基于智能大屏行业流量造假的现象，勾正数据借鉴移动端 C2S 监测模式，即与家庭用户签订协议，用户端数据可直接发送至第三方数据监测机构的服务器。第三方数据监测机构可以通过在智能电视底层植入 APK，利用自身监测代码进行全流程的数据追踪，包括直点播信源切换、系统页面操作、节目选择、点播暂停等用户行为，保证智能大屏样本库的真实性，杜绝流量造假可能。

在采集智能大屏数据后，勾正数据利用家庭物联网，建立跨屏同源唯一标识 CHID，精准锁定正在收看内容的移动端设备 ID，从而确定跨屏同源用户。此举措突破了多屏间的关联难题，可以向广告主呈现更加完整的用户画像。

（2）构建个人和家庭用户画像体系，帮助筛选目标人群

勾正数据广告和媒体事业部副总经理陈正轩曾表示，"广告主和 4A 公司的需求比较一致，他们会想知道这块屏幕到底覆盖多少人，人均消费时长如何，哪一类型的广告更适合，消费者更加喜爱哪一类广告"。[一] 基于跨屏同源的数据采集，勾正数据建立了个人和家庭的用户画像体系，帮助广告主清晰描述出目标人

---

[一] 杨雅坤. 勾正数据陈正轩：智慧屏营销是"人"的回归 [J]. 国际品牌观察（媒介下旬刊），2020（9）：73-74.

群特征，从而筛选出广告主所需的目标人群，做到精准触达。

从个人用户标签来讲，勾正数据建立了一套包含 3000 多个数据指标的标签体系，实现了多元化、全方位的用户洞察。例如，终端行为包括品牌、电视依赖度、收视时段等；直播行为包括央视、卫视、演员、导演等；应用行为包括视频、游戏、生活、教育……除此之外，还包括人群属性、广告行为、互联行为、订购行为等共 10 大类标签。

从家庭用户标签来讲，勾正数据基于自身数据库以及外部合作数据，升级了其家庭标签体系，帮助广告主实现不同类型家庭的营销触达。其家庭标签体系包括人群属性标签，如家庭消费力、生命周期、位置信息等；消费行为标签，如智能家居、汽车、美妆、日化等；内容广告特征标签，如综艺、时政、体育、电视剧等；使用行为标签，如开机频次、观看时长、收视时段等。由此，勾正数据可以帮助广告主解决"TA 精准而不广"的营销困境，扩大家庭消费场景下的人群触达。

### 2. 大数据支持下，提供全流程的精准营销服务

在筛选目标人群后，广告主仍面临以下几个痛点：首先，智能大屏有不同的广告资源形式以及不同的终端品牌及信号源媒体渠道，广告主该如何选择具有更高性价比的媒介组合及营销资源组合？其次，以家庭人群为营销目标的广告主需要实现周期式、策略性营销触达，营销服务机构应如何建立一套完整的家庭营销解决方案？最后，由于技术问题，以往智能大屏广告的效果评估局限于触达层面，目标群体的后续转化效果又该如何评估？通过分析勾正数据的做法，或许我们能得到一些启发。

（1）投放前：解决预算分配和媒体价值评估问题

广告主在进行媒体投放前可能遇到的问题是自有数据量无法支持媒体价值的评估，从而难以决策不同媒体的预算分配，导致媒介投放效率降低。

对此，勾正数据一方面解决广告主预算分配的问题，为其提供最优媒介组合建议。其开发的跨屏策划工具 OTT（TV）Reach＋，不仅可以预估智能大屏广告

的投放效果，还可以统筹规划传统电视和智能大屏的广告投放，发掘最优媒介组合，提升投放效率。

另一方面，勾正数据通过直点播同源收视测量，为广告主提供媒体及节目价值评估，辅助广告主选择投放对象。其在2019年6月发布的ORS（OTT Rating System，OTT收视系统）是中国大陆首款提供智能电视直播、视频点播同源收视的大数据产品。该系统基于同一个屏幕上直播和点播的同源数据直接分析给出媒体价值，也可以进行两个部分的区分和对比。该系统还首创了智能大屏测量的三级指标体系，即OTT TV整体价值评估体系、媒体平台收视分析体系、节目价值统一测量体系。

（2）投放中：搭建家庭数据营销平台，实现营销"通、广、精"

基于亿级的智能大屏数据池，勾正数据搭建了CHMP，为广告主提供家庭精准营销解决方案，实现营销"通、广、精"。

"通"指的是以家庭智能大屏为核心，匹配移动端等多屏设备后的数据互通。跨屏营销解决方案具体包括三种应用场景。其一是大小屏联动后的营销转化效果验证，即CHMP通过智能大屏与移动端的匹配关系，跟踪广告曝光后移动端的转化效果。其二是提供跨屏营销触达效果优化，即CHMP利用大数据实现触达效果的去重计算，呈现真实的触达效果。其三是提供跨屏营销的媒介组合策略，即CHMP基于历史投放数据，为广告主提供媒介分配、资源分配、内容分配指导。

"广"指的是扩大目标人群触达，提升营销范围的广度。其实现路径是通过识别并追踪未触达用户，提供补投策略。CHMP基于投放后的触达效果分析，锁定未触达人群，并针对这类人群进行收视行为、内容、属性等深入洞察，从而制定补投策略，进一步优化整体投放效果。例如，针对某快消品在传统电视的触达率较低问题，CHMP通过数据追踪未触达用户，锁定其App使用行为习惯，进行用户偏好媒体的重点触达。

"精"指的是家庭精准营销全链路数据支撑，帮助广告主有效触达对的人。CHMP首先为广告主提供了ID圈选、标签圈选以及历史人群包圈选共三种人群圈选模式。广告主可再根据圈选人群进行深入洞察，丰富其行为属性标签，包括收视行为、收视内容/媒体、属性特征等，从而锁定真正需要触达的目标人群。此外，针对有家庭营销需求的广告主，CHMP还提供以家庭为单位的人群洞察，并锁定家庭中的重点营销成员。例如，针对广告主提出的母婴家庭触达目标，CHMP首先通过设备关联识别出家庭成员A、B、C，再根据母婴类电商平台消费数据筛选所需目标家庭，并利用智能大屏的母婴类内容观看行为数据进行验证，最终确定家庭不同成员的基本属性，从而对"母亲角色"的家庭成员的智能大屏观看行为进行深入洞察，实现重点营销。

（3）投放后：后链路分析，助力营销效果评估升级

勾正数据广告和媒体事业部副总经理陈正轩曾表示，"以往智能大屏媒体（效果）都不能反推手机，所以更适合品牌类的宣传。但是在今时今日，特别是在广告环境整体堪忧的时候，更多的品牌主会转向效果广告。"[1] 以往的智能大屏营销效果评估局限在内容总收视点、广告触达等指标上，较难追溯用户后续的购买转化行为。由于技术问题，目标用户的后链路行为分析较为棘手。对此，勾正数据基于跨屏数据的打通，帮助广告主解决后链路分析问题。其利用CHMP平台所应用的跨屏同源设备唯一标识CHID，精准锁定正在收看智能大屏广告观众的移动端设备ID，并提供给广告主，从而追踪用户后续在移动端的一系列行为路径，例如是否产生浏览或购买行为，实现智能大屏广告投放的后链路效果验证。

### 3. 把握数据方角色定位，实现优势互补、合作共赢

从行业角度来看，勾正数据一方面基于数据方的角色定位，通过提供完善的数据服务，满足行业各方的数据需求；另一方面，利用自身数据优势，不断输出行业研究报告，加强与其他数据方的合作，实现差异化优势互补。

目前，不少智能大屏行业参与者都存在着数据需求，这也体现出第三方数

---

[1] 杨雅坤. 勾正数据陈正轩：智慧屏营销是"人"的回归[J]. 国际品牌观察（媒介下旬刊），2020（9）：73-74.

据服务机构对于行业的重要性。一方面，广告主和广告代理公司对营销数据存在迫切需求。为实现智能大屏营销落地，他们需要如用户画像、用户观看行为、用户偏爱内容等类型的数据来辅助营销决策。勾正数据发布的跨屏策划工具 OTT（TV）Reach+、家庭数据营销平台 CHMP 等便显得尤为重要。另一方面，媒体方基于自身的经营发展目标，对运营数据也会存在需求，例如用户观看数据、内容偏好数据等。这些数据可以辅助媒体方的内容制作和编排，实现个性化的"千屏千面"推荐，升级用户智能大屏观看体验，从而提升媒体价值。而勾正数据发布的直点播同源收视产品 ORS，在为广告主提供媒体价值评估的同时，也可以为媒体方提供运营数据支持，从而优化内容和用户运营策略。

行业各方对数据的需求，驱动着智能大屏数据方的茁壮成长。从推动行业发展的角度来看，勾正数据利用自身的大数据优势，为行业提供分析研究报告，帮助行业参与者全面快速地了解智能大屏营销领域动向，提供实操指南。例如，2019年10月，勾正数据和阳狮媒体联合发布了《2019家庭智慧屏营销生态发展白皮书》，为行业各方提供一系列生态发展的新思考。此外，勾正数据秉持"差异化互补"的合作心态，与众多数据方合作，并利用自身跨屏数据监测优势，共同为行业提供数据服务。目前，勾正数据已经与 CTR、尼尔森、国双、TalkingData 等数据公司展开了广泛合作，推出了多款数据产品，共同推动智能大屏行业发展。

### 4. 总结与启示

作为智能大屏行业的数据服务机构，勾正数据以家庭数据为核心，面向智能大屏的产业链上下游，提供"数据+技术+解决方案"的服务。勾正数据的跨屏数据的采集和用户画像的建立，帮助广告主确定"对的人"；营销过程中的数据工具研发和平台搭建，解决了广告主实际操作过程中的种种问题；投放后的用户后链路分析，实现了大屏营销转化效果评估的升级。

## 6.2.3 秒针系统：维护流量真实，优化营销决策与评估

## 案例看点

- 拥有多年数据监测经验的秒针系统，在智能大屏领域如何发挥自身优势？其针对智能大屏的营销服务侧重点在哪里？
- 行业内流量造假现象频频发生，秒针系统是如何保障智能大屏流量真实的？它采用了哪些技术手段？基于真实流量采集，秒针系统如何构建大屏用户画像？
- 广告主投放前后缺乏科学的营销决策，对此，秒针系统该如何解决？其所开发的数据产品落实到应用层面后，对广告主产生了何种帮助？
- 行业加速发展，作为第三方的秒针系统在推动行业创新交流方面做出了哪些举措？其所积累的数据分析能力，在推动行业标准建立上起到了哪些作用？

秒针系统（秒针信息技术有限公司）成立于2006年，是中国领先的全域测量及商业智能分析解决方案提供商。作为拥有丰富经验的数据服务机构和流量测量专业机构，秒针系统是如何应对智能大屏流量造假现象的？其数据优势在营销实操过程中有何体现？在推动行业建设和良性发展层面做出了哪些贡献？通过秒针系统的案例，我们或许能对智能大屏流量的测量有更深的认识。

### 1. 过滤虚假设备，确保智能大屏流量的真实价值

智能大屏流量是否真实一直是广告主选择智能大屏媒体时的一大顾虑。只有基于真实的流量，广告主才能洞察目标人群特征，辅助后续的营销决策。对此，拥有多年数据技术经验的秒针系统在保证流量真实上进行了专门部署。

（1）在源头设置白名单与研发排查规则，过滤虚假设备

秒针系统数据显示，2019年1~5月，智能大屏异常流量占比12%，其中

65.9%的异常流量属于设备异常类型。因此,利用技术手段杜绝虚假设备刷量成为秒针系统的一大任务,具体包括以下两种方式。

其一,与终端厂商共同创建设备白名单,从源头防止流量造假。秒针系统通过与终端厂商的合作,将出厂并激活的互联网电视设备 ID 纳入白名单,若秒针系统监测代码监测到设备 ID 不在白名单内,则可认为该设备有流量异常风险,从而实现异常流量排查。秒针系统副总裁李希翔表示,"秒针是行业内第一个建立 OTT TV 设备白名单的第三方,目前,海信、创维、康佳、TCL、长虹、乐视、风行网、阿里等设备厂商都参与进来了"。[一]通过白名单的设置和监测数据的积累,秒针系统构建出智能电视设备库,并设定无效规则,定期更新设备库,确保流量真实。

其二,通过 AI 技术提取异常特征,研发排查规则。首先,秒针系统筛选出部分真人样本进行训练,通过机器学习构建出训练模型,并不断评估优化;其次,其将异常样本放入模型中进行判断,并提取异常特征;最后,基于这些异常特征,秒针系统便可实现广告活动中异常流量的自动识别和过滤。

(2) 构建可验证、优化的标签体系,倡导利用家庭标签实现精准营销

基于真实的流量监测和数据采集,秒针系统构建了以家庭为单位的用户画像体系,值得一提的是,其所构建的家庭用户标签,可通过数据进行验证和优化,从而提升标签的准确度。

首先,在用户画像体系方面,秒针系统试图打造行业 TH 标尺,构建了家庭 TH 标签树,从家庭结构、经济状况、电视硬件状况及消费需求四大类进行标签细分,如经济状况中会考虑到收入水平、消费水平等因素,电视硬件状况中会考虑品牌、尺寸、价格等因素,从而反映出家庭的经济实力、消费偏好等特征(见图 6-3)。其次,为了提升标签的准确度,秒针系统建立了标签验证与优化流程,

---

[一] TopMarketing. OTT——广告主的"御前侍卫"需要哪些必杀技? [EB/OL]. (2017-02-27) [2021-2-19]. https://www.sohu.com/a/127331498_123843.

通过自有的 Panel 数据㊀计算完成标签验证，并形成标签监测报告，从而判断标签是否准确。

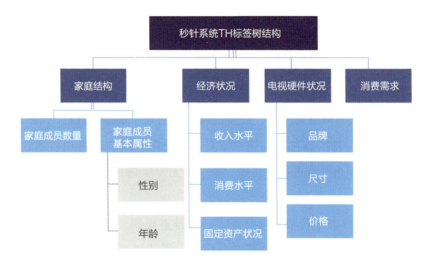

图 6-3　秒针系统 TH 标签树

（来源：秒针系统《2019 电视营销新生态发展报告》）

而对于个人用户画像的构建，秒针系统基于全域测量数据也同样可实现。但就智能大屏营销领域来说，秒针系统更提倡利用家庭标签实现精准营销，具体原因有两点。其一，智能大屏作为家庭场景的数字终端，其所附着的广告不再是对个体的传播，而是对家庭的传播。因此，秒针系统认为智能大屏的精准营销是基于家庭画像的洞察。其二，利用家庭标签实施广告投放，在一定程度上可降低投放浪费。以母婴家庭为例，母婴广告主常规定将广告投向女性 25～45 岁人群。但是在广告投放过程中大量曝光触达的人群可能不是真正的母婴人群，容易造成投放浪费。所以，广告主进行智能大屏广告营销投放实际需要触达的目标家庭不应只从性别和年龄段区分，更需考虑家庭生命周期。

---

㊀ Panel 数据即面板数据，指在时间序列上取多个截面，在这些截面上同时选取样本观测值所构成的样本数据。

## 2. 优化跨屏营销组合，搭建"品效"双维评估体系

秒针系统有浓厚的数据和技术基因，那么在营销实操过程中，他又是如何发挥其数据技术优势的呢？在媒介组合层面，秒针系统如何帮助广告主提升ROI（Return on Investment，投资回报率）？在效果评估层面，秒针系统如何兼顾广告营销的触达和转化效果测量？

（1）提供媒介组合优化工具，有效提升营销ROI

目前，跨屏营销已经成为一种常态化的营销方式，但不同屏幕、不同媒体间的预算分配成为广告主较为棘手的问题。秒针系统数据显示，科学的媒介组合可帮助广告主平均提升15%的营销ROI。因此，科学的跨屏预算分配和优化工具是广告主投放前必不可少的决策支撑。

基于这一营销现实，秒针系统开发的跨屏分析工具MixReach可帮助广告主解决媒介组合问题。该工具不仅可以评估和输出单屏投放效果，还可提供最优跨屏策略方案，提升广告投放效率。首先，MixReach会基于历史数据对比不同屏幕的触达效果，确定最优的单屏营销策略。其次，MixReach会提供跨屏预算分配方案，并整合各屏的到达率曲线，计算跨屏去重数据。之后，MixReach会利用跨屏去重数据确认优化方案，避免跨屏触达重复人群，减少投放浪费。最后，该工具会评估和验证广告实际投放效果，验证跨屏组合方案带来的ROI提升。

（2）搭建互动与行为转化评估体系，实现品效兼顾的效果测量

目前，越来越多的广告主注重品效合一。但是智能大屏端的广告效果评估还集中在"触达"指标的衡量阶段，对后续的购买转化行为较难评估。对此，秒针系统搭建了品牌互动与行为转化评估体系，从品牌互动过程和行为转化过程两个维度入手，实现品效兼顾的广告效果测量。通过洞察用户与品牌互动的全过程，秒针系统可分析得出用户对品牌的认知度、好感度，以及购买意向度；通过对用户行为转化过程的追踪，秒针系统为广告主提供了更为精细的转化效果分析，包括浏览/搜索率、加购（购物车）率、下单率，让广告主明确转化过程的用户行为变化，从而针对性地调整不足的营销环节。

同时，在效果评估的基础上，秒针系统还可帮助广告主分析不同智能大屏广告资源对品牌好感及购买转化的影响，指导广告主进行营销资源的组合选择。例如，基于酷开科技真实案例的广告投放数据，秒针系统分析得到"视频前贴广告+提醒广告"的组合投放对用户的品牌认知度、好感度和转化意向度均有显著的提升效果。

### 3. 保持前瞻性行业洞察，推动行业标准建立

作为一家专注数据监测的第三方服务机构，秒针系统的数据积累和分析能力使其具备更高的行业敏感度。一方面，秒针系统积极向行业输出前瞻性洞察成果，为各方提供行业新动向，促进合作交流；另一方面，秒针系统致力于推动行业相关标准的建立，推动行业规范化良性发展。

（1）倡导 NEW TV 概念，促进行业创新交流

在行业前瞻洞察方面，秒针系统不仅首次提出了 NEW TV 概念，还为行业各方搭建了交流分享平台，促进信息互通和行业创新。秒针系统认为，无论从设备属性、内容传播机制还是受众触达场景上看，数字化家庭电视的本质都是 TV，互联网技术赋予了它人机交互的功能，同时也为品牌实现数字营销、智能营销提供了条件。因此，从 2018 年开始，秒针系统向行业倡议，将其统一为 NEW TV。相较于单向传播、以电视台为核心平台的传统 TV 而言，NEW TV 是具有双向、智能、人机互动功能的新家庭智能大屏。2019 年，秒针系统发布了《2019 电视营销新生态发展报告》，明确了 NEW TV 的范围，NEW TV 包括 OTT TV、DVB 及 IPTV。

秒针系统在 2019 年还成立了"NEW TV 创新实验室"，旨在为营销人提供一个交流和分享创新的平台。首批成员包括秒针系统、小米、酷开科技、康佳、海信和风行网。该实验室希望吸纳品牌方、媒体方、内容方、硬件方等更多角色参与，共同以创新驱动 NEW TV 健康、有序、可持续发展。

（2）联合各方力量，共同推动行业标准建立

目前智能大屏行业还存在一些问题待各方共同解决。对此，秒针系统倡导建

立行业联盟，并制定相关行业标准，规范智能大屏营销市场。为此，2018年3月，秒针系统联合奥维云网，在北京发起成立"中国OTT广告联盟"，得到了酷开科技、雷鸟科技、康佳、长虹、小米、乐视、风行网、CIBN互联网电视、爱奇艺、腾讯视频、阿里妈妈、电视猫、探索传媒等各方企业的支持。该联盟在定投、频控、组合增值等方面制定了行业标准，为广告主提供OTT TV广告投放和跨屏投放的相关参考，并针对OTT TV投放标准、OTT TV和传统TV价值区隔、跨屏预算分配、广告最优组合效果、频控和定投处理、OTT TV用户标签跨屏如何统一、虚假流量如何屏蔽等问题达成共识，约定统一行为准则。

### 4. 总结与启示

可以说，秒针系统作为营销服务机构中第三方数据服务方的代表，在智能大屏营销领域发挥自身数据和技术实力，不仅在过滤虚假设备、保证智能大屏流量真实方面进行深耕，努力解决营销过程中的媒介预算分配、效果评估等实际难题，还联合行业各方，促进信息共享、交流创新。相信未来，秒针系统将以更加科学的测量方式为行业提供决策指导，实现智能大屏营销升级。

## 6.3 营销服务机构从业者观点分享

智能电视的普及改变了用户的收视行为与浏览路径，电视台传统的广告投放模式已不再适应全新智能大屏营销环境。在此环境下，如何将广告触达到不支持直播功能的OTT TV的用户，是众多电视台面临的难题。基于这一现状，欢网科技强调用户数据的重要性，推出CSM-Huan、TV-Zone两大产品来全方位识别、洞察屏前用户，为众多电视媒体提供节目运营建议与效果评估。

但是，目前传统电视台的智能大屏广告投放合作规模小、金额少，智能大屏营销不受重视。基于多年与电视媒体的深度合作，欢网科技采取"先收视，后导流"的模式，通过同屏导流进行整体收视优化，优先满足电视台广告投放的需求，在此基础之上叠加更多广告合作，形成收视和广告的产业闭环。同时，欢网科技基于与科大讯飞的合作，利用AI技术识别用户观看场景，实现"千屏千面"

的节目推广，用户点击互动导流到直播流，实现收视优化。

面对突飞猛进的 OTT TV 行业，各家电视台均在探索如何在不违反政策的前提下维系电视台在 OTT TV 设备上的留存与收视。去除线性直播后，电视台将以怎样的形态留存在 OTT TV 上？一方面，欢网科技创新性地通过在 OTT TV 上建立卫视智能大屏专区，提供频道热播节目推荐、精选片段等功能满足用户基本观看需求，再借助社群运营、福利放送等模式增加用户留存。另一方面，在专区建立和专区深度运营的基础上，欢网科技还与电视台联合招商，创新营销服务模式。

——欢网科技智能营销事业部副总经理常睿[一]

目前，广告主对智能电视的广告投放日渐主动和坚定，一方面对智能大屏的覆盖范围和用户规模表示认可，另一方面也对开机广告、精准投放等多种营销形式普遍接受。因此，许多广告主逐渐从传统电视、OTV 的媒体预算中划分出部分用于投放 OTT TV，更有广告主开始为 OTT TV 单独设立媒体预算。昌荣传媒所服务的部分广告主 2019 年 OTT TV 预算已平均占到了整体投放预算的 10% 左右，呈现出极为可观的提升。

在广告投放类型方面，广告主预算向开机和贴片等头部资源集中。但相比开机广告，智能大屏贴片广告整体的投放率仍然较低。此外，在创新的品牌广告类型方面，霸屏类广告和语音互动等创意广告形式也逐渐吸引广告主的关注。同时，广告主也颇为重视深度内容定制广告。对此，打造垂直领域的优质自有版权内容，再进行内容层面广告资源的深度开发和整合，是较为有效的解决方案。

目前，为支持智能大屏广告精准投放，行业各方的 DMP 也逐渐构建起来。但是，囿于行业体量和技术成熟度，目前的 DMP 仍不能给广告主的精准营销带来立竿见影的效果。一方面，行业各厂商和代理商的数据分散，底层数据难以打通；另一方面，OTT TV 端流量还不能实现类似移动端的体系内自验证，行业亟

---

[一] 李昕尧. 欢网科技常睿：收视优化先行，组合营销服务齐下 [J]. 国际品牌观察（媒介下旬刊），2020（10）：76–77.

需建立相对统一的评估标准体系，让第三方监测平台去进行DMP投放后链路的流量真实性检验，让精准营销得到有力保障。

——昌荣传媒战略项目发展部策划总监许维新㊀

与移动媒体不同，智能大屏媒体的曝光展示价值更高，其可以通过屏的物理空间优势营造强烈的视觉冲击感，助力品牌形象深植于用户脑海中。因此，快消、汽车行业等预算充足、有品牌形象诉求的广告主对智能大屏营销更容易接受。而小型广告主受制于经营规模及营销预算等，更重视购买以效果为导向的营销需求，暂时还没有完全进入智能大屏领域的营销。

但是目前广告主由于缺少充足的媒体投放经验，其对智能大屏营销的认知度还存有较大提升空间，对具体的投放策略还不够清晰，导致其在智能大屏媒体选择上保持谨慎。为此，电通安吉斯集团也在不断加强客户教育。同时，从广告代理商的角度来看，目前，智能大屏营销的发展还存在亟待突破的两大难题：一是流量浪费，二是广告效果监测与评估的指标体系还不完善。对此，电通安吉斯集团自主研发的 Ad Serving 平台 Capper 致力于解决这两个问题。

最后，不得不提及的是智能大屏营销背后的数据安全问题。行业内数据的合作，跨终端之间的数据交换不可避免，其带来的数据安全问题也不容忽视。基于此，营销代理公司在基于数据提供广告投放技术的同时，要从保护消费者隐私和安全的角度出发，充分考虑智能大屏端面向儿童、成人和老人等家庭人群且不同于移动端个体用户的复杂人群属性，对家庭数据合理利用，谨慎把关数据对接过程以及广告内容投放质量，以防造成智能大屏营销投放失误。

——电通安吉斯集团程序化北京总经理苏永刚㊁

目前，市场对智能大屏的认可度逐步提高。根据群邑集团投放数据整理与推

---

㊀ 全奕霖. 昌荣传媒许维新：内容+创意+数据，多方合作让智能大屏营销告别"小"时代[J]. 国际品牌观察（媒介下旬刊），2020（10）：74-75。

㊁ 杨雅坤. 电通安吉斯苏永刚：大屏媒体将成为营销方案的重要组成部分[J]. 国际品牌观察（媒介下旬刊），2020（9）：66-67。

算，一方面，在视频类媒体投放份额中，OTT TV 类（厂商 + APK 开屏及贴片）投放份额快速上升；含 OTT TV 的四屏通投类投放份额也缓慢增加，部分广告主在常规市场定投或买剧时有意增加 OTT TV 的量。另一方面，OTT TV 分类型投放份额中，硬件端商业化逐渐成熟，投放份额上升，广告主对开机资源的认可度较高，但其对开机后的资源投放意识仍需培养。

广告资源开发方面，目前智能大屏提供的广告容器已能满足基本的品牌广告需求。值得注意的是，智能电视开机广告资源的认可度和售卖率较高，非开机广告的资源价值仍有待盘活和挖掘。另外，不同广告容器具备不同的效果优势，针对不同品类的广告主，"因类制宜"组合投放可以创造增效价值。在预算有限的情况下，如何帮助广告主做好投放组合，实现营销价值的最大化，是 OTT TV 营销服务从业者所需要思考的。

在智能大屏营销的未来发展方面，一方面，家庭场景下的跨屏营销是未来趋势。因此，跨屏营销以及基于跨屏营销的实时优化，是行业所期待的发展方向。在推进实时优化上，行业还需要合力解决智能大屏人群的分类标准以及人群标签的第三方认证。另一方面，智能大屏媒体基于大数据和自动化技术的程序化购买，同样是可预见的发展方向。目前，智能大屏仍以常规的媒体资源购买和部分媒体资源的程序化购买为主，而随着行业数据技术的完善，智能大屏端基于目标人群的程序化购买和投放有望大规模实现。

——群邑集团媒介投资总经理顾振荣㊀

## 本章小结

围绕广告主所关心的智能大屏营销的三大痛点，营销服务机构发挥各自优势，努力提升广告主以及整个行业在智能大屏营销方面的信心。

一方面，它们通过聚合智能大屏流量、拓展创新营销资源等方式，不断激发

---

㊀ 杨雅坤. 勾正数据陈正轩：智慧屏营销是"人"的回归 [J]. 国际品牌观察（媒介下旬刊），2020（9）：73-74.

智能大屏营销价值。如欢网科技通过"OTT TV + IPTV + DVB"三维布局，聚拢因信号源不同而分散的智能大屏流量；利用"科技 + IP"两大武器，开拓原本被忽视却具有高关注度的内容营销蓝海。

另一方面，它们深入洞察广告主智能大屏营销痛点，给出适应当下营销环境的实操方法论，并不断磨练自身的服务能力，让更多广告主看到智能大屏营销的价值和可行性。如勾正数据所开发的 CHMP 平台，帮助以"效果广告"为导向的广告主解决屏前用户的后链路行为分析问题；秒针系统基于数据、技术能力的沉淀，研发虚假设备的排查规则，保证智能大屏流量真实。

随着智能大屏市场的愈发成熟，营销服务机构所扮演的角色和地位还将逐渐凸显。

# PART 03

风起大屏
智能大屏营销新趋势

# 第三部分
# 他山之石：
## 海外智能大屏营销机构如何创新？

# 第 7 章
# 海外智能大屏营销发展的新风向

## 本章提要

本章将从宏观视角入手,介绍海外智能大屏营销市场的整体情况,让读者对海外智能大屏营销建立初步了解。

海外智能大屏营销市场的发展现状如何?呈现怎样的发展特点?与国内的智能大屏营销市场有何不同?

海外CTV(Connected TV,联网电视)广告市场较为繁荣,发展态势良好,对国内智能大屏营销市场有怎样的参考和借鉴意义?

海外智能大屏市场中有哪些主导机构?有着不同角色的它们在营销布局思路上呈现怎样的特点?与国内机构又有什么不同?

智能大屏营销也是近些年海外广告营销行业备受关注的领域，尤其是海外流媒体平台的崛起和快速发展，以及联网设备在海外市场的快速渗透，使得许多观众正在从传统的有线电视转向 OTT 电视，和国内一样，智能大屏成为开展智能大屏营销的重要终端。

为了更好地理解海外智能大屏市场的基础情况，需要先对海外智能大屏营销相关的几个概念进行说明，以此来帮助我们了解整体市场背景。

Advanced TV，也称先进电视，指的是"非传统电视"，包括线性电视（Linear TV）中的可寻址电视，以及连接互联网的智能大屏电视等。Advanced TV 最明显的特点之一是更高的精准性，即基于这些 Advanced TV 的终端设备，广告主能将广告传输给特定的家庭，而不是所有家庭。

OTT 与 CTV 的概念有相似之处也有差异。OTT，Over The Top，是指通过互联网提供的视频内容服务，并不限定某一类终端设备。用户通过可以接入网络的电视终端设备即可享受该类服务，无需向传统有线电视运营商或卫星网络运营商支付订阅费用，通常其视频内容以流媒体（Streaming）或视频点播（VOD）方式来观看。目前，海外流行的 OTT 服务包括 Netflix、Hulu 和 Amazon Prime。传媒集团也正在积极推出自己的 OTT 服务，例如 Disney + 和 NBC 的 Peacock。OTT TV 属于 OTT 业务范围的一种。其接收终端并不限于智能电视，还包括支持该服务的各类智能终端设备。

CTV（Connected TV），即联网电视，指的是能够接入互联网的智能大屏终端设备，这些联网设备可以是蓝光播放器、外接设备（流媒体盒或流媒体棒）和游戏机等，也可以是智能电视设备，通过使用这些设备，用户能够访问各种长或短影音内容。由此来看，CTV 的概念和国内的"智能大屏"更为接近。

CTV 和 OTT 的兴起导致了一种被称为"剪线"（Cord - Cutting）的现象，这代表着消费者取消传统有线电视订阅、使用各类智能大屏设备接受流媒体或

VOD 的趋势不断增长。

Advanced TV、OTT 和 CTV 之间的关系见图 7-1。

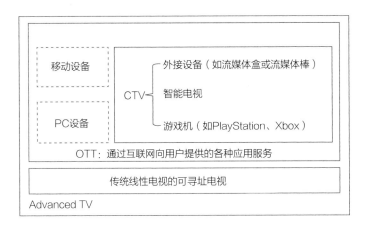

图 7-1　Advanced TV、OTT 和 CTV 之间的关系

CTV 广告指的是出现在 CTV 设备上的数字广告，既包括出现在各类智能大屏设备主屏幕上的展示广告，也包括出现在智能大屏端各大流媒体视频平台上的视频广告，但不包括传统线性电视和可寻址电视广告的网络销售库存。美国先进的第三方视频广告技术服务商 FreeWheel 在 2020 年 6 月发布的报告《CTV 发展趋势洞察》中表明，在 CTV 设备中，外接设备（如流媒体盒和流媒体棒）的广告浏览量占比是最多的，达到 91%，游戏机（如 PlayStation、Xbox 和 Switch）则占 5%，智能电视反而是最少的，只占 4%。可见在海外市场，外接设备有着庞大的用户基础。

在海外智能大屏市场，还有一种不可忽视的收视方式，即线性电视。线性电视的收视方式是用户订阅有线电视网，享受实时电视直播内容或者固定电视频道，线性电视的直播内容也可以通过 DVR（Digital Video Recorder，硬盘录像机）设备进行存录，其他时间再观看。目前，线性电视在海外仍然具有较为庞大的市场，但随着 Advanced TV 市场的竞争加剧，传统线性电视的市场规模在不断收缩。线性电视广告并不都是传统广告，还包括线性电视的可寻址电视广告。这一类广告是由传统线性电视经过数字化升级后，通过智能机顶盒实现数据双向回传，从而实现传统线性电视广告的可追踪可寻址，由此满足部分广告主对线性电视的精准投放需求。

## 7.1 海外智能大屏营销发展欣欣向荣，市场前景光明

在海外，虽然电视广告市场中占主要份额的仍然是传统电视广告，但近年来传统线性电视广告市场份额持续下降，但也并未呈现全然的颓势，其中的可寻址广告正在成为新的增长点。而 CTV 广告各方面都表现亮眼，广告主纷纷开始将费用转移至 CTV 广告上，CTV 广告市场份额快速增长，发展势头迅猛。

### 7.1.1 传统线性电视广告式微，可寻址电视广告成为突破方向

以美国市场为例来看。随着 Netflix 等流媒体平台的崛起，美国传统有线电视服务商正遭受巨大冲击，越来越多的观众选择成为"剪线族"（Cord‐Cutters，指的是放弃订阅有线电视服务，而只通过互联网观看视频内容的群体），转向数字渠道获取视频娱乐。华尔街市场研究公司 MoffettNathanson 于 2020 年 2 月发布的一份有关消费者的报告指出，2019 年卫星和电视公司流失了 600 万用户，这个数字与往年相比是一个急剧的增长，他们还指出，有线电视运营商用户流失这一趋势将持续下去。据全球知名的市场研究机构 eMarketer 估计，在 2019 年至 2023 年间，美国订阅付费电视服务的家庭数量将从 8650 万下降至 7270 万（见图 7-2）。

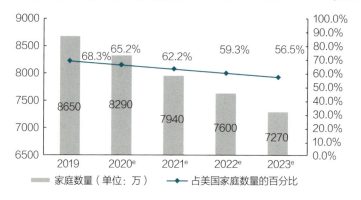

图 7-2　美国有线电视付费订阅家庭数量（2019-2023 年）

（数据来源：eMarketer）

观众的持续流失使得美国的电视广告支出近几年不断下降。根据 eMarketer 的数据，2019 年美国电视广告支出总额为 703 亿美元，同比下降了 2.9%，这也意味着它在总广告支出中所占的份额首次降至 30% 以下。eMarketer 预计，到 2022 年，这一比例将会降至美国广告总支出的 25% 以下（见图 7-3）。

图 7-3　美国电视广告支出增长率和在总广告支出中所占
份额变化趋势（2014—2023 年）

（数据来源：eMarketer）

即使传统电视广告费用连年下降，700 亿美元仍然是一个巨大的市场，为了保住这一市场，美国有线电视服务商纷纷开始转向可寻址电视广告，希望能够通过提升电视广告投放的精准性，来提高传统电视广告的价值，以挽留广告主。目前美国的可寻址电视广告技术并未成熟，可寻址广告的市场仍较小，但呈现持续上升的趋势。根据美国视频和电视广告研究机构 Video Advertising Bureau 的数据，2019 年，美国可寻址电视广告支出为 25.4 亿美元，2020 年增长 33% 至 33.7 亿美元（见图 7-4）。从增长空间来看，2019 年美国电视家庭中有 54% 是可以接收可寻址电视广告的可寻址设备覆盖家庭（6400 万），比起 2016 年（4980 万）有所增加，说明就硬件设备支持来看，可寻址电视广告市场还是有很大成长空间的。

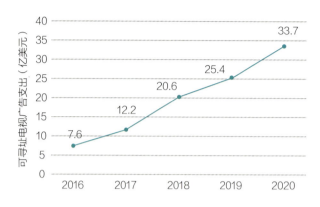

图 7-4 美国可寻址电视广告支出变化趋势（2016-2020 年）①

## 7.1.2 CTV 市场规模不断扩张，成为智能大屏营销重要风口

和传统电视市场萎缩相反，美国的 CTV 市场规模正在迅速扩大，其用户规模、广告费用等指标都呈上升趋势，CTV 市场发展态势良好，成为行业关注的焦点。

**1. 联网设备整体市场渗透率高，两大终端巨头市场表现突出**

目前，CTV 终端在美国市场中的渗透程度较高，铺设规模较大，接入 CTV 设备的家庭成员花费了更多时间在 CTV 上。知名市场调研公司 Leichtman Research Group（LRG）最新的消费者研究发现，美国 80% 的电视家庭拥有至少一部 CTV 设备，这比 2018 年的 74%、2015 年的 57% 和 2010 年的 24% 有所增长。LRG 总裁兼首席分析师 Bruce Leichtman 表示，研究的数据表明，2019 年上半年美国电视家庭中有近 4 亿台 CTV 设备，平均每个 CTV 家庭拥有 3.9 台设备。并且随着设备数量的增加，在过去的四年中，每天使用这些 CTV 设备在电视上观看视频的美国成年人的百分比增加了一倍以上，从 19% 增至 40%。

从终端品牌来看，参与竞争的终端厂商不少，比较知名的品牌包括 Roku、

---

① Ross Benes. US TV Ad Spending Dips Amid Industry Changes［EB/OL］.（2019 - 10 - 14）［2021 - 2 - 18］. http：//www. emarketer. com/content/us - tv - ad - spending - dips - amid - industry - changes.

亚马逊的 Fire TV、谷歌的 Chromecast、苹果的 Apple TV，但从市场占有率来看，Roku 和 Fire TV 是毋庸置疑的两大 CTV 终端巨头。根据 eMarketer 公布的数据排名，Roku 是美国第一的 CTV 平台，拥有 8470 万用户。2020 年，Roku 用户占美国互联网用户的 32.9% 和 CTV 用户的 46.9%，随着 Roku 在其设备和软件上投入更多的资金，2022 年 Roku 或将占领超过一半的 CTV 终端市场。亚马逊的 Fire TV 则排名第二。据估计，美国有 7120 万亚马逊 Fire TV 用户，约占美国互联网用户的四分之一。随着亚马逊继续通过购物网站促销其 CTV 设备，Fire TV 市场规模也将保持稳定增长。

强势的市场表现也为两大巨头夺得了最多的观看时长。根据专门服务于视频领域的大数据公司 Conviva 的数据，2020 年第一季度 CTV 整体观看时长增长了 20%，其中 Roku 和 Fire TV 的观看时长均同比增长 55%，而 Roku 占据了整体电视收视时间的 55%，位列第一。

**2. 用户规模不断增长，千禧一代是主要的观看人群**

在美国，使用 CTV 设备观看视频的用户数量不断增加，未来还有可能超过传统电视观众。eMarketer 曾在 2019 年预计，到 2020 年，超过半数（60.7%）的美国人将观看 CTV，人数将超过 2 亿。同时，来自 Roku 的另一项研究发现，美国流媒体电视的观众人数将在五年内超过传统付费电视观众人数。该研究预测，2025 年将有 6000 万家庭仅通过流媒体服务在其电视上观看内容，届时通过流媒体收看电视的规模将有可能超过传统电视收视规模。

而从用户年龄的分布上来看，根据全球性资讯和市场测量公司尼尔森的调查，CTV 设备在千禧一代中的普及率最高，超过 63% 的用户年龄分布在 18～49 岁之间，其中 18～34 岁这一广告商最为关注的群体则占据了 34% 的用户份额，而他们恰好是放弃线性电视最早的群体。美国云视频 SaaS 平台供应商 Grabyo 的研究显示，35 岁以下观众的电视观看量正在迅速下降。2019 年初，16～34 岁观众观看的线性电视广告数量比一年前下降了五分之一。因此，广告商不得不增加对 CTV 广告的投入，来接触那些在线性电视上难以触达的年轻一代。

### 3. CTV 广告支出费用增长迅速，程序化为主要交易形式

2019 年美国 CTV 广告支出为 69.4 亿美元，尽管和传统线性电视 700 亿美元的广告支出相比有些相形见绌，但广告主对 CTV 的投资兴趣正日渐浓厚。eMarketer 在研究中表明，在可预见的未来，CTV 的广告支出将以每年两位数的速度增长，并在 2023 年达到 141.2 亿美元，占数字广告总支出的 7%，占媒体广告总支出的近 5%。

与其他数字渠道的广告相比，CTV 广告市场规模虽然并不小，它也正在缩小与 PC 广告支出的差距。2019 年，基于 PC 的广告市场规模约为 CTV 广告市场的 3 倍，但到 2022 年，广告客户在 CTV 上投放的广告支出将达到他们在 PC 上投放数字广告的一半以上（见图 7-5，表 7-1）。

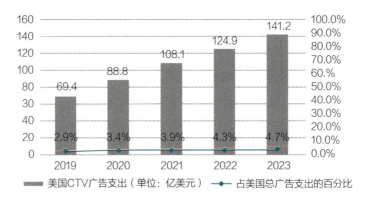

图 7-5　美国 CTV 广告支出及占美国总广告支出份额变化趋势（2019—2023 年）

（来源：eMarketer）

表 7-1　在不同渠道上的美国数字广告支出变化趋势（2019-2023 年）

| 在不同渠道上的美国数字广告支出（2019—2023 年） | | | | （单位：亿美元） | |
| --- | --- | --- | --- | --- | --- |
| | 2019 | 2020 | 2021 | 2022 | 2023 |
| 移动端 | 992.1 | 1203.7 | 1384.3 | 1529.3 | 1666.7 |
| PC 端 | 232.0 | 220.3 | 230.4 | 223.4 | 210.4 |
| CTV 端 | 69.4 | 88.8 | 108.1 | 124.9 | 141.2 |

（来源：eMarketer）

在CTV广告的类型中，视频广告占比是最高的。在2019年CTV的69.4亿美元广告支出中，68亿美元属于视频广告，其他广告类型则包括Banner广告、本地广告和平台上的赞助搜索等。此外，从广告交易方式来看，大多数的CTV广告交易是通过程序化采买方式进行的。尽管如此，当前CTV广告仍然仅占整个程序化广告市场支出的一小部分。eMarketer认为，CTV的程序化视频广告支出还将大幅增长，到2021年将达到62.6亿美元。随着广告商对CTV广告程序化购买需求的增长，程序化广告市场中的重要力量DSP也争相提供CTV购买功能㊀。

伴随着CTV用户数量的增加，以及由此带来的观看时长的增加，CTV对广告商的吸引力也在不断增强，将倒逼可供广告商选择的CTV广告库存持续增长。目前，CTV广告市场由三家机构占据主导力量，它们是两家以广告作为主要商业模式的视频网站YouTube和Hulu，以及终端设备厂商Roku。YouTube是CTV广告市场的最大收益方，在eMarketer估计的CTV广告支出总额中占到四成的比例，而Roku和Hulu两家机构加起来的份额占三成，这三家公司在美国CTV上的广告收入占到了总广告收入的70%。虽然YouTube大部分视频消费来自于移动设备，但YouTube的数据表明，YouTube平台的视频在美国CTV设备上的浏览量在逐年上升，成为不断增长的CTV联网电视库存中的重要部分（见图7-6）。

**在电视大屏上观看YouTube内容的时间增长情况（年增长率）**

YouTube，全球
- 800% 长篇电影 在电影板块中的广告支持（免费电影）以及需要购买的电影
- 125% 电影节目 从YouTube上购买或租借的电视节目
- 250% 电视直播内容

YouTube TV，美国
- 250% 长篇电影
- 300% 电视节目
- 350% 纪录片
- 450% 新闻

图7-6 YouTube和YouTube TV在电视上的观看时间逐年增长㊁

---

㊀ Ross Benes. Q4 2019 Digital Video Trends[EB/OL].（2019-02-05）[2021-2-22]. https://www.emarketer.com/content/q4-2019-digital-video-trends.

㊁ Debbie Weinstein. New YouTube features to help you navigate the streaming boom [EB/OL].（2020-05-07）[2021-2-22]. https：//blog.google/products/ads/youtube-streaming-trends-features/.

## 7.2 不同市场角色智能大屏营销战略与布局

CTV 的快速发展推动海外电视市场的结构调整，吸引了众多不同角色，由此也展开了激烈的市场争夺战。其中，不乏佼佼者。为此，我们梳理了海外智能大屏产业的参与角色，并根据规模和业务侧重点的不同将它们分为三类：寻求业务转型的传统媒体集团、进行业务扩张的互联网巨头、深耕智能大屏业务领域的新兴势力，它们基于各自的业务优势积极进行营销布局。

### 7.2.1 寻求业务转型的传统媒体集团

传统媒体集团这里主要指的是拥有优质内容和传输网络的传媒或通信集团。在"三网融合"的背景下，它们大多同时运营着网络和通信业务，因此规模庞大。比如，一些传媒集团原先就从事传统有线电视业务，有着稳定的电视网络和订阅用户群体。但是如上文所说，"剪线族"数量的不断上升以及电视广告费用的不断下降带来极大的挑战，这让它们不得不实行许多变革措施，寻求转型。

一方面，为了迎合年轻群体的媒介接触习惯，各大传媒集团纷纷推出新的 OTT 业务以挽留用户，比如说维亚康姆 CBS 集团（ViacomCBS）2019 年以 3.4 亿美元收购了流媒体服务 Pluto TV，康卡斯特集团（Comcast Corporation，缩写为 CMCSA）的子公司 NBC 环球（NBC Universal）于 2020 年 7 月开始推出广告支持的 Peacock 流媒体服务，AT&T（美国电话电报公司）旗下子公司华纳传媒（WarnerMedia，前称时代华纳 Time-Warner Inc.）于 2020 年 5 月正式上线流媒体服务 HBO Max 等（见表 7-2）。在传媒集团强大的内容资源支持下，也许 OTT 业务能够帮助他们挽回流失的观众。

表 7-2 传媒集团推出的流媒体服务矩阵

| 传媒集团 | 流媒体服务矩阵 |
| --- | --- |
| 维亚康姆 CBS | CBS All Access<br>Pluto TV（收购）<br>Showtime（Showtime 有线电视频道推出）<br>Starz（Starz 有线电视频道推出） |

（续）

| 传媒集团 | 流媒体服务矩阵 |
| --- | --- |
| 康卡斯特 | Sky GO<br>Xfinity Stream<br>Now TV<br>Peacock（旗下 NBC 环球推出） |
| AT&T | AT&T TV NOW<br>HBO Now（旗下华纳传媒推出）<br>HBO Max（旗下华纳传媒推出） |
| 迪士尼 | Disney +<br>ESPN +（旗下体育频道 ESPN 推出）<br>Hulu（收购） |

而在另一方面，传媒集团也察觉到了传统电视广告的局限性。因此，在丰富的一手数据的支持下，它们积极开发和应用新技术来提升电视广告投放效果，其中"可寻址技术"是传媒集团关注的重点，几家大型的传媒集团更是联合技术公司成立了一个技术联盟——Project Open Addressable Ready（Project OAR）（见图7-7）以共同开发一种新的用于可寻址广告的开放性的技术标准，该联盟在

图7-7　左为 Project OARLogo，右为联盟成员，其中有许多传媒集团的身影⊖

---

⊖ Andrew Blustein. These Programmers Are Ready to Test Project OAR's Addressable Tech ［EB/OL］.（2020–06–18）［2021–2–21］. https：//www. adweek. com/programmatic/project–oar–test–addressable–tv–advertising/.

2020年1月已经展现了阶段性的成果。但从技术成熟度和市场规模上来说，位于欧洲的英国天空广播集团（British Sky Broadcasting，简称"sky"）旗下的AdSmart平台才能说是可寻址电视领域的"领头羊"，在sky被康卡斯特收购后，AdSmart有可能在电视广告技术上给予康卡斯特更多的支持，毕竟康卡斯特旗下的NBC环球已经开始将AdSmart平台整合到自己的技术工具中。另外，由于运营多项通信业务的优势所在，传媒集团可以在多个终端屏幕上为观众提供视频服务，因此进一步实现广告的跨屏可寻址以及融合投放也是它们努力的方向。

### 7.2.2 进行业务扩张的互联网巨头

随着互联网广告市场不断成熟，市场增量趋于平缓，寻找新的流量入口成为互联网巨头广告营销业务发展的关键，而智能大屏正是新的增长支撑点。谷歌和亚马逊作为全球市场两大互联网巨头，在其业务发展过程中已经在智能大屏领域进行过流媒体视频服务和硬件终端设备的部署，这也成为它们后续开展智能大屏营销的重要基础。不仅如此，它们还进一步借鉴并推广互联网广告领域的先进技术和操作理念，尝试开展智能大屏营销。

如谷歌直接将智能大屏营销资源整合进现有的广告营销产品体系中，沿用已有的广告工具和平台推行智能大屏营销，使得智能大屏成为承载谷歌广告的第四块重要屏幕。当然，谷歌也针对智能大屏本身的特点在广告工具中增添了新的功能，比如集成了尼尔森的电视收视数据以获得对智能大屏广告更精细的投放效果测量。谷歌在智能大屏面向用户开展广告调查以提升广告投放效率（见图7-8）。而且，谷歌还在努力扩充平台上的智能大屏广告库存，以便在未来提供更广阔的智能大屏营销服务。2020年4月，谷歌声明其视频展示广告平台Display & Video 360中的CTV库存比上一年猛增了75%，而这还不包括其自有的YouTube和YouTube TV（在智能电视系统上的流媒体服务）。

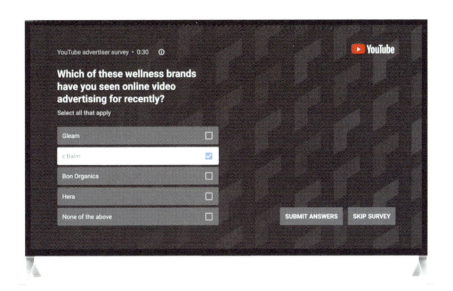

图 7-8　谷歌在智能大屏面向用户开展广告调查以提升广告投放效率①

另一家互联网巨头企业亚马逊同样是将扩充整合后的智能大屏广告库存纳入了原有的需求方平台 Amazon DSP 中，并与其他广告资源整合提供一站式的程序化交易服务。如果说 2019 年刚在 IMDb TV 流媒体服务中推出广告业务的亚马逊只是刚刚踏上智能大屏营销之路，那么 2020 年亚马逊则在这条路上快步前进了不少，回应了行业的一些期待。首先，亚马逊不断丰富自有的智能大屏库存，如 IMDb TV 在 2020 年年初又新增了大量电视剧，其中包括许多人气剧集，像《绝望主妇》《甜心俏佳人》《迷失》等，电影片源也在同步扩充中。此外，亚马逊的智能大屏广告的格式也得到了扩展，除了完善已有的首页 Banner 广告外，还增添了首页轮播广告和屏幕赞助广告，智能大屏广告也和智能语音助手 Alexa 有了更好的结合。最重要的是，现在亚马逊自有的智能电视终端设备 Fire TV 操作

---

① Debbie Weinstein. New YouTube features to help you navigate the streaming boom［EB/OL］.（2020-05-07）［2021-2-25］. https：//blog.google/products/ads/youtube-streaming-trends-features/.

系统中的一些广告能够直接链接到商品购买页面中,观众可以在上面查看产品的详细信息、客户评论,还能直接购买产品或将其加入到愿望清单中,充分发挥了亚马逊作为电商平台的优势(见图7-9)。

图7-9　从亚马逊智能大屏广告跳转到的产品详细信息页

(来源:亚马逊广告官网)

### 7.2.3　深耕智能大屏业务领域的新兴势力

深耕智能大屏业务的一些新兴势力虽然公司规模不如前两者,但是由于其本身就立足并定位于智能大屏业务,它们在挖掘智能大屏营销的价值上起到了非常重要的先锋作用,其智能大屏营销布局也颇有特点。

Roku作为海外首屈一指的智能大屏硬件提供商和视频流媒体聚合平台,不但在智能大屏领域收割了大部分的流量,而且通过相对成熟的智能大屏营销服务占据了CTV广告市场的一席之地。Roku充分开发其智能大屏软硬件资源上的广告机会,且尤为重视广告投放技术的提升,已在广告的定向投放和效果测量上形成了自己独特的解决方案。2019年11月,在收购了帮助营销人员计划和购买视频广告活动的DSP dataxu⊖后,Roku将dataxu的身份和归因工具与原有广告的覆盖范围、库存和功能进行整合,推出了全新的适用于OTT TV中流媒体视频的

---

⊖　dataxu,以及后文即将提到的TTD一类的广告技术公司,其主要业务是为市场营销人员提供用于数字广告程序化采买的系统。其广告平台基于大量数据积累,通过智能技术形成算法模型,将广告目标需求与可用的广告位进行匹配,同时使用机器学习,以确保广告被展示给最有可能采取行动的消费者。

OneView 广告平台，OneView 平台的最大特点是"整合性"（见图 7-10），Roku 声称该平台的规模覆盖了近五分之四的美国家庭人口，营销人员可以在平台上集中规划、购买和测量电视广告。2020 年 6 月，Roku 再次宣布和美国第二大零售公司克罗格（Kroger）合作，集成该公司的 KPM（Kroger Precision Marketing）营销解决方案，并获得来自近 2800 个 Kroger 超市的 6000 万家庭的消费数据，这将进一步完善 Roku 的广告定向和归因能力。

图 7-10　OneView 平台的最大特点是"整合性"

这些平台有能力评估每秒数以百万计的广告展示次数，为营销人员提供实时数据，帮助指导他们的营销决策。

而 FreeWheel、The Trade Desk（简称"TTD"）、Inscape 和 Gracenote 的角色则更偏向于以广告技术见长的营销服务商，它们各自的发展重点有所不同。FreeWheel 着重于在以电视智能大屏为核心屏的基础上进行跨屏延展，提供全方位的跨屏营销服务。2020 年 4 月，FreeWheel 宣布了其下一代统一决策功能的推出，该功能将曾经分开的直接销售和程序化功能集成到一个整体的单一广告投放源中，以响应广告领域的变化以及对优质视频广告资源的程序化交易需求的增加。

TTD 专注于程序化 CTV 广告，其最新动向呈现全球化扩展趋势，如和东南亚领先的技术平台 Gojek 合作，使用 Gojek 的实际店内购买交易数据，推出了东南亚首个 O2O 测量解决方案；如和全球广告技术平台 Samba TV 的合作伙伴关系从美国扩展至澳大利亚，借助其可监测到的 2600 万台智能电视获得的观看数据，为澳大利亚客户提供跨屏规划和定位功能。这不但让 TTD 将业务范围拓展至海外市场，最重要的是 TTD 能够通过合作集成来自各个领域的大量数据，强化了它在数据技术方面的优势。

Inscape 则通过自动内容识别（Automatic content Recognition，简称"ACR"）技术来推动智能大屏的动态广告服务发展，并利用自己的技术优势推进可寻址广告技术联盟 Project OAR 的研究，在 2020 年 1 月 CES（International Consumer Electronics Show，国际消费类电子产品展览会）上，Inscape 成功地展现了在线性电视以及 CTV、智能电视上实时的线性动态广告插入技术，大大推动了美国可寻址广告的发展。此外，Inscape 通过 ACR 技术所获得的观看数据还被用于广告效果的衡量上，探索频道 Discovery 2019 年 11 月就和 Inscape 达成合作，使用 Inscape 数据以深入了解观众的观看行为。

Gracenote 较为突出的能力则是建立了一个涵盖多种垂直内容和不同国家地区的通用数据库，再利用其庞大的数据库支持多种智能大屏营销技术的发展，比如说 ACR 技术、受众分析技术等。2019 年 9 月之后，Gracenote 又陆续更新了电视、电影以及音频的内容识别和追踪工具，并优化了数据采集能力。

## 本章小结

在了解海外智能大屏市场的基本情况后，可以发现海外智能大屏营销市场和国内市场情况有相似之处，比如传统电视广告日渐式微，CTV 广告则蒸蒸日上。但与国内不同的是，在海外，市场份额持续上涨的可寻址广告有可能成为帮助传统线性电视广告恢复活力的"灵丹妙药"，值得我们关注。海外 CTV 广告市场在终端渗透率、用户观看时间以及市场规模等方面的表现比国内市场略胜一筹，且发展势头强劲。不仅 CTV 广告收入和库存持续增长，而且程序化交易的普及率和发展进度比国内的智能大屏市场要快得多，这得益于先进的广告技术和成熟的广告交易平台等较为完备的产业基础设施，国内的智能大屏市场在这方面还须向海外同行看齐。

在海外智能大屏市场中，不同角色身份的机构有着不同的智能大屏营销战略和布局，并在发展的过程中不断进行调整。资源强势的传统集团不得不上线自己的 OTT 业务和升级电视广告技术来重新吸引大量流失的"剪线族"；重金抢夺家庭场景流量的互联网巨头争先恐后地部署智能大屏软硬件，并在此基础上借用完善的互联网广告体系推动智能大屏营销的快速落地；牢牢占据流量入口的硬件提供商和视频流媒体聚合平台一方面不断扩充内容储备的提供更多的广告机会，另一方面则建立起相对成熟的智能大屏广告系统，提升广告能力，提供完善的智能大屏营销服务；第三方技术、数据服务商则专注于数据技术能力，为广告主提供营销决策服务，并支持其他智能大屏机构业务，积极参与解决行业共同面对的难题。广告精准投放、广告数据追踪、跨屏营销服务、程序化广告等是海外服务商的重要发力点。

# 第 8 章
# 海外智能大屏营销机构布局动向

## 本章提要

本章从微观视角入手，选择若干具有代表性的海外机构进行案例解读，希望能够对大家进一步深入了解海外智能大屏营销的具体情况有所帮助。

本章的机构案例中，我们既可以看到在传统电视广告日渐式微的大环境中逆流而上的 Sky，也可以看到将"战场"从互联网数字广告拓展至智能大屏营销领域的谷歌和亚马逊等互联网巨头公司，还可以看到自带流量入场并在智能大屏营销市场中占有重要位置的硬件提供商 Roku 和流媒体内容平台 Hulu，以及专注于某一业务领域的 FreeWheel、TTD、Inscape、Gracenote 等第三方技术、数据服务商。

传统电视广告如何被可寻址广告改变？智能大屏广告形式和智能大屏广告技术如何创新才能迎合新时代广告主的需求？如何推动程序化交易以提高交易效率和广告过程的可掌控性？如何打通不同信号源之间的数据和营销库存，实现跨屏营销？海外机构对这些问题的探索和行动或将会给国内智能大屏机构带来一定的借鉴和启发。

## 8.1 Sky AdSmart：可寻址电视广告平台，让传统电视活力重燃

### 案例看点

- 英国天空广播公司（British Sky Broadcasting，简称"Sky"）是目前欧洲最大的媒体公司和付费电视广播公司。其旗下的 AdSmart 可寻址电视广告平台是可寻址电视广告领域的"领头羊"。2018 年 9 月，Sky 被美国传媒巨头康卡斯特收购，其电视网、频道内容以及先进的电视广告技术，尤其是 AdSmart 平台，将帮助康卡斯特进军欧洲市场。

- Sky 旗下的 AdSmart 平台是极具革命性的可寻址电视广告平台，它通过丰富有效的用户属性以及动态广告替换解决方案实现了广告可寻址的技术，能够在传统电视中实现广告的定向投放，从而改变了传统线性电视广告多年不变的游戏规则。

- AdSmart 平台让传统线性电视广告从买时间、买内容向买用户转变，其高精准性还能够节约广告活动费用，从而使得各种规模的企业都有了投放电视广告的机会。

- Sky 推出了自助式广告规划平台 Sky Analytics 以优化电视广告购买方式。该平台能让广告主快速获得广告活动的定价用于媒体购买规划，并且能够及时提供广告活动的数据报告和效果评估，以提高广告主对广告的掌控程度。和以往的传统电视广告购买过程相比，无论是在交易前期还是后期，广告主都更有主动权了。

- AdSmart 积极将其他的电视网纳入 AdSmart 的可寻址范围中，扩大支持可寻址电视广告的媒体渠道，覆盖更多的电视观众，在更庞大的观众群中更精准地找到目标观众。

- 在欧洲可寻址电视广告市场中，AdSmart 已处于绝对的垄断地位，特别是在康卡斯特的加持下，AdSmart 正在向着全球可寻址电视广告的黄金标准进发。

- Sky 提出，可信赖且品牌安全是电视环境不可替代的优势，这将成为传统媒体与数字媒体竞争的重要基点。

Sky 是目前欧洲最大的付费电视广播公司和媒体公司，其主营业务包括卫星电视业务、移动业务和宽带业务等。Sky Media 是 Sky 旗下的广告销售部门，占据英国电视广告市场大概 1/3 的规模（包括为其他频道销售广告的部分），Sky Media 在 2014 年推出 AdSmart 可寻址电视广告平台。技术成熟后，Sky 开始将 AdSmart 向欧洲各地广播公司开放，服务其他电视台网，同时拓展 AdSmart 的可寻址范围。自 2017 年起，Sky AdSmart 陆续与英国公共服务电视台第五频道（Channel 5，以下简称"第五频道"）、维珍传媒（Virgin Media）以及英国公共服务电视台第四频道（Channel 4，以下简称"第四频道"）签订了合作协议。2018 年 9 月，Sky 被美国传媒巨头康卡斯特以 388 亿美元收购，成为康卡斯特深耕欧洲市场的一步大棋，而在康卡斯特的帮助下，Sky 通过与 NBC 环球的合作，也成功将 AdSmart 这项业务拓展至了美国区域（见图 8-1）。

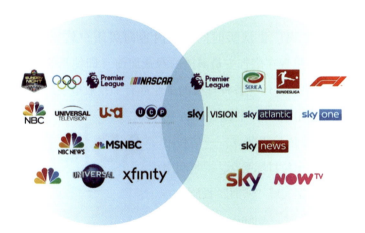

图 8-1 收购 Sky 给康卡斯特带来的更多元的业务

（来源：Sky 官网）

我们发现，AdSmart 本身就是非常具有革命性的可寻址电视广告平台。鉴于欧洲有线电视更为成熟的市场环境，AdSmart 致力于推动线性电视广告的变革，它实现了定向广告在传统电视媒体环境中的传输，将传统电视的高覆盖率和数字技术的高精准触达率结合在一起，改变了传统线性电视广告多年不变的游戏规则。

### 8.1.1　改变传统线性电视广告投放方式

广告主选择传统线性电视广告时一般以时间段和节目为单位进行投放，收视率是广告单位价格的主要标准。依据时间和内容投放的电视广告虽然整体覆盖率高，但是针对性较弱，它面向的是所有观众，尽管其中只有一部分才是广告主的目标受众，但广告主仍要为所有观众付费，这就造成了广告费用的浪费，而且高昂的电视广告费用也让大型企业以外的中小型企业望而却步。

具有强针对性的可寻址电视广告平台 AdSmart 的出现则改变了线性电视广告的投放方式。与传统方式中让广告方购买特定频道或节目中计划好的广告时间不同，AdSmart 可以根据用户的收视习惯、消费习惯、生活方式、地理位置等来定位家庭并投放广告，观看同一节目的不同家庭甚至可以看到不同的广告。AdSmart 使得线性电视广告从买时间、买内容向买用户转变，以精准见长的 AdSmart 能够将广告呈现在广告主最渴望的观众面前（即使是非常小众的群体），这不但减少了广告浪费，还让各种规模的企业都有了投放电视广告的机会。

AdSmart 可寻址电视广告平台（Logo 见图 8-2）的运作主要依赖于两点：一是利用丰富有效的数据标签定位目标受众，二是利用动态广告替换解决方案实现"实时"投放。

在定位目标受众时，AdSmart 能够让广告主从数百个细分受众群中选择理想的受众

图 8-2　Sky AdSmart Logo

（来源：Sky AdSmart 官网）

群体，从而确保只有合适的家庭才能看到品牌的广告。这些细分受众群背后是 AdSmart 提供的超过 1400 个用于定位受众属性的数据标签，其标签包括用户的性别、年龄、生活方式、购买意向、地理位置等。广告主可以自行选择组合受众属性，找到目标受众。

这些丰富的用户属性被分为三类，分别是基于位置的属性、基于日常行为的属性以及广告客户使用自有数据创建的自定义细分选项。其中最受重视的是基于

位置的属性，AdSmart 对位置属性进一步精细化处理，提供了五个定位选项。AdSmart 官方披露的数据显示，平台三分之一的广告项目都使用了其他平台上无法提供的地理属性，其中"邮政编码区域""行政区域"和"驾车时间范围"最受欢迎。"驾车时间范围"指的是以某一地点为中心、以驾驶时间为距离半径来定义的地理范围区域，这无疑为本地企业在最大的广播电视上向邻近地区的消费者做广告打开了大门。

AdSmart 的高精准性还可以帮助企业找到以前未服务到的"小众群体"（见表 8-1）。比如说 AdSmart 曾在穆斯林斋月期间为零售商 Asda 在穆斯林群体聚居的区域，针对穆斯林群体精准投放电视广告。电视广告精准送达了 10 万个家庭，观看次数超过 150 万次，并提升了 Asda 在穆斯林群体中的品牌亲和力。这种精准投放技术让品牌开始针对以前较少关注的观众群体生产出更具包容性的广告创意。

表 8-1　AdSmart 提供的用户属性标签示例

| 属性 | 描述 |
| --- | --- |
| 富裕（Affluence） | 与收入相关的衡量消费能力的强大指标 |
| 婴儿和儿童的年龄（Age Of Baby&Kids） | 针对有婴儿或儿童居住的家庭，将孩子根据年龄分成 9 个组别 |
| 美丽（美容）（Beauty） | 通过英国最大的药妆连锁企业 Boots 的会员卡（Boots Card）购美容护肤产品的家庭 |
| 早期的技术使用者（Early Tech Adopters） | 可能是新技术的早期采用者的家庭 |
| 财务策略（Finance Strategy） | 消费者采用金融服务的情况 |
| 搬家家庭（Home Movers） | 最近搬迁或打算搬迁的住户 |
| 家庭构成（Household Composition） | 根据性别和年龄类别选择家庭 |
| 高级决策者（Senior Decision Maker） | 上市公司或有限公司的公司拥有人或董事 |
| 生命阶段（LifeStage） | 户主年龄与居住人口构成相结合的情况 |
| "马赛克"类型（Mosaic Type） | Experian 公司（全球最大的征信机构）提供的金融信用方面的属性（第三方数据） |
| 再抵押（Second Mortgage） | 可能有第二按揭或第二财产的家庭 |
| 汽车拥有者（Car Ownership） | 标识一个家庭拥有的车辆类型 |
| 宠物家庭（Pet Ownership） | 确定养猫、狗或两者兼有的家庭 |
| 自置居所（房屋所有权）（Home Ownership） | 标识一个房屋财产是否为所有者占用 |

注：表中资料由笔者翻译 AdSmart 官网介绍所得。

AdSmart 广告的投放，以 Sky 在欧洲范围内广泛安装的机顶盒为硬件基础，借助数字视频发行公司 Yospace 的动态广告替换解决方案。也就是说，安装在英国及欧洲其他国家数百万家庭中的 Sky 盒子成为动态广告服务器，使 Sky 的 100 多个频道能够投放可寻址的广告。

AdSmart 通过机顶盒预先从卫星上下载广告资源库，这包括多个不同的广告系列广告素材和重叠式广告，并根据机顶盒前期收集到的用户数据，针对收看家庭的多种属性，识别目标家庭。结合广告主的营销目标或者需求，如果捕捉到一个"可寻址"的机会，提示代码会告诉机顶盒选择最相关的存储广告播放。然后，该广告就会直接无缝地插入到实时的广告流中。除了实时转播频道，Sky 的大部分频道都允许 AdSmart 平台插入广告。该平台还考虑到了现代观众的收视行为，即使是录播内容，如果是以正常速度播放，也会看到 AdSmart 插入的广告。

AdSmart 对传统电视广告投放方式的变革创造了一个公平的竞争环境，使各种形式和规模的企业都能从电视广告的影响中受益。在 AdSmart 之前，电视广告主要投放目标是大众市场，通常需要大量资金成本。AdSmart 可寻址电视广告平台的可控性和准确性从根本上减少了所需的支出，使电视广告几乎可以用于任何业务，尤其是第一次实现了为一些小众品牌、中小型企业和区域性的广告商提供服务。官方数据显示，自 2014 年推出以来，AdSmart 已为 1800 多个广告客户投放了 17000 个广告项目，其中不仅有英国的大型广告主，还有 75% 的客户是之前从未投放过电视广告的新手或是第一次投放 Sky 广告的新手。这意味着，以运营付费数字电视为主要业务的 Sky 开启了全新的商业模式，吸引了大批新的广告商，有了新的收入增长点。

### 8.1.2 借助自助式规划工具，升级电视广告购买方式

AdSmart 可寻址平台使得品牌和企业可以在全国性电视频道上投放广告的同时触达更高相关性的家庭和受众群体，提升了电视广告的价值。然而传统电视广告购买过程冗长、交易效率较低的问题仍阻碍着 AdSmart 的推广，为了进一步发展，AdSmart 在 Sky 最新推出的自助式规划平台 Sky Analytics 的支持下，优化了

电视广告购买方式，购买前给予广告主更多的自主权，购买后提供更翔实的广告效果评估报告，提高广告主对于电视广告的掌控度，使得广告主在投放 AdSmart 广告时更加得心应手。

2019 年 7 月，Sky 推出了 Sky Analytics 平台，首次向媒体机构和广告商开放直接访问、规划、报告和评估它们的电视广告。AdSmart 是 Sky Analytics 对接并支持的主要平台之一，借助 Sky Analytics，购买 AdSmart 广告的媒介代理机构和广告主可以快速访问和控制广告活动，自行管理可寻址电视广告的媒体规划。

具体来说，当品牌和代理商在购买 AdSmart 广告时，可以利用 Sky Analytics 平台，自助地使用有关受众特征、生活方式、购买行为和位置的用户数据（包括 AdSmart 提供的 1400 个属性和第三方来源数据）来建立受众群体并确定受众规模，另外还可以定义受众群体看到广告的频率，并设置特定的广告系列所要达到的目标和指标。在设定好一系列指标后，广告主就可以快速获得整个广告系列的定价，并以此来规划自己的媒体购买计划。

另一方面，广告主所关注的 AdSmart 广告效果的评估和报告也能够呈现在平台上。Sky Analytics 会为购买了 AdSmart 广告的品牌和代理商提供诸如每日印象数、覆盖率和频率等详细数据，以及"印象热图"。"印象热图"可以清晰地展示 AdSmart 广告系列最常被看到的时间节点。为了对广告进行深入评估，Sky Analytics 还会将交易数据与库存数据进行比对，以了解哪些家庭看到或未看到广告活动，并对结果进行归因分析。利用这些数据，潜在客户、销售或客户获取量可以归因于广告展示率，为下一轮计划提供依据。

Sky 认为，自助化操作平台很可能会吸引那些刚刚有意向增加电视广告预算但却习惯于使用数字平台自助服务工具、直接面向消费者的品牌，以及那些因为资源受限而难以分配足够规模的预算的小型本地广告商。螺旋桨（Propeller）董事总经理伊恩·瓦丁顿就表示："通常我们需要在媒体活动之前就分配预算资金。因此，让我能够更好地计算可能的广告成本是一件很重要的事情，只有这样我才能更准确地估算整体预算。毫无疑问，Sky Analytics 使我能够轻松预订 AdSmart 广告系列。"

目前 AdSmart 还未能实现在平台上的一键购买，但 Sky 宣称，Sky Analytics 平台正在优化功能，不久还将为使用 AdSmart 的广告任务系列添加实时定价和购买功能，这将进一步推动 AdSmart 朝着程序化的方向前进，便利的购买方式还将为 AdSmart 吸引更多广告客户。

### 8.1.3 寻求规模扩展，意图建立可寻址电视广告标准

在 Sky 旗下的电视网资源普遍运行 AdSmart 平台后，Sky 开始将这项技术向欧洲各地的广播公司开放，意欲通过与更多的广播电视机构合作，将其他的电视网纳入 AdSmart 的可寻址范围中，扩大可寻址电视广告的体量规模。

2017 年，隶属于维亚康姆的第五频道成为与 AdSmart 达成交易的第一个主流广播电视公司，这次合作使得 AdSmart 广告平台聚合的电视频道数量接近 100 个，并显著提高了 AdSmart 可寻址电视广告的家庭覆盖率，但这只是 AdSmart 寻求多方合作的第一步。2019 年，AdSmart 与英国另外两大有线电视运营商维珍传媒和第四频道的合作再一次大大扩展了其可寻址的范围。维珍传媒宣布使用 Sky 的 AdSmart 技术，这一合作确保广告商能够在英国接入 3000 万可寻址的电视观众，从而大大提高了企业品牌的广告投放意愿。如此庞大的观众规模对于说服更多的广告商在英国投资可寻址电视广告至关重要，Sky AdSmart 主管哈奇森曾说道："渠道规模确实很重要，广告商喜欢这种具有可寻址解决方案的想法，但如果您只能在几个渠道上或仅在少数人群中做到这一点，那就毫无意义。"

值得提及的一点是，Sky 与维珍传媒这两家英国排名前两位的付费电视运营商的合作不仅仅扩大了可寻址电视广告的覆盖范围，还成了传统媒体与数字媒体竞争的关键立足点。鉴于这几家电视媒体的业务相加覆盖了英国近一半的人口，它们声称其产品"与领先的社交网络的覆盖范围相当"，这构成了传统电视媒体与数字双寡头力量之间斗争的重要筹码。另外，在争夺广告客户的过程中，Sky 还提出了可信赖且品牌安全是电视环境不可替代的优势。从中我们也可以看出传统媒体公司在面对数字媒体的冲击时不再呈现全然的颓势，而是更加主动地出击。

对于与 Sky AdSmart 合作的欧洲电视台网来说，它们可以直接获得在有线电视中传输可寻址广告的能力，同时也扩大了广告的可寻址规模，并获得了新的广告收入。一方面，电视台网可以提高广告库存资源的利用率。过去只有收视率好的节目或内容才有溢出价值，但可寻址电视广告通过售卖给有价值的观众，能够最大化已有的媒体资源价值，释放长尾类内容资源的价值，从而获得广告收入增量。另一方面电视台网可以服务更多的广告主。对于电视台网来说，精准广告的一大担忧在于广告经营的规模可能会有所缩小，毕竟中小规模企业的广告费用有限。但是通过扩展广告的可寻址范围，也就是扩大受众的范围，能够为广告主提供丰富的受众定向圈定，这意味着能够服务更多有着复杂需求的长尾类广告主，从而获得新的广告收入来源。

2019 年 9 月，第四频道成为最新一家签约使用 AdSmart 技术在该网络的线性电视节目中投放定向广告的广播公司。Sky 与第四频道的交易意味着 AdSmart 已经可以在 140 多个频道中传输可寻址电视广告。通过 2019 年达成的两次重要合作，AdSmart 目前已经可以触达 40% 的英国电视人口，Sky 希望 2022 年覆盖率能达到 60%，并进一步希望 AdSmart 能够成为英国定向电视平台。

尽管其他的一些广播电视公司和技术公司也在努力通过合作或自主研发的方式提高线性电视广告的定向能力，比如说英国排名前五的另一大广播电视公司 ITV 于 2021 年 2 月开始在其 ITV Hub 中通过在线拍卖出售广告，从而与 Sky AdSmart 竞争，而第四频道正在与广告技术供应商 TTD 进行交易，以便使用其平台的营销人员通过程序化交易的方式在其在线播放的内容中竞标广告时段等。但目前 AdSmart 在该部分市场上仍处于垄断地位，它拥有最多的库存、最佳的购买平台和最强大的数据集。在母集团康卡斯特的强大助力下，AdSmart 甚至已经开始向海外扩散。如康卡斯特旗下的大型媒体集团 NBC 环球就已采用 AdSmart 广告平台，将其受众定位产品套件 Audience Studio 与 AdSmart 结合，并改名为 AdSmart from NBCUniversal，和原先的 AdSmart from Sky 共同发展。Sky 的目标是使 AdSmart 最终成为全球可寻址电视广告市场的黄金标准。

### 8.1.4 总结与启示

Sky 通过多种尝试，从一个传统电视网络成为欧洲最大的付费电视网络，为我们展示了一个以家庭用户为基础的电视类资产的上限和突破点。其中，在广告经营方面，通过可寻址广告，可以实现对观众本身价值的挖掘，从而实现广告增收。从广告主的视角来看，精准广告越来越受到重视。从 Sky AdSmart 的案例来看，基于可寻址广告，电视广告也可以实现精准，精准的电视广告不但能提高广告效果，而且能够降低广告费用，从而吸引到更多过去因为高价格而驻足的广告客户。

AdSmart 广告平台代表着传统电视广告的革命性发展，它以可负担的成本给广告主带来了更高的投资回报，为各种规模的企业打开了投放电视广告的大门，实实在在的广告效果更是让广告主们流连忘返。Sky 报告称，其广告客户的回头率高达 70%。为了获得长足发展，AdSmart 一方面利用自助规划平台优化电视购买方式，简化广告主规划和购买广告的过程，另一方面则不断扩大合作，提升可寻址电视的规模，为广告主触达更多的观众群体。

对于国内的电视台和运营商来说，传统电视的 IP 加持、可信赖和品牌安全等优势依然具有价值，但也是时候认识到广告技术的力量了。精准投放和自动化、平台化的广告购买流程越来越受广告主青睐，而要真正实现这些功能，依靠的正是技术的力量。作为老牌付费电视运营商的 Sky 已经踏出了这一步，其传统电视广告业务也呈现了复苏之势。而对于国内的电视台和运营商来说，鉴于投入成本的考虑，是否能够尝试与 OTT TV 运营商进行更紧密的合作，借助 OTT TV 的技术来充分释放内容 IP 的力量，也未尝不可。

## 8.2 谷歌：互联网巨头的家庭智能大屏进击之路

### 案例看点

- 面对互联网流量红利消减和客厅经济新风口，互联网巨头谷歌开始将智能大屏营销作为新的业务增长点。

- 谷歌通过"硬件+系统+应用"的战略布局来构筑家庭场景大屏生态，被吸纳进谷歌大屏生态中的用户使用其智能大屏硬件设备或是经由谷歌打造的智能大屏操作系统来观看电视节目，使广告商得以针对用户观看的内容定位投放广告。

- 谷歌基于旗下 YouTube 流媒体内容优势展开布局，YouTube 对美国电视家庭的广泛覆盖不仅为谷歌开展智能大屏营销服务提供了流量基础，而且也使谷歌得以对用户的行为习惯和内容偏好进行更为精准和全面的定位。

- 谷歌充分发挥其成熟的广告产品体系和广告工具技术的优势，将大屏营销资源与原有的广告工具 Google Ads、Google Marketing Platform 和 Google Ad Manager 打通，为广告主提供大屏广告投放和投后数据跟踪测量服务，从而将其在互联网广告运作上的经验和技术推广至智能大屏营销当中。

谷歌成立于1998年，经过二十余年的发展，目前已经从一家搜索引擎公司成长为业务庞杂的科技公司，在互联网服务、数字广告、数字媒体娱乐、人工智能等多个领域占据显著地位。2020年1月，谷歌母公司 Alphabet 的市值突破1万亿美元，成为继苹果、亚马逊、微软之后第四家市值破万亿的公司。2019年，谷歌全年营收达到1619亿美元。作为依靠数字广告发家的互联网公司，谷歌拥有成熟完备的互联网广告产品体系和先进强大的技术储备。面对互联网流量红利消减和客厅经济新风口，谷歌积极将智能大屏营销作为新的业务增长点。

### 8.2.1　生态布局：硬件设备+操作系统+应用服务

谷歌通过生产研发作为智能大屏外接设备的流媒体电视棒和智能大屏操作系统切入智能电视市场，并依靠谷歌丰富强大的内容和应用资源构筑起家庭智能大屏生态（见图8-3）。

图 8-3　谷歌通过硬件设备、操作系统和应用服务，
搭建智能大屏生态布局

**1. 硬件设备：Chromecast 系列电视棒，跨屏互动的桥梁**

谷歌很早就意识到家庭场景的重要性，将电视大屏作为布局家庭场景的起点。早在 2010 年，谷歌便推出了智能电视操作系统 Google TV，该系统将互联网与传统有线电视相整合，在为用户提供既有的线性直播电视观看体验的同时增添了访问互联网服务的功能。遗憾的是，由于谷歌当时未能提出明晰的电视广告收入方案，Google TV 失去内容供应商的支持，不久便因内容和应用匮乏、用户体验欠佳而被搁置。

但是，谷歌并没有就此放弃布局家庭智能大屏的愿望。2013 年，谷歌推出硬件设备流媒体电视棒 Chromecast，为用户提供流媒体电视服务。可以将 Chromecast 理解为一种流媒体适配器，在接入 Wi-Fi 信号和电视接口后，用户可以通过智能手机、平板等控制设备将互联网内容和应用程序投射到电视上。与传统的电视或机顶盒相比，Chromecast 使用门槛较低，用户不需要更换电视即可实现 OTT TV 的基本功能，而且它能够直接解决智能大屏与其他智能终端内容同步这一核心需求。2020 年 10 月，谷歌最新发布的 Chromecast with Google TV 产品，售价为 49.99 美元，并配备遥控器，提供精简的 Google TV 用户界面。谷歌流媒体电视棒 Chromecast 的产品特色及优势见图 8-4。

图 8-4　谷歌流媒体电视棒 Chromecast 的产品特色及优势

## 2. 操作系统：Android TV，智能大屏广告的潜力所在

除了硬件设备外，谷歌在 2014 年推出了基于安卓系统开发的电视系统 Android TV，该操作系统可以理解为 Google TV 的"重生优化版本"。Android TV 是专门为智能电视机顶盒、一体机、电视棒等智能电视硬件设备而开发的智能电视操作系统，目前最新版本已升级至 Android 11。

在内容和应用上，Android TV 集成了海量内容及应用，包括超过 7000 个应用程序、85 个直播电视频道，以及 700000 多部电影和节目等。这些内容资源的提供方涉及众多流媒体服务商、直播点播频道、游戏开发商，以此满足用户的多元化内容需求。

在功能上，Android TV 内置 Chromecast 功能，允许用户将其他设备上的照片、视频、音乐等内容快速投射到智能大屏上（即投屏功能）；在操作上，它内置了谷歌智能语音助手 Google Assistant，用户只需要说出"Ok Google"或者按住遥控器上的麦克风按钮即可使用语音命令对搭载该系统的智能电视产品以及其他嵌入了 Google Assistant 的谷歌智能家居产品进行控制。此外，Chromecast 和 Android TV 均能够与谷歌智能音箱 Google Home 搭配使用，用户只需要在智能手机上打开 Google Home 应用并将电视智能大屏添加进其控制设备中，即可通过智能音箱来唤醒电视智能大屏服务。Android TV 的部分影音娱乐应用见图 8-5。

图 8-5　Android TV 的部分影音娱乐应用

搭载谷歌智能电视操作系统 Android TV 的电视机终端厂商遍布全球。Android TV 与全球排名前 10 的智能电视 OEM 代工厂家中的 7 家以及 160 多家电视运营商达成合作伙伴关系拥有庞大的全球合作伙伴网，主要合作伙伴见表 8-2。美国研究公司 Strategy Analytics 的调查数据显示，截至 2020 年 3 月，全球约 40% 智能电视使用 Android TV，但谷歌官方自有设备支持的 Android TV 终端数量在全球智能电视操作系统市场份额中占比 10%。

表 8-2　谷歌智能电视操作系统 Android TV 的主要合作伙伴

| 类型 | 电视和流媒体设备品牌 | 电视服务提供商 |
| --- | --- | --- |
| 主要合作伙伴 | 长虹 | AT&T TV |
| | 海信 | Air TV |
| | 创维 | Airtel |
| | 小米 | Asianet |
| | 夏普 | Beeline |
| | 菲利普 | Bouygues Telecom |
| | 索尼 | Canal Digital |
| | 海尔 | CCC |
| | 松下 | Cellcom TV |
| | 英伟达 | CJ Hello |
| | JBL | CMHK |

注：表中数据摘自 Android TV 官网。

### 3. 应用服务：背靠自有应用生态，打造大屏端娱乐影音服务

背靠谷歌庞大的内容生态，Android TV 能够为智能大屏用户提供海量影视娱乐内容和应用资源，包括 Netflix、HBO、YouTube、Spotify 等。值得一提的是，谷歌基于智能大屏内容专门打造了一项直播电视付费服务，正式涉足 vMVPD（虚拟付费电视）服务。2017 年 4 月，谷歌正式上线 YouTube TV，在原有 YouTube 内容的基础上增添有线电视内容，满足用户通过有线电视网络观看直播电视频道或点播内容的需求；并于同年 11 月推出 YouTube TV 的独立 App，用户可以通过 App 在电视上观看 YouTube 内容和对电视进行基本操作，该 App 也可以在智能手机、平板和带有流媒体播放器的其他设备上使用。

YouTube TV 拥有稳定的电视直播频道阵容，可提供超过 85 个流媒体节目直播频道，包括 ABC、CBS、FOX 等美国主要有线电视网络和 TBS、TNT、CNN 等特纳广播系统的有线网络，还引入 NBA TV 和 MLB Network 两大体育频道内容，此外还提供本地区域性节目，根据用户的所处地区推出不同的频道列表。

除了丰富的内容以外，订阅 YouTube TV 的用户还可以拥有无限存储功能的云 DVR 存储空间，用于录制直播节目和重播，每次录制后可存储 9 个月，没有存储数量限制。同时订阅用户可获得 6 个家庭账号，可以与家人或朋友共享，并且可以一次在三个屏幕上观看。YouTube TV 的初始订阅价格设定为每月 35 美元，随着该服务的不断拓展，该服务价格几经上调，2020 年第三季度最新上调后的基本价格已经是每月 64.99 美元。YouTube TV 已拥有 300 万付费用户，谷歌也成为仅次于 Hulu 的全美第二大虚拟付费电视服务商。㊀

除了电视及影音类应用服务 YouTube TV 之外，谷歌自有的数字媒体应用商店 Google Play 也集成并出售音乐、电影和电视节目等应用，为智能大屏用户提供应用服务。音乐应用方面，谷歌推出智能大屏端的 YouTube Music 应用，并内置

---

㊀ Amy Gesenhues. YouTube TV now available in more than 98% of U.S. households[EB/OL].（2019 - 01 - 23）[2021 - 2 - 26]. https://marketingland.com/youtube - tv - now - available - in - more - than - 98 - of - u - s - households - 255744.

于 Android TV 系统。Android TV 首页的 YouTube Music 应用会显示推荐音乐，应用内界面也进行了更新，配合电视的大尺寸和横向配置，将部分功能移到左侧显示；同时专辑图标也放大了不少来配合电视的使用距离。游戏类应用方面，谷歌预计 2021 年将云游戏平台 Google Stadia 正式集成至 Android TV，为用户丰富视频游戏体验。

总而言之，谷歌通过打造"硬件＋系统＋应用"的战略组合来布局家庭智能大屏生态，全面涉足家庭场景。从小型硬件、操作系统到丰富应用软件，完整的生态为其开展大屏营销奠定了基础，也代表着巨头级科技企业的典型操作模式。被吸纳进谷歌大屏生态中的用户使用其大屏产品观看电视节目，从而使广告商得以针对用户观看的内容定位广告。也就是说，谷歌挖掘出了利用智能大屏实现广告可能性的潜力，并在此基础上将其广告业务扩张至大屏营销领域。

### 8.2.2 智能大屏营销：推动行业变革，重新定义电视广告

谷歌一直致力于推动传统电视的营销理念的变革升级，捕捉推动电视行业变革的根本动力和趋势方向。谷歌在智能大屏的营销布局可以总结为两方面：一是挖掘自有大屏生态价值，二是与优质内容方广泛合作，输出广告技术服务。

谷歌在 2014 年发布了一个名为《电视的改革：推动电视改革的 7 个动力》的研究报告。这一报告深入思考了电视行业变革的根本动力，将其概括为七个动力，从而推动了智能大屏营销理念的认知升级。这 7 大推动力量涉及跨屏、精准广告、云服务、效果监测、程序化广告、可寻址广告和用户关系，它们分别是：跨屏幕触达受众为广告主提供了跨屏互动新机遇；互联网电视流媒体为广告主提供了大规模定制化广告库存；电视传输及云计算使节目制作方和分销商得以提供敏捷灵活的云端服务；互联网电视收视监测方式从"小规模抽样"向"整体统计＋样本分析"转变；程序化广告技术提升广告的购买和销售的效率；可寻址广告利于广告主更精准有效地触达目标受众；互联网电视为受众与广告主双向互动带来机会。

谷歌对于自建的智能大屏生态价值的挖掘是从硬件层、系统层、应用层三方

面展开的。

硬件层方面，谷歌为流媒体电视棒 Chromecast 的遥控器设备搭载了广告。2020 年最新版 Chromecast 配备遥控器，遥控器上设有 YouTube 和 Netflix 频道按键。如此一来，遥控器上的频道按键就成为可出售的广告资源。

系统层方面，谷歌在 Android TV 主屏幕设置广告栏目。2019 年，谷歌首次在 Android TV 主屏幕显示广告。广告主投放的广告显示在 Android TV 主屏幕底部的赞助内容行 Sponsored。值得一提的是，投放 Android TV 主屏幕广告的广告主大多为内容或是应用提供商。2020 年，谷歌在 Android TV 主屏幕顶部增设了影片亮点栏 Cinematic Highlights，专门播放电影预告片、电视节目预告片和应用推荐内容，从而进一步为内容提供类的广告主开辟了广告位置。

应用层方面，谷歌围绕 YouTube 打造智能大屏广告容器。如谷歌为广告主量身定制大屏端"标头广告"，这一广告形式是展示在智能大屏端 YouTube 流媒体应用顶部的视频广告。用户进入 YouTube 应用后该广告立即无声启动，播放完毕后默认显示为视频缩略图。YouTube 作为流媒体平台，其丰富的内容资源成为进一步挖掘广告价值的关键。基于此，谷歌在其 YouTube Ads 平台发布了高级广告产品 YouTube Select 工具，尽可能地扩大广告资源库存。YouTube Select 工具通过引入娱乐、体育、游戏、美食、音乐和科技等多种类内容，利于广告主接触和选择更高质量的发行商和内容创建者，为广告主提供多样化的内容选择。此外，这款产品还专门引入流媒体电视节目。广告主通过 YouTube Select 工具可以添加电视视频内容包，针对大屏上的 YouTube 应用和 YouTube TV 购买库存，并通过专用的流媒体节目清单在大屏上运行广告资源。

谷歌基于自建智能大屏生态的广告营销能力，并没有局限在其生态内部，而是与优质内容方广泛合作，输出广告技术服务。谷歌与 ABC、CBS、FOX、CNN、迪士尼等多家电视内容服务提供商展开广泛合作。其中，2018 年谷歌与迪士尼达成全球战略合作关系，迪士尼将其全部全球数字视频和展示广告业务交付 Google Ad Manager，这意味着谷歌可以访问迪士尼拥有的频道和内容（例如 ABC、ESPN、漫威、皮克斯），并支持通过 PC、手机和 CTV、虚拟直播服务

（YouTube TV）等渠道投放广告，从而为广告主提供跨屏、无缝且可衡量的优质广告体验。

### 8.2.3 技术工具：先进的视频广告集成工具，服务营销全链路

谷歌充分发挥了其成熟的广告业务体系和广告工具技术的优势，将智能大屏营销资源整合进目前的广告业务体系之中。谷歌在提供互联网广告服务方面已经整合了一套较为成熟的广告工具，包括 Google Ads、Google Marketing Platform 和 Google Ad Manager 三个平台，它们涵盖了谷歌为广告主提供的所有产品和服务（见表 8-3）。谷歌将智能大屏营销资源同这一套广告工具打通，从而将其在互联网广告运作上的经验和技术推广至智能大屏营销当中。

表 8-3 谷歌的广告工具三件套及在智能大屏中的整合和应用

| 工具名称 | 工具介绍 | 在智能大屏服务中的整合和应用 |
| --- | --- | --- |
| Google Ads | 投放关键字广告和展示型广告的平台 Google Adwords 更名而来 主要服务于中小型广告主 | 智能大屏与 PC、手机、平板并列，成为广告投放及管理的"第四种设备" |
| Google Ad Manager | 管理广告库存和连接广告联盟的系统，由 DoubleClick for Publishers 及 DoubleClick Ad Exchange 整合而来，主要服务于媒体方，可实现宣传计划、广告购买、媒体数据监测和用户体验改善的一体化 | 如迪士尼将其全部全球数字视频和展示广告业务引入 Google Ad Manager |
| Google Marketing Platform | 一站式营销管理平台，涵盖数款广告投放和分析工具。由 Google Analytics 360 Suite 和 DoubleClick 强势整合而来，主要服务于大型广告主 | 视频广告集成工具 Display & Video 360 为大屏营销护航，是竞价采买智能大屏视频广告资源的广告投放工具 |

注：表中资料由笔者综合以上三个平台官网介绍所得。

具体来说，2018年谷歌在Google Ads平台的广告板块中加入"电视屏幕"设备类别，帮助广告主通过智能大屏覆盖YouTube用户。由此，智能大屏与PC、手机、平板并列，成为谷歌支持广告投放及管理的第四种设备类型。这意味着广告主可以在Google Ads上针对智能大屏来量身定制广告物料，例如谷歌推出了智能大屏端的"标头广告"资源，广告视频会展示在针对电视开发的YouTube应用的顶部。广告主还可以在Google Ads上查看广告投放到电视屏幕之后的数据报告，或是一站式购买谷歌在移动端、PC端和智能大屏端的广告资源，获得覆盖范围更为广阔的跨屏跨设备广告服务。

在Google Ads广告系列计划工具中，值得一提的是Reach Planner工具。该工具于2018年4月推出，旨在根据一系列指标和投入来尽可能准确地估算YouTube广告系列的覆盖面和投放效果。为了更深入地了解YouTube广告在智能大屏上的投放效果，2019年谷歌将尼尔森电视数据集成至Reach Planner之中。尼尔森的数字广告评级（Digital Ad Ratings，简称"DAR"）工具能够提供用于人口统计预测和收视率信息的相关数据，这使得广告主能够衡量其整个广告投放计划在不同覆盖面上的效果和了解受众群体详细指标，从而及时优化电视广告和在线视频广告的组合，以最大限度地平衡投放频率，减少广告支出的浪费。

除了可以在Google Ads上设置和管理智能大屏广告以外，Google Ad Manager也针对智能大屏更新了相应的服务，为电视广告提供商提供了更完善的库存管理服务，并且能够访问源自流式传输设备的信息和指标以有效衡量广告效果。Google Marketing Platform平台也将电视屏幕纳入了支持的设备类型之中，并针对智能大屏提供了从规划、购买、投放到效果衡量的全流程广告服务。

值得一提的是谷歌三大广告套件工具中Google Marketing Platform下的Display & Video 360。Display & Video 360是一个帮助广告主、媒体方和数据供应商共同执行端到端营销活动的视频广告集成工具。广告活动的不同主体在同一个平台内即可完成受众定向、创意制作、广告交易、广告投放、效果监测全链路营销活动，并且全程采取同一套标准体系来使用数据和评估营销效果，实现真正的数据驱动营销，见图8-6。

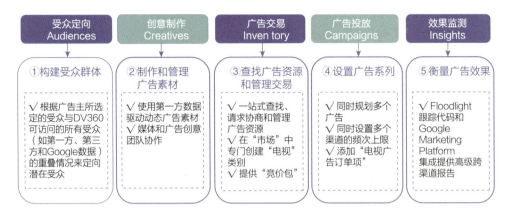

图 8-6 谷歌 Google Marketing Platformp 平台旗下视频广告集成工具 Display & Video 360 的五大功能模块

对于智能大屏的效果评估和测量，谷歌积极和第三方机构合作，纳入多元测量指标。比如谷歌与 Samba TV 合作，将 Samba 数据集成到 Google Marketing Platform 提供归因分析。2019 年 3 月，致力于实时测量电视收视率的权威机构 Samba TV 表示将把近 2000 万台智能电视的观看数据集成到 Google Marketing Platform 中，投放智能大屏广告的营销人员首次可以对 YouTube 广告以及通过 Google Marketing Platform 提供的数字媒体广告进行归因。谷歌还与尼尔森合作，评估 YouTube 和 YouTube TV 的电视广告资源。2020 年 10 月，老牌测量和数据分析机构尼尔森宣布将以数字广告收视率（Digital Ad Ratings）和总广告收视率（Total Ad Ratings）来衡量 CTV 上的 YouTube 应用和 YouTube TV 的广告库存，其中还包括可寻址的 TV 测量。

谷歌立足于既有的广告资源和成熟的广告运作技术优势，将智能大屏营销整合进现有的广告业务之中，这是一种将互联网广告的经验成功推广至智能大屏营销的举措。这不仅使谷歌原有的广告业务得到了进一步的拓展，也大大降低了重新开发智能大屏营销解决方案的成本，同时还能够为广告主提供跨屏跨平台投放广告的机会，并通过监测和衡量多终端多设备的用户数据和广告效果来实现更好的营销服务。

### 8.2.4 总结与启示

互联网流量红利正在消退，客厅经济逐步回归，互联网出身的谷歌也开始涉足智能大屏营销领域。这说明了智能大屏营销的经济价值和盈利空间，为互联网机构挖掘新的业务增长点提供了参考方向。

谷歌全面涉足家庭场景，在战略和战术层面重点布局电视大屏。从小型硬件、操作系统到丰富的应用软件，完整的生态为其开展大屏营销奠定了基础，也代表着巨头级科技企业的典型操作模式。

YouTube 流媒体平台是谷歌大屏布局的重要一环，不仅为谷歌聚拢大量用户，而且提供了优质广告库存，实现以视频内容定位用户的可能性。谷歌不断与优质的内容资源方保持合作，持续储备优质视频内容。

立足于成熟的广告技术优势，谷歌将大屏营销整合纳入原有的广告业务体系中，将互联网广告的客户积累和销售经验成功推广至大屏领域。大屏资源，不论 CTV 还是传统线性电视，与其他类型的数字广告在同一系统平台进行交易，这在数据打通、策略制定、标准衡量上都具有行业代表性。

值得强调的是，谷歌的智能大屏营销与国内机构最大的区别在于它是基于流媒体内容展开布局的。智能大屏营销机构或许应该将打造完整优质的内容体系纳为企业竞争力的重要组成部分，通过对用户收视内容偏好数据的洞察来建立更为精细的用户画像，为广告精准投放赋能。

## 8.3 亚马逊：智能大屏营销是电商巨头广告版图中的一步重棋

**案例看点**

● 亚马逊是美国的电子商务巨头，较早涉足大屏硬件的生产和销售，并且先后推出了收费的 Amazon Prime Video 视频流媒体服务及免费的 IMDb TV 视频流媒体服务。

- 鉴于电商广告业务的不断增长，亚马逊已成为继谷歌和脸书之后美国排名第三的数字广告企业，再加上此前在大屏领域中软硬件的布局，以及视频广告植入的尝试，亚马逊意识到视频广告可以成为广告收入的下一个重要增长点，因此开始进军智能大屏营销市场。

- 亚马逊利用自己的优势业务助推大屏营销业务的发展，比如将Alexa语音助手植入到硬件设备中，比如新开发"即看即买"广告形式，通过将大屏与自己的电商业务结合起来，大大增强了智能大屏广告的转化效果。

- 发展智能大屏营销，规模化的广告库存尤为重要。亚马逊一边扩充自有的内容库，一边"收编"Fire TV上第三方频道的广告库存，并将这些庞杂的广告库存通过Amazon Publisher Services供应方平台整合起来，从而为进一步打开智能大屏营销市场奠定基础。

- 亚马逊直接将智能大屏广告纳入其DSP中，推进智能大屏广告业务的快速落地和程序化交易的实现。除此外，亚马逊还向第三方开放其大屏广告库存，从而简化了广告主对Fire TV平台上其他频道广告库存的访问。无论是前者还是后者，都在一定程度上简化和优化了智能大屏广告的交易过程。

亚马逊作为美国电商巨头，此前虽然已在智能大屏领域布局硬件设备和内容平台，但并未着眼于智能大屏营销。而随着广告业务的快速增长，亚马逊在现有广告业务体系下开始寻找新的业务机遇，智能大屏成为突破口。而亚马逊于2019年年初推出的纯靠广告盈利的流媒体视频服务IMDb TV也成为其进军视频广告的最大号角声。为了推进智能大屏营销业务，亚马逊还积极扩充、整合智能大屏库存，并通过完善已有的DSP以及与第三方DSP公司合作来简化广告交易。至今，亚马逊已经向百事可乐、宝洁等众多品牌广告商提供了智能大屏营销服务，一颗智能大屏营销领域的"新星"正在冉冉升起。

### 8.3.1 智能大屏营销成为亚马逊广告业务发展新机遇

作为一家巨头企业，亚马逊在不断扩展业务的过程中，已经对智能大屏领域有所涉足。硬件方面，亚马逊先后推出了 Fire TV 机顶盒、电视棒以及 Fire TV Edition 智能电视三类不同的智能大屏终端硬件产品，并不断对它们进行升级改造。市场研究和咨询公司 Parks Associates 的数据显示，无论是市场占有率还是总观看时长份额，亚马逊流媒体设备 Fire TV 都仅次于 Roku，居于第二，并且 Fire TV 的全球活跃用户数已达 4000 万。而在应用软件方面，亚马逊也早在 2011 年就推出了流媒体视频平台 Amazon Prime Video。

但此前，亚马逊并不直接通过硬件销售费用或流媒体平台订阅费用实现盈利，而是希望通过二者把用户留在亚马逊生态内，再通过亚马逊其他多样化的业务盈利。这种变现思维在 Amazon Prime Video 上体现得尤其充分，最开始的流媒体视频服务（当时称为 Amazon Prime Instant Video 服务）仅仅作为 Prime 会员服务的一项福利免费提供给消费者，后来 Amazon Prime Video 服务愈发展现出它的价值，并成为亚马逊在智能大屏上提供服务的重要内容库。亚马逊的智能大屏布局见图 8-7。

图 8-7 亚马逊的智能大屏布局

近年来，众多广告主选择在亚马逊网站投放搜索广告和展示广告以提升产品销量，亚马逊的广告业务得以快速增长。eMarketer 数据显示，2019 年亚马逊在美国本地的广告收入达到近 100 亿美元，比 2018 年增长 33% 以上。亚马逊如今已经成为美国排名第三的数字营销企业，并且正在挑战谷歌和脸书的数字广告双寡头地位。亚马逊高层表示对广告业务的进展感到非常满意，在搜索广告业务快速扩大的同时，还开始关注起视频广告。

亚马逊此前的布局也成为其推行视频广告的基础。早些时候，亚马逊已经在 IMDb TV 和 Amazon Prime Video 上做过一些视频广告植入的尝试，从片头广告到在体育竞技赛事中插入广告再到推出完全由广告支持的真人秀节目《时尚基金》（《The Fashion Fund》），以上这些经验的累积，让亚马逊摸索出了一条视频广告投放的可行之路。

亚马逊的这种野心在 2019 年新推出的 IMDb TV 免费视频流媒体服务上更是可见一斑。Amazon Prime Video 平台主要以 SVOD、TVOD 内容盈利，平台上几乎没有广告，而 IMDb TV 则完全通过 AVOD 内容盈利，它的推出也被视为亚马逊进军智能大屏广告市场的最新举措。四种类型的流媒体视频点播服务见表 8-4。

表 8-4　四种类型的流媒体视频点播服务

| | |
|---|---|
| VOD（Video On Demand，视频点播） | 为用户提供自主选择的机会，观众可以自由决定何时、何地观看何种内容 |
| SVOD（Subscription VOD，订阅型视频点播） | 用户需要有会员资格，且在会员期限内可无限点播的内容 |
| TVOD（Transactional VOD，交易型视频点播） | 用户一次付费购买后即可无限点播的内容 |
| AVOD（Advertising VOD，广告型视频点播） | 用户可免费无限点播的内容，但是在内容中附带广告 |

目前，Fire TV 操作系统上搭载的第三方免费视频内容和 IMDb TV 平台上的视频内容是亚马逊自有的两大智能大屏媒体资源。广告主能够在 Fire TV 操作系统的主页投放背景和 Banner 广告，或在 Fire TV 平台上支持广告的视频内容前、视频播放间隙或视频播放之后投放不可跳过的视频广告。IMDb TV 也支持在视频内容之前、播放间隙或之后插播 15 秒或 30 秒的视频广告。尽管形式较为单一，但丰田、现代汽车、渐进保险、百事可乐、宝洁等一些大型的电视广告商都已在 IMDb TV 上投放了广告，在电影和节目中插入品牌的 15 秒或 30 秒视频广告。智能大屏已经成为亚马逊广告业务布局的新入口。见图 8-8 和图 8-9。

图 8-8　Fire TV Sponsored 区和头部背景区域的展示广告

（来源：亚马逊广告官网）

图 8-9　IMDb TV 视频内容的中插广告

（来源：亚马逊广告官网）

## 8.3.2　扩充整合广告库存，获取智能大屏营销布局主动权

亚马逊虽然已经基于 Fire TV 和 IMDb TV 提供智能大屏营销服务，但亚马逊向广告主开放的智能大屏广告库存仍然有限，难以支撑智能大屏广告的广泛投放。鉴于此，亚马逊开始通过对内不断扩充自己的视频内容以及对外将第三方广告库存纳入自身体系中来丰富自己的广告库存，并通过 Amazon Publisher Service 供应方平台整合智能大屏广告库存，获取布局智能大屏营销的主动权，为进一步打开智能大屏营销市场奠定基础。

首先是扩充自有的内容库。亚马逊智能大屏营销的最主要形式是视频广告，视频广告则需要内容的支撑，可以说，每一个视频内容都是待出售的广告位，亚马逊只有先充实自己的内容库，才能建立起自己的广告库存。此外，流量的规模也是广告主考虑的重要因素，丰富的内容则是吸引流量的基础。IMDb TV 在推出之际提供的是一些较陈旧的内容以及一小部分原创作品，难以吸引用户。2019年夏天，IMDb TV 宣布将其内容阵容增加三倍并增加数千种新节目的计划。在这个计划下，IMDb TV 与多家主要制片厂合作。比如在 IMDb TV 与华纳兄弟、索尼影视娱乐公司和米高梅电影公司等制片厂签署交易合同后，诸如《神奇队长》和《爱乐之城》（独家流媒体播放）等广受欢迎的电影资源进入了该平台（见图 8-10）。亚马逊还在稳步增加对 IMDb TV 的投资，并计划在 IMDb TV 上增加有线电视直播频道，以及推出支持广告投放的新闻和其他娱乐节目。此外，亚马逊还将跟 NFL 和英超联赛等体育赛事进行实况转播合作，增加视频广告展示量。

图 8-10　IMDb TV 上新增的广受欢迎的影视内容①

其次是以分销的方式"收编"Fire TV 上第三方频道的广告库存。Fire TV 作为内容集成平台，内容体量庞大，其上有超过 500000 部电影和电视剧集可以提

---

① 图片来源：IMDb TV 官网。

供给用户，这其中除了亚马逊自有内容，还有大量的第三方内容，蕴含着丰富的广告机会。但第三方内容提供商，尤其是一些大牌电视频道，如 FOX、ABC 等，在过去一直保留着 Fire TV 上的所有广告收入，随着 Fire TV 活跃账户规模的不断上涨，以及亚马逊推行视频广告的需求，亚马逊要求逐渐扩大对 Fire TV 平台的控制，尤其是对第三方频道的控制。因此，亚马逊在 2018 年秋天更新了 Fire TV 平台的条款，要求大多数广告支持的频道向亚马逊提供约 30% 的广告库存，以换取分销。这部分库存最终被亚马逊纳入其智能大屏库存体系中，以支持智能大屏营销的发展。

亚马逊在持续扩充智能大屏广告库存的同时，亟须提高对库存的掌控和管理能力。亚马逊通过 Amazon Publisher Services 平台实现了对智能大屏广告库存的整合，包括 IMDb TV 流媒体平台的广告库存和其在 Fire TV 上第三方频道处得来的 30% 内容频道广告库存。Fire TV 上的第三方频道同样也被要求从 2018 年 9 月 30 日起必须要与亚马逊的 Amazon Publisher Services 平台整合，以推进库存整合的进程。亚马逊还告诉内容提供商，从 2019 年开始，他们将不得不使用亚马逊的广告网络来投放出现在 Fire TV 上的所有广告，包括他们手握的那 70% 广告库存。这些频道本来可以利用其他广告网络来填补 Fire TV 的广告时段，但现在也被禁止了。亚马逊此番对广告库存的强行整合还会进一步为智能大屏广告的交易提供有利条件。

### 8.3.3 利用 DSP，简化智能大屏广告交易

亚马逊将智能大屏广告库存通过 Amazon Publisher Services 平台整合后，下一步要解决的就是智能大屏广告交易的问题。亚马逊利用已有的 DSP 以及与第三方 DSP 公司合作，简化了广告主访问、购买智能大屏广告的流程，提高了智能大屏广告的交易效率。

亚马逊 DSP 是亚马逊自建的需求方平台，支持广告主以程序化方式批量购买亚马逊的广告库存，包括自有网站、移动应用程序和自有设备上的所有广告。对于新加入的智能大屏广告，亚马逊也理所当然地将其纳入到 DSP 上。如今，亚马

逊支持广告商在 Amazon DSP 上通过 Amazon Publisher Services 访问亚马逊的所有智能大屏广告库存，并通过程序化的方式购买。整个购买过程是自动化的，广告基于动态算法模型定价，广告主可以进行实时竞价。亚马逊整合智能大屏库存的意义也在此体现。从事程序化广告交易的第三方 DSP 公司 dataxu 首席执行官迈克·贝克尔说，Amazon Publisher Services 能够获得 Fire TV 广告库存的所有权很重要，关系到其实时出价程序的实现。

亚马逊 DSP 还向广告主保证一个品牌安全的节目库，以确保广告投放到正确的内容中。品牌安全的问题在社交平台推特将广告发布在色情内容网页上的丑闻出现后便深受广告主关注，毕竟推特的广告也依靠程序化交易。亚马逊将节目和电影根据其原始发行情况进行事先评级，并让广告商运用标准控件来控制他们要在哪些内容中投放广告。例如仅在大众级（G 级）和普通级（PG 级）电影中投放广告，并禁止广告在某些类型的内容中播放。

除了利用已有的 DSP 平台，亚马逊还首创性地向第三方开放其智能大屏广告库存，主要目的是简化广告主对 Fire TV 上其他频道广告库存的访问。2019 年 7 月，亚马逊宣布与美国两家领先的第三方 DSP 公司 dataxu、TTD 建立合作伙伴关系，向外部开放其所拥有的 Fire TV 广告资源，允许内容提供商直接出售 CTV 应用程序中的广告，以满足外部需求。dataxu 和 TTD 现在已经可以为亚马逊 Fire TV 上大约 40 个频道提供广告服务，这些频道包括 CNN 和 Discovery 等电视网络，以及 Pluto TV 和 Tubi 等流媒体视频服务。

亚马逊虽然允许 dataxu 和 TTD 出售 CTV 应用程序中的广告，但是他们无法获得 Fire TV 用户个人账户和资料的任何深层数据，如电商购买数据。他们能够获得的是与每台提供广告服务的 Fire TV 设备相关联的匿名广告标识符，从而跟踪多个广告活动的表现。第三方交易公司可以通过引入其他信息，比如广告商已经拥有的数据（如电子邮件地址）与其他数据集（包括智能手机 ID、网站 Cookie 甚至 IP 地址），并将数据进行分组，以尝试匹配 Fire TV 广告的广告印象并获得广告活动触达率、频率和完成率等指标——这也是大多数数字视频广告购买的标准衡量指标。

行业称亚马逊为程序化 CTV 广告开辟了新天地。TTD 首席执行官杰夫·格林在一份关于合作伙伴关系的内部备忘录中写道，向外部 DSP 提供匿名 ID 是"大型技术公司的重大举措，也是 CTV 的突破"。

### 8.3.4 总结与启示

显然，亚马逊目前仍是智能大屏营销的新手，广告形式较为单一，广告库存也仍在扩充过程中。亚马逊投资者关系总监戴夫·菲尔德斯（Dave Fildes）曾在电话会议上表示："现在是亚马逊 OTT TV 和视频广告的'早期'，我们仍然优先考虑基本的平台改进。"尽管如此，业界对其动态也是颇为关注的，这是由于亚马逊掌握着数亿消费者的庞大数据，这也是亚马逊进行广告营销活动的天然优势。亚马逊已经能够在 PC、手机等其他终端上利用消费者数据进行定向投放和广告效果归因，但亚马逊将会如何将这种能力移植到智能大屏上尚未明晰，种种畅想都彰显着亚马逊的智能大屏营销未来可期。

国内的许多互联网企业，比如阿里巴巴，其实也像亚马逊一样手握重要的数据资源，也许我们也可以期待它们能够将这些重要的消费者数据用于智能大屏营销中。当然，现在的 BAT 三大互联网巨头已分别投资了"爱优腾"等内容平台，即有了进入智能大屏营销的通道和机会，但即便它们不亲自入场智能大屏营销，其他的智能大屏营销服务机构如果能和这些互联网企业达成合作，无论是在数据上还是在广告技术上获得支持，想必也能给智能大屏营销增色不少。

## 8.4 Roku：智能大屏"超级玩家"的广告生意经

### 案例看点

● Roku 是美国领先的智能大屏运营机构，原先从事智能大屏硬件产品的生产销售，后转型为提供视频聚合服务的流媒体视频平台，且广告业务已反超硬件业务成为收入占比最大的业务。

- Roku 搭建了完善的智能大屏业务体系，在硬件领域凭借高性价比的产品铺货以及广泛授权 Roku OS 操作系统收割用户，在软件领域则提供丰富全面的内容和更贴心的服务增强用户黏性，软硬结合，Roku 的用户流量不断走高，带来了理想的广告收入。

- Roku 智能大屏营销服务的对象除了常规的企业品牌外，还有内容提供商。Roku 基于自身系统层、内容层以及终端层业务体系为有着不同营销需求的广告客户开发出多种广告资源形态或产品，提供了差异化的营销服务。

- Roku 重视广告投放和广告效果测量能力的提升，这背后离不开大量的数据积累和先进的广告工具的支持。在广告的精准投放上，Roku 凭借庞大的受众基础，利用多方数据锁定用户。而在广告效果的测量上，Roku 积极和第三方机构合作，推出了尼尔森评估解决方案和"受众测量合作伙伴计划"，从多维度进行效果归因。

作为美国领先的智能大屏运营机构，Roku 在全球的影响力已经颇为显著。如今的 Roku 已经是海外第一的智能大屏硬件提供商和视频流媒体聚合平台，在硬件市场占有率、大屏用户数、观看时间等数据上都名列前茅，同时也是 CTV 广告收入市场的三大巨头之一。

市场研究和咨询公司 Parks Associates 的数据显示，2019 年，Roku 的流媒体播放器市场份额（注：以已安装的设备为基数）已经超过了 30%，市面上现有 5200 万台以上 Roku 的设备在使用中。另外，专门服务于视频领域的大数据公司 Conviva 的数据也显示，2019 年第四季度，Roku 设备占所有 CTV 观看时间的 44%，位居第一。而从 Roku 官方数据来看，Roku 的活跃账户也已达 3690 万个，如此庞大的用户流量规模，为其进行智能大屏营销打下了基础。Roku 在利用丰富的广告资源提供差异化营销服务的同时，开发多种技术工具，不断提升自己的广告投放能力，始终走在行业的前沿。

## 8.4.1 从终端厂商转型成流媒体视频平台，Roku 自带流量入驻大屏营销领域

自 2002 年成立，Roku 就在经营发展中不断转型，前后共经历了三个时期：机顶盒时期、智能电视时期和流媒体视频平台时期。在机顶盒时期和智能电视时期，Roku 主要开发和销售搭载自研 Roku OS 操作系统的硬件设备。Roku 的硬件基因及系统优势为其成功转型提供了关键条件。到了流媒体视频平台时期，Roku 从传统硬件生产商向 OTT TV 平台方过渡转型，如今已成为一家提供大而全的视频内容聚合服务的流媒体平台，见图 8-11。

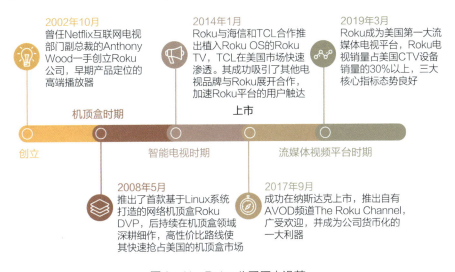

图 8-11 Roku 公司历史沿革

至今，Roku 已经搭建了完善的智能大屏业务体系，主要分为硬件和软件两部分，见图 8-12。其中，硬件业务通过广泛铺货高性价比的硬件产品以及广泛授权 Roku OS 操作系统聚合用户。Roku 硬件既包括其自制自销的电视机机顶盒和电视棒，还包括获得了 Roku OS 操作系统授权的各电视机制造厂商生产制造的智能电视 Roku TV。随着智能电视在美国市场的兴起，Roku TV 对提升 Roku OS 的渗透率的作用越来越明显。

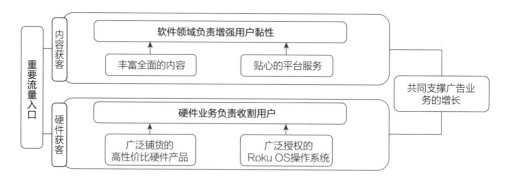

图 8-12 由硬件和软件业务两部分构成的 Roku 大屏业务体系

Roku 官方数据显示，自 2015 年以来，授权使用 Roku OS 操作系统对新增账户的贡献比例从 26% 提高到 50%。

如今，Roku 终端（流媒体播放设备和 Roku TV）的铺设情况已非常惊人：根据数据统计机构 Statista 的数据，2019 年 Roku（注：包括流媒体播放设备和搭载 Roku OS 的其他品牌电视）占据美国 CTV 设备销量的 30% 以上。也就是说，在美国每销售三台智能电视，其中就有一台是 Roku TV 或是搭载了 Roku OS 的智能播放器，这加速了 Roku 的用户触达。

另一方面，Roku 在软件领域则为用户提供丰富全面的内容和贴心的服务来增强用户黏性。Roku 是目前可以播放最多频道的平台，平台上已有接近 8000 个频道，这些频道都以 App 的形式呈现，并汇集在 Roku 频道商店中。Roku 自有频道 The Roku Channel 也在不断更新内容，除了免费的 AVOD 内容，还在逐步增加直播和优质的订阅内容。此外，为了提高用户的使用体验，Roku 在 2019 年基于机器学习推出了个性化的内容推荐，对用户的平台参与度有显著提升。

Roku 还将 The Roku Channel 与其他付费平台集成在一起，提供一项叫作 Roku Pay 的服务，该服务支持一键订阅功能，也就是 Roku 用户可以通过一个账户来选择订阅服务并一键付费。根据 Roku 官方数据，截至 2019 年，市面上有 5200 万台以上的 Roku 设备在使用中。Roku 拥有超过 3980 万活跃账户、8470 万用户。2020 年 Roku 用户占美国互联网用户的 32.9% 和 CTV 用户的 46.9%。

2019 年全年 Roku 的流媒体播放时长达到 403 亿小时的创纪录水平，2020 年 Q1 其流媒体播放时长达到 132 亿小时，依然位列第一。由此可见 Roku 平台留存用户的能力。

Roku 庞大的用户流量规模，为其进行大屏营销打下了基础。从营收状况上看，2019 年全年 Roku 业务收入为 7.408 亿美元，占总收入的 66%。其业务收入中又以广告业务为重，其占比是最大的。可以说，广告业务已经成为 Roku 的重要收入来源。从整体广告市场来看，通过相对成熟的大屏营销服务，Roku 也已占据了 CTV 广告市场的相当一部分体量。Roku 业务及收入构成情况见图 8-13。

图 8-13　Roku 业务及收入构成情况

## 8.4.2　软硬优势加持，面向不同客户提供多元广告类型及差异化营销服务

多角度聚拢用户流量的基础上，Roku 的广告营销业务飞速发展。如今，Roku 已经基于自身系统层、内容层以及终端层业务体系开发出多种广告资源形态或产品，满足广告主的各种营销需求。值得一提的是，由于 Roku 已逐渐明确其流媒体平台的角色定位，其营销体系所服务的广告主类型也在常规品牌主的基础上增添了一类新角色，即众多内容提供商。不同于品牌主借助智能大屏广告向

用户宣传品牌或产品的营销需求，内容提供商对 Roku 更多的需求是频道订阅或内容推荐。两类不同的广告主虽有异曲同工之处，但 Roku 却颇为精细地为两者提供了差异化的营销服务。

面对内容提供商，Roku 基于自有的硬件资源、操作系统资源形成了内容提供商营销解决方案（Publisher Solution）。解决方案主要以展示广告开发为主，基于终端硬件和操作系统界面，提供了三种广告形式——遥控器品牌频道按钮销售，渠道推荐和主页、屏保上的广告位。"遥控器品牌频道按钮销售"即 Roku 遥控器或播放器上的快捷按钮，点击该按钮即可直接进入特定的频道。"渠道推荐"则是指用户首次安装 Roku 时出现在页面上的频道推荐位。另外，"主页、屏保上的广告位"就是 Roku OS 操作系统的屏保和主页侧边用于展示大幅图片的固定广告位，点击亦可跳转（见图 8-14）。

图 8-14　ROKU TV 主页侧边显眼的广告位

（来源：Roku 官网）

同时，Roku 为内容提供商类广告主开发了自助促销平台协助其广告投放（见图 8-15）。在该平台上，内容提供商可自主选择付费模式、目标受众（通过设定用户属性和地区位置等选择）、排期和展示次数，方便快捷地实现广告投放。另外，该平台还支持一次购买多个广告系列，大大提升了展示广告的交易效率。广告投放后，内容提供商可以通过自助促销平台查看每日统计报告，获知广告活动的每日 KPI（包括 CPM、CPC、CPI）及其总体趋势的快照，及时了解广告效果。

图 8-15　广告主可利用自助促销平台设定目标受众，自助投放广告

（来源：Roku 官网）

面对常规类品牌广告主，Roku 提供的是常规品牌广告主营销解决方案（Advertiser Solution）。该解决方案主要利用 AVOD 提供智能大屏营销服务。Roku 平台上的 AVOD 内容广告库存主要有两个来源：一是通过签订协议获取内容提供商部分或全部的广告库存；二是 Roku 自有的 The Roku Channel 频道的广告库存。

基于 Roku 平台上汇集的大量内容资源，Roku 通过签订协议获取内容提供商部分或全部的广告库存并帮助售卖这些库存获得广告分成。但由于内容提供商所提供的广告库存多来自长尾频道，盈利能力有限，Roku 将平台上的精华内容通过授权或者买断，以 AVOD 的形式播放，这些内容集成为 Roku 自有的 The Roku Channel 频道并迅速成为公司主要的广告库存来源之一，提高了 Roku 的广告变现能力。围绕 AVOD 内容，Roku 开发了包括视频广告、品牌赞助广告和互动广告在内的多种广告形态。"视频广告"是常见的在视频开头或中间插播 15 秒或 30 秒视频广告的形式。"品牌赞助广告"则是品牌广告主通过赞助相关的频道或内容直达目标客户。"互动广告"指的是在内容播放期间，通过弹窗等形式出现的、可以和用户进行互动的广告。

随着品牌主对智能大屏互动广告的需求逐渐提升，Roku 在互动广告形式开发上的投入也逐渐增多。除了用户可以使用遥控器玩游戏、参加小测验、查看当地零售商的畅销产品或当前销售情况等基本互动形态外，Roku 还开发出跨屏互动、弹窗互动等多种新颖的互动玩法。

例如，2019 年 10 月，Roku 推出了新的互动广告形式——弹窗互动广告。这种广告比较特殊，以视频内容中弹出广告为主要形式，实现了品牌广告主与关联内容的深度互动。以 Roku 合作的保险公司 Geico 为例，当 Geico 的万圣节广告在 Roku TV 上播放时，电视上会同步出现另一个弹窗广告，该弹窗广告推广的是由 Geico 赞助的、在 The Roku Channel 上播放的电影《鬼镇》(《Ghost Town》)。用户可以通过遥控器点击窗口的"OK"按钮快速设置观看电影的提醒。想必未来 Roku 还会推出更多更新奇的互动玩法，提高观众在智能大屏营销中的参与感，拉近观众和智能大屏之间的距离。

### 8.4.3　借助数据和技术工具，Roku 提供全链路智能化大屏营销服务

Roku 的广告营销业务发展态势良好，已逐步成为对 Roku 营收贡献最大的业务板块。但 Roku 认为，在智能大屏营销领域，OTT TV 广告的潜力还未得到充分释放。媒体调查决策公司 Magna Global 的数据显示，OTT TV 市场占据了消费者 30% 的观看时间，但其只占广告收入的 3%。Roku 公开发布的调查报告中也提到，"未来 5 年，美国的流媒体电视观众会逐渐超越传统的付费电视观众"，这也预示着 OTT TV 广告市场的发展前景。Roku 凭借先进的广告技术不断提高 OTT TV 广告投放和广告效果测量的能力，成为 OTT TV 广告的领先力量，并希望以此帮助传统电视广告商和各大机构决策者通过数据了解 OTT TV 的价值。

在广告的精准投放上，Roku 推出了高级定位功能——受众群体市场。使用该工具，Roku 可以根据其用户注册数据、广告商的第一或第三方数据集，以及 Roku 自己捕捉到的观众行为数据（通过记录观众的流媒体行为获得），再加上安装了 Roku 软件的智能电视内置的 ACR 功能，对观众收视行为等进行数据收集，从而精细地锁定目标家庭。实际上，Roku 智能大屏营销的实现原理是将广告商

与它们想要接触的观众类型,通过适合的视频内容进行匹配,如上文所提及的 Roku 新推出的弹窗互动广告,但在大数据的加持下,Roku 广告投放对比传统的线性电视会更为精准。

即使是海外,影响广告主选择 CTV 广告的一大因素同样是广告效果的测量问题。针对该问题,Roku 积极和第三方数据机构合作,推出业界首个尼尔森评估解决方案,使内容提供商和广告商可以按照传统线性电视行业标准尼尔森受众特征进行交易,以期缩小 OTT TV 与传统电视广告之间的差距。为了更好地量化 OTT TV 广告 ROI,Roku 邀请了全球市场监测和数据分析公司尼尔森、美国互联网数据流量监测机构(ComScore)等 11 个合作伙伴加入"受众测量合作伙伴计划",委托它们各自对受众人口统计、品牌认知度、商店访问、网页访问量和新增销售量等多个维度进行测量。

Roku 扩展多渠道效果测量,展示 OTT TV 广告独特优势。Roku 推出了 Ad Insights Suite 套件工具,该工具可以通过第一方数据以及数百万个活跃账户和数十亿个流媒体小时的线性和流媒体收视行为投稿,为广告主提供更深入的受众洞察和跨渠道的广告的覆盖率和效果分析,见表 8-5。比如说,营销人员可以使用该效果衡量套件工具对线性电视、OTT TV 和移动设备上的受众细分来量化广告活动的覆盖率,以及衡量在不同渠道中正在进行的内容推广的效果。这使广告商能够更好地了解 OTT TV 广告与其他平台相比的效果,进而会影响媒体支出。

表 8-5 Roku 自建的广告洞察套件工具 Ad Insights Suite 包含的跨屏测量项目

| | |
|---|---|
| 触达洞察<br>(Reach Insights) | 营销人员可以按线性电视、OTT TV、台式机和移动设备上的受众(人口细分)特征来量化广告活动的覆盖面 |
| 收看洞察<br>(Tune-In Insights) | 电视网络和内容所有者可以衡量他们在线性电视、OTT TV、台式机和移动设备上进行的内容推广的有效性 |
| 剪线族洞察<br>(Cord-Cutter Insights) | 营销人员可以定位和衡量投放给了那些没有订阅传统付费电视的 Roku 用户的广告活动 |
| 统计洞察<br>(Survey Insights) | 营销者可以通过简短的设备调查收集实时反馈和人口统计洞察 |

更特别的是，通过 Ad Insights Suite 广告主可了解从线性电视转移多少广告预算至 OTT TV 渠道能最大化广告回报，帮助广告主规划智能大屏广告购买。Ad Insights suite 通过将 Roku 的订户数据与 ACR 技术收集的数据结合起来，分析出不同家庭收看线性电视或 OTT TV 电视的情况，并提供电视广告购买预算规划。例如，如果 Roku 知道某个特定家庭在看线性电视，就会建议买方在 OTT TV 采购上减少投放，反之亦然。Roku 还可以分析和估算出广告商在线性电视上错过了的、但能够通过 Roku 平台获得的潜在增量受众群体，并将其作为补充投放，以此帮助它们重新接触到这些受众，从而扩大广告的覆盖范围。这款工具增强了广告商在 OTT TV 智能大屏中与目标用户的接触能力，让 Roku 更有信心去向广告主们宣传推广自己的平台，这也是电视观众从传统线性电视不断流向流媒体的趋势下 Roku 所展现的独特优势。

而在 2020 年 5 月，Roku 推出了一个名为 OneView 的广告平台，该平台将 Roku 的多个广告工具整合在一起，从而为广告客户提供了更加完善的全渠道、全链路广告服务。在受众群体市场和 Ad Insights Suite 的支持下，OneView 可以为广告客户提供跨屏的观众识别，并给出超过 100 个独特的观众群体包，以供广告客户精准投放广告。同时，OneView 平台将广告库存进行整合，使得广告客户能够获知 OTT TV 库存的实时供应情况，并进行 OTT TV 广告的程序化交易，还可以利用 OneView 平台管理其在智能大屏渠道以外的其他渠道上的广告活动。此外，在尼尔森等第三方数据机构的支持下，OneView 平台能对广告客户各渠道上的广告活动进行效果评估及归因，并且给出优化建议，OneView 平台还给出了广告目标全量保证的承诺，即保证投放广告的业务结果，例如网站访问量或移动应用下载数量的目标，让广告客户能够更放心地投放 OTT TV 广告。事实上，Roku 不是第一家建立智能大屏广告平台的广告公司，也不会是最后一个，我们可以看到，智能大屏广告服务平台化是一个大趋势，在媒体环境如此复杂的今天，广告客户要求广告服务提供商能够提供更加泛媒体、全流程的广告服务，而这需要依靠一体化广告平台进行整合。

### 8.4.4 总结与启示

"在 Roku，我们相信电视的未来是光明的。当所有电视都采用流式传输时，所有电视广告都将采用流式传输。"Roku 需求合作伙伴关系副总裁塞斯·沃尔特斯（Seth Walters）说，"那么，当所有电视广告都采用流式传输时会发生什么？它们可以被定位，可以被测量，并且可以交互，因此我们可以为这个生态系统创造很多价值。"这也是 Roku 在 OTT TV 智能大屏广告上一直努力的方向：精准定位投放广告、提高广告效果的测量能力、开发互动广告。

除了揽收大量的用户流量以及提供差异化的营销服务，Roku 还非常重视广告投放能力的提升，具体来说包括两方面——广告的精准投放能力和广告效果精确测量能力。广告投放是广告活动的关键环节，广告效果监测则是形成广告活动闭环的重要保障。国内机构也应该聚焦在这两方面的能力的提升上。

提高广告投放能力，离不开先进的广告技术和大量数据的支持。在数据支持上，终端厂商可直接通过硬件收集观众的注册数据以及行为数据并进行处理，国内的终端厂商也大多如此，但还应该加强和第三方数据机构的合作，以多方面、多层次、多样化的数据来更好地还原屏幕背后的观众，提高广告的精准性。同时，对于广告效果的监测也要求终端厂商有更高的数据追踪能力和数据分析能力，以正确反映每一次广告曝光。当然，数据必须配上广告技术和广告工具才能发挥最大的效果。

## 8.5　FreeWheel：视频广告领域的跨屏先行者

### 案例看点

- FreeWheel 在独立运营的基础上，与母公司康卡斯特保持紧密的合作关系，双方充分发挥各自优势共同致力于智能大屏行业的商业变现。
- 智能大屏的终端形态使其与移动端、PC 端在广告特性上差异显著，面对受众的流动与转移，如何基于大屏投放跨屏广告成为业界难题，而这正是

FreeWheel 近年来持续深耕的核心领域。

- 作为视频广告领域的跨屏先行者，FreeWheel 为什么能够实现跨屏广告投放？其前期进行了哪些基础布局？FreeWheel 通过什么技术实现跨屏广告投放？除了前端的跨屏投放，在后端还需要做到什么？在 FreeWheel 跨屏广告技术的背后有哪些值得关注？

FreeWheel 创建于 2007 年，是美国最大的综合性传媒集团康卡斯特的全资子公司。作为第三方视频广告技术服务商，FreeWheel 在智能大屏广告领域颇为活跃。

作为第三方广告技术平台，FreeWheel 通过了业内最严格的权威认证——美国互动广告局（Interactive Advertising Bureau，简称"IAB"）、媒体评估委员会（Media Rating Council，简称"MRC"）[一]、移动营销协会（Mobile Marketing Association，简称"MMA"）的评估认证。

基于精准的商业模式和产品定位，并借助高效的技术研发和运营，FreeWheel 已成长为美国视频行业领先的媒体运营平台，助力大型媒体公司在数字时代最大化挖掘其内容的广告价值。目前 90% 的美国主流电视媒体和运营商使用 FreeWheel 广告平台。

FreeWheel 自公司成立之初，就定位于高端视频（Premium Video）市场，以帮助视频媒体公司在数字时代更好地挖掘其高质量内容的商业价值为使命，坚持纯粹的技术主导，为企业提供自主研发的数字化产品。2014 年 4 月，康卡斯特正

---

[一] 成立于 1964 年的媒体评估委员会（MRC）是美国一家非营利性行业协会，由主流的广告媒体（包括传统的电视广播媒体、平面媒体及互联网媒体）、广告主、广告代理公司和其他行业协会组成。该组织的目标是确保广告媒体测量服务的合理性、有效性及可靠性。申请获得 MRC 认证的测量服务应向其客户披露其测量服务方法论；遵守 MRC 制定的《广告媒体评估研究的最低标准》及其他相关 MRC 标准；接受 MRC 所要求的年度审计以阐明并验证其测量服务业务流程。当前，MRC 将重点放在信息技术上，在数字领域建立认证流程。

式收购 FreeWheel。被收购后，FreeWheel 的战略规划进行了全新调整，跨屏业务成为其发展重点。2015 年，FreeWheel 已将跨屏的广告购买和测量作为战略层面的关键问题；2017 年，正式探索跨屏广告投放；2018 年，通过了美国非营利性独立组织 MRC 对其在 PC 端和移动端的视频广告展示次数，包括通用无效流量过滤和报告的评估认证。目前，FreeWheel 形成了一条从战略到业务层面、完整且强大的智能大屏广告服务链路，为客户提供全方位、全流程的跨屏营销服务。

在服务对象上，FreeWheel 的跨屏业务可以向程序化购买链路的各个参与主体提供服务。FreeWheel 以助力全球大型媒体和娱乐集团挖掘其内容的广告价值为目标，促进广告业蓬勃发展。FreeWheel 通过与视频媒体和分销商紧密合作，设计差异化方案来打破电视和数字视频之间的壁垒，激发需求，发展业务；与此同时，为广告主和代理商提供媒体解决方案，帮助他们抵达受众，提升广告效果。

同时，FreeWheel 从媒体、数据、技术、需求方四方面，与第三方公司积极开展合作；与康卡斯特旗下其他三家广告服务公司 Comcast Spotlight、Watchwith、AdSmart 以及母公司内部部门 Comcast Ad Delivery、Comcast Technology Solutions 等展开合作。

FreeWheel 强调自己跨屏营销的能力，并明确将其作为核心业务。为此，FreeWheel 调整了其广告服务的核心目标，将其确定为跨屏整合、统一测量和计费以及安全的程序化购买三方面。这三个目标分别对应着多屏联动实现受众群体的统一与扩展、不同渠道广告服务计费方式的统一、保护客户程序化购买的效益与安全的发力方向，从而将"跨屏"在业务体系中的地位进一步明确。同时，FreeWheel 优化了部门架构，设立了 FreeWheel Publishers、FreeWheel Advertisers、FreeWheel Markets 三大业务部门，分别负责广告库存筛选扩充及投放规划、根据广告主需求协调广告投放执行、程序化购买交易等服务流程，切实保证跨屏营销服务的顺利推进。

### 8.5.1 跨屏的前提：对库存、数据、需求的全方位整合

为将跨屏业务落地，FreeWheel 进行了大量的基础性的准备工作，从库存、

数据、需求三个方面进行了全方位的整合,见图8-16。

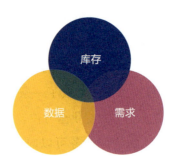

图8-16　FreeWheel从库存、数据、需求三个维度来进行跨屏整合

### 1. 库存层面的整合

FreeWheel库存层面的整合主要有两个方面,一是优化整合所属集团康卡斯特内部的广告库存,二是汇总多方库存资源。

FreeWheel立足于康卡斯特近2000万的有线电视家庭用户,优化广告投放引擎,基于现有的投放需求与库存情况,从全局上对供需进行分配;并将脱敏后的用户历史从CBP(Commercial Break Pattern,即一个时段中在哪些时间点提供多少广告位)和用户的观看习惯(用户的观看历史时序蕴含丰富的库存分布信息)两方面挖掘广告库存分布信息,为广告主提供更加精准的受众定向服务。

需要说明的是,在视频广告投放场景中,广告库存主要取决于两个方面,一方面是相对固定的电视台节目安排,也就是CBP;另一方面取决于用户的观看习惯,用户的观看习惯(在不同地区、不同频道的观看历史)直接决定了哪些广告更容易曝光,哪些广告还没来得及曝光用户就已经切换频道。因此,FreeWheel从CBP和用户观看习惯两方面来进一步挖掘广告库存。FreeWheel还与Comcast Technology Solutions合作,允许内容所有者和发行商向广告主提供STB VOD(机顶盒点播)内容的访问权限,并能够以程序化购买方式销售STB VOD广告库存,以适应受众跨屏转移的趋势。

FreeWheel推出了高级广告解决方案Drive,汇总其供应合作伙伴,包括美国在线（AOL）、DirecTV、FOX、NBC 环球、特纳和维亚康姆，以及付费电视提供商的数字库存和其他发行商的 OTT TV 和 VOD 库存，并提供与线性电视相当的测量指标，从而消除 OTT TV 和 VOD 广告的一个主要障碍。

### 2. 数据层面的整合

FreeWheel 在数据层面的整合见图 8-17。

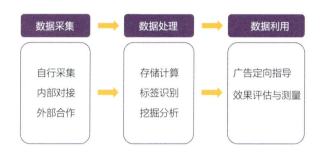

图 8-17　FreeWheel 在数据层面的整合

在数据采集方面，FreeWheel 有三种方式来采集数据。

一是自行采集。FreeWheel 利用自主研发的工具进行数据采集。例如，FreeWheel 利用 ACM（Advanced Created Management）工具包，能够帮助营销人员和发行商在不同 CTV 设备和机顶盒有效获取与管理视频库存数据。

二是内部对接。FreeWheel 通过与母公司康卡斯特、核心合作伙伴间高度开放互通的数据往来采集数据。例如，FreeWheel 对接了尼尔森 DMP，跨 CTV、OTT TV 和数字电视对用户进行分析和定位，实现广告交付实时优化，提高广告的响应速度和性能，增强跨屏广告投放的精准性。

三是外部合作。FreeWheel 与第三方数据合作伙伴建立部分数据互通。例如，FreeWheel 与 Inscape 达成合作，获得超过 1000 万台 VIZIO 智能电视的数据权限，并基于此从人口和消费者两个维度建模来预测受众的广告印象，重点提升广告主在 CTV 领域吸引消费者的能力。FreeWheel 与康卡斯特、维亚康姆合作开发基于区块链的广告平台 Blockgraph。该平台允许多方共享经过加密和区块链协议保护的一手数据，而不用向第三方披露可识别的用户数据，被描述为电视业的一个

"身份层",提供了一种由集体智慧共同保护数据的安全方式。

### 3. 需求层面的整合

FreeWheel 积极与全球范围内拥有先进程序化广告交易能力的 DSP 展开合作。比如 FreeWheel 与独立第三方 DSP 公司 TTD 展开合作,将统一决策(Unified Decisioning)算法模型内置到程序化购买平台之中。统一决策算法模型能够消除广告主在传统流量采买过程中的困扰,让更多广告主访问高质量的优质视频库存,满足其日益提升的库存购买需求。通过合作,TTD 平台对 CTV 优质库存的访问量增加了 300%。见图 8-18。

同时,FreeWheel 与同属于康卡斯特的技术部门 Comcast Technology Solutions 合作,为更多媒体公司提供服务。比如,FreeWheel 与一家意大利的媒体公司 Mediaset 合作,共同开发 Mediaset Play 平台,提供集直播与点播于一体的在线流媒体服务,是 Mediaset AVOD 策略的重要举措。通过合作,Mediaset 优化了 VOD 服务,改善了内容传输的稳定性,优化了受众的观看体验。

图 8-18  FreeWheel 对接整合不同类型的需求方

## 8.5.2 跨屏的技术实现:基于数据技术的程序化购买

FreeWheel 致力于通过程序化购买的方式来推动视频广告效率的提升。为此,FreeWheel 搭建了全面的程序化购买平台矩阵,包括综合性广告平台 Strata、买方平台 Drive 以及 Media 等面向不同主体的广告技术平台。

综合性广告平台 Strata 是 FreeWheel 的核心产品之一，Strata 对海量库存实行精细化标签化管理，致力于优化广告代理商设置和追踪广告的方式，帮助广告主实现媒体购买的最优化选择，提供一站式、自动化、精简的服务。

买方平台 Drive 的目标是降低买方在新电视格局下的广告资源购买的复杂性，该平台允许广告主访问全国范围内的大规模、高质量的视频资源及库存，并且提供与线性电视相通的测量指标，从而消除 OTT TV 和 VOD 广告在测量方面的主要障碍。

Media 平台以"为电视提供各种形式的统一广告解决方案，从而为广告主带来最有效的结果"为目的。对于线性电视类广告资源来说，Media 能够获取网络和时段的访问权限，通过结合多方数据制定投放计划；对于 CTV 类的智能大屏广告资源来说，Media 能够访问所有类型的视频广告，提供广告活动投放前后的透明数据，以自动化或通过自主管理服务进行广告投放。

### 8.5.3 跨屏的背后：统一标准，评估测量与计费

长期以来，FreeWheel 致力于帮助行业提供一种能够统一测量和计费的效果指标。为实现这一目标，FreeWheel 积极加入各个致力于规范智能大屏行业标准的机构组织，同时提出基于科研成果得出的可行建议，以促成行业统一的实现。

在跨屏营销效果归因环节，FreeWheel 积极借助外部合作的力量。FreeWheel 与第三方广告监测机构 Data Plus Math 合作，双方提出业界第一个针对跨屏广告投放的归因解决方案，该方案主要服务于通过 FreeWheel Markets 程序化购买广告服务的广告主。Data Plus Math 可以直接利用匿名的康卡斯特有线电视网用户收视数据（保护用户隐私），为客户提供涵盖如商业印象、商业覆盖面、平均频率、提升和转化概率以及千次转化数等指标的可视化的数据分析报告，更好地帮助广告主规划广告投放的最佳组合以提升广告表现、测量线性电视广告和 OTT TV 广告对整体营销结果的增量影响、实时监测广告投放效果并相应地优化后续

的广告投放能力。FreeWheel希望通过合作建立一套更加标准的广告测量与评估体系，为行业提供切实可行的评估参考标准。

FreeWheel将"可寻址性"作为跨屏广告投放的关键，重视可寻址线性电视设备所具备的大规模覆盖性以及数据可寻址性。2019年，FreeWheel作为委员会技术方代表，参与由VIZIO共同开启的Project OAR。该项目旨在为电视节目制作者和平台定义技术标准，标准化线性电视的动态广告插入，增强基于线性和点播格式的智能电视广告投放的针对性，这与FreeWheel拓展可寻址广告统一性的目标不谋而合。

在由康卡斯特的广告营销部门Comcast Advertising发起的"On Addressability"计划中，FreeWheel以技术供应方的角色，负责为媒体和技术部门提供技术支持、数据支持和整合市场，以确保买卖双方可以跨所有屏幕、跨所有数据类型和所有销售渠道进行交易。"On Addressability"将数据、目标定位、测量和归因视为电视的基本功能，将更多的广告主接入可寻址电视版图，以定义通用做法和标准、启用技术解决方案、努力解决有关可寻址性（例如测量）的更大挑战为目标，弥补可寻址电视广告规模低于预期、投放渠道碎片化和成本过高等不足。

为了更好地推动智能大屏广告的效果评估，FreeWheel推出了"广告负载"（Ad Load）的指标参数。广告负载可以简单理解为供应方收益、需求方KPI、用户体验三者间的平衡关系。对于以媒体和内容为主的供应方以及以广告主为主的需求方而言，广告负载是一种微妙的平衡。广告主希望维持良好的用户体验，避免过度破坏内容消费，同时确保广告客户达到其广告系列目标并理想地增加广告支出。反过来，这将推动供应方对优质内容的投资，从而使良性循环得以持续。广告主可以调整三者关系以影响广告负载。

广告负载提供了一种评估视频质量与广告投放效果的整体性指标。FreeWheel通过对广告负载的研究，进一步梳理了供需方与受众三者间的关系。在确定最佳广告负载时，供需方需要明确临界点，在这些临界点上，广告负载会对观看者产生重大影响。影响广告负载的两类因素见表8-6。

表 8-6　影响广告负载的两类因素

| 类别 | 因素 | 说明 |
|---|---|---|
| 执行性因素 | 编排 | 广告的数量、持续时间和顺序 |
| | 相关性 | 与观看者相关 |
| | 控制 | 观众控制观看体验的能力 |
| | 执行 | 广告投放速度，观看体验 |
| 影响性因素 | 内容长度 | 长格式内容为插播前、插播中、插播后和赞助等不同类型的广告休息提供了更多机会 |
| | 内容和上下文 | 广告客户可以根据他们正在观看的节目类型来定位观众，提供特定内容并为某些品牌提供理想的环境。不同类型的内容需要不同的广告负载 |
| | 广告时长 | 广告单元的不同组合对观看者的注意力和响应有不同的影响 |
| | 广告类型 | 广告类型的不同影响广告休息时间的不同 |
| | 终端 | 移动端、PC 端、OTT TV 平台可提供非常不同的视频观看体验，需要不同的广告加载量 |
| | 发布者类型 | 商业广播公司的广告负载往往比国家广播公司或付费电视运营商高，因为它们的收入来源较少，并且对广告收入的依赖性更大 |

## 8.5.4　总结与启示

FreeWheel 一直将自身定位为一家第三方技术服务公司，坚持技术导向、技术执行与技术探索，通过在大屏广告技术领域的不断突破，为行业提供更为上乘的服务，同时推动企业发展。同时，FreeWheel 始终坚信"电视内容即电视"，不管它如何被传输，不管它在哪里被观看，电视的未来就在于电视本身，而企业的使命就是尽最大努力，驱动电视的未来，这是 FreeWheel 自创立之初延续至今未变的信念。

FreeWheel 在"跨屏整合"的战略指导下为智能大屏营销带来了价值边界的延伸。它为智能大屏营销的发展提供了一种以整合为美的业务架构，一种产品平台化运作模式，一种互惠共生的运营思路。正如企业名称所示，FreeWheel 追求自由灵动，这种特质渗透到其智能大屏广告服务中，演变成高度自动化的产品，赋予需求方充分的自主权，简化服务流程，使得企业能够将更为充裕的成本投入到洞察智能大屏产业动态的研究之中。未来，FreeWheel 还将继续在提供高质量服务的同时，致力于对智能大屏产业统一的探求与促进，彰显智能大屏在跨屏营销领域的价值。

面对智能大屏产业的飞速发展衍生出的许多问题与弊病，FreeWheel 秉持"互利共赢"思维，促进智能大屏产业发展统一，并首先从推动公司内部的高度统一着手。FreeWheel 以"跨屏整合"为关键点，以库存和销售渠道的统一为着手点，分别通过提供技术平台以统一所有屏幕上的受众、保障数据在所有屏幕上高度有效、提供合规的自动化市场解决方案以安全地覆盖所有受众三方面的措施，促进库存统一、需求统一、数据统一，从而建立一个"统一的广告管理平台"。这为智能大屏营销在跨屏领域的延展提供了非常值得参考的行业经验。

## 8.6 TTD：技术驱动，智能大屏程序化广告正当时

### 案例看点

- TTD 是专注买方市场、纯粹且中立的 DSP 公司。
- 2015 年 CTV 作为 TTD 程序化电视广告中的细分类型开始受到重视。随后在程序化 CTV 广告业务经营趋好的情况下，TTD 投入高额资金优化已有业务体系来加大 CTV 广告布局。与此同时，TTD 不断对接媒体方、数据商，丰富 CTV 广告库存并提升数据监测及分析能力。
- TTD 颠覆传统电视广告采买模式，完全以数据技术驱动 CTV 广告投放服务。为此，TTD 为广告主提供 Unified ID 解决方案，获取品牌第一方数据，并将其与第三方数据整合，助力精准刻画目标群体。
- TTD 通过媒介计划工具 Planner 以及 Koa 人工智能引擎协助广告主进行程序化投放，两者可根据广告主需求自动规划广告系列。其中，在人群定位方面，TTD 可以基于人口统计指标、兴趣指标等进行目标用户初次定位，也可以对看过大屏广告的目标用户进行 PC 端、移动端跨设备重新定向。
- TTD 重构了 CTV 广告测量指标，更重视用户影响或转化而不是触达。

TTD 是一家为买方提供全渠道程序化广告购买服务的广告技术公司。广告买家，如广告主和媒介代理机构，可通过 TTD 的云端平台，建立、管理和优化数字广告活动，涵盖展示广告、视频、音频、应用内广告等多种广告形式，以及 PC、移动设备和 CTV 等不同终端。

TTD 不断拓展全球市场，目前已经拓展了北美洲、大洋洲、亚洲以及欧洲等包括巴黎、东京、悉尼、上海在内的 23 个城市的办事处。其中，中国是 TTD 重点布局的市场之一。TTD CEO Jeff Green 曾谈道："中国的增长速度是美国的两倍，所以尽管目前中国的市场规模只有美国的一半，但未来将成为我们最大的市场。"

2016 年 9 月，TTD 在纳斯达克上市，上市当年开盘价每股为 28.75 美元；同年 TTD 进军中国市场，在上海成立办公室。TTD 获得资本市场的高度认可，市值不断攀升。截至 2020 年 10 月 21 日，TTD 每股售价已经涨至 624.67 美元，公司市值达到 292.02 亿美元，毫无疑问地成为全球独立广告技术公司中的绝对领先者。

与其他同行业的广告技术公司相比，TTD 的客户留存率较高，其公司业务营收不断增长。根据 TTD 公司披露的财报，2019 年 TTD 营收为 6.61 亿美元，同比增长 39%，客户留存率连续多年保持超过 95%。我们将 TTD 的商业模式归结为三种：一是平台费收入，TTD 与客户签订持续的服务协议（MSA），通过根据客户的广告总支出的百分比向客户收取平台费来产生收入；二是数据服务收入（Marketplace），TTD 通过搭建"数据超市"，为客户提供数据服务，在服务期间，会有部分收入；三是技术增值服务收入，即 TTD 程序化交易平台功能带来的收入。TTD 的业务动作模式见图 8-19。

在程序化广告产业链条中 TTD 定位为第三方广告需求方平台

图 8-19 TTD 的业务运作模式

那么，在电视与网络深度融合、线性电视向 CTV 进行升级的趋势下，TTD 是如何把握程序化 CTV 广告先机的？它又是如何推动程序化 CTV 广告发展的呢？

### 8.6.1　从 PC、移动到 CTV，TTD 成为广告技术领域领头羊

见图 8-20，从 TTD 的公司发展历程可以看到，TTD 的业务领域逐渐从 PC、移动端拓展到 CTV 终端，其积累多年的广告技术能力在 CTV 广告领域爆发出了强大的势能。

图 8-20　TTD 公司发展历程和业务布局

2017 年，TTD 正式将 CTV 广告作为其重点业务。经过市场验证，CTV 广告业务的发展对 TTD 的业务增值颇有贡献。2019 年 3 月，TTD CEO Jeff Green 明确表示 2018 年第四季度 CTV 的销售首次"明显帮助了业务"。为此，TTD 进一步提升了 CTV 广告的战略发展地位，并将其明确为"2020 年最为重要的战略焦点"。

在 CTV 广告领域，TTD 迅速展现出其在程序化交易市场的核心优势。其一是 TTD 是保持独立的第三方 DSP。TTD 完全专注于买方市场，因此可以从广告买方的角度提供优质的流量库存和准确的数据以帮助它们提高广告效益。作为绝对中立的中间服务商，TTD 在接入数据和媒体资源后，将程序化购买能力打包为综合管理平台。其二是 TTD 拥有出色的技术及数据实力。TTD 专注于程序化广告技术，并迅速成为全球广告技术的领导者；其数据能力，将为其技术实力升级提

供基础。其三是 TTD 拥有广泛的业务合作对象。TTD 已经成为业界发展速度最快的需求方平台。其从超过 95 个广告交易平台、供应方平台、发布商和广告网络中获得了数字广告库存。旗下平台平均每天为客户提供超过 7900 亿次广告展示，每天覆盖超过 8.19 亿台设备。截至 2019 年 12 月 31 日，TTD 已将平台与 194 家第三方数据供应商集成在一起。这些数据用来支持 TTD 帮助合作方进行受众定位以及广告效果监测。

### 8.6.2　库存拓展与数据支撑，TTD 全力布局 CTV 广告

立足于程序化技术优势，TTD 基于旗下 DMP、媒介计划工具 Planner 以及 Koa 人工智能引擎等产品或平台，已经形成了颇为成熟的业务运作架构。广告购买者可以通过 TTD 的自助服务平台，进行跨广告形式和渠道的创建、管理和优化等程序化广告活动。为达成这个目的，TTD 官方数据显示，其已经从超过 95 个广告交易平台、供应方平台、发布商和广告网络中获得了数字广告库存，并与 194 家第三方数据供应商进行了集成。在这个过程中，CTV 广告仅是 TTD 在 2015 年重点宣推的程序化电视广告中的一种细分类型。为了真正提升 CTV 广告的战略发展地位，TTD 需要做的是在原有业务体系下提升 CTV 广告库存及数据能力。

首先，TTD 投入了高额资金渐进式优化原有业务产品，为涉足并发展 CTV 广告业务做好平台准备。实际上，从 2014 年 TTD 开始着力发展程序化电视广告业务时，其就开始在 CTV 设备上投入资金。TTD 官方资料显示，2014 年，TTD 筹集了 4500 万美元的债务融资，来建设在各种非线性视频平台（例如电视应用和 CTV 设备）中投放广告的工具和服务。随着 CTV 业务的进一步发展，TTD 表示，2020 年第二季度 TTD 平台上 CTV 广告的投放支出较 2019 年第二季度增长了约 40%。

其次，在业务平台及产品服务优化的基础上，TTD 不断加强与 CTV 广告库存方及数据商的合作，以获取并拓展 CTV 广告服务能力。一方面，TTD 加强与媒体方合作，丰富 CTV 广告库存。在 2017 年正式推出 CTV 广告服务时，TTD 就

已经与斯克里普斯网络互动公司（Scripps Networks Interactive）以及美国流媒体服务商 Sling TV 展开了合作。截至 2020 年年初，TTD 已经与迪士尼、亚马逊、ProSieben（德国的一家媒体集团）、RTL 集团和第四频道等多家流媒体提供商展开了合作。同时，为了顺利进入中国市场，TTD 在 2018 年年底还与中国互联网企业巨头 BAT（主要是与爱奇艺、腾讯视频以及优酷）在流媒体视频领域展开了合作，覆盖了 PC、移动以及 CTV 终端设备。从合作对象来看，TTD 已经对接了全球优质的 CTV 广告库存资源方。

另一方面，TTD 为加强 CTV 广告数据监测及分析能力，也不断拓展与数据商的合作。2017 年，TTD 与数据服务商尼尔森展开更为深入的集成，以支持 CTV 广告测量功能。随后，为了在 CTV 广告测量的基础上增强 CTV 广告跨设备测量能力，TTD 还与电视数据和分析商 Samba TV、美国最大的智能电视观看数据的单一来源提供商 Inscape 等展开了合作，通过集成第三方数据商的数据及数据监测能力，实现 CTV 广告跨设备覆盖及频率监测，为营销人员提供更好的营销建议。

通过优化原有业务平台及产品，加强与 CTV 广告库存方及数据监测方的合作，TTD 已经为发展 CTV 广告业务打下了颇为坚实的基础，并持续影响着 TTD 在程序化 CTV 广告方面的服务能力。

### 8.6.3 精细化业务流程，为客户提供便捷高效的 CTV 广告资源采买

通过 TTD 进行程序化广告投放的具体运作机制见图 8 - 21。

**1. 投放前：从需求提出到方案制定，数据与算法支持具备科学性，操作灵活**

TTD 基于丰富的数据基础精准描绘目标群体画像，并据此自动规划投放计划，广告主可按需购买。实际上，作为程序化技术平台方，TTD 颠覆了传统电视广告采买模式，完全以数据驱动进行 CTV 广告投放服务，以精准聚焦目标用户。为实现这个目的，TTD 构建了 DMP，除了对接第三方数据服务商数据之外，还提

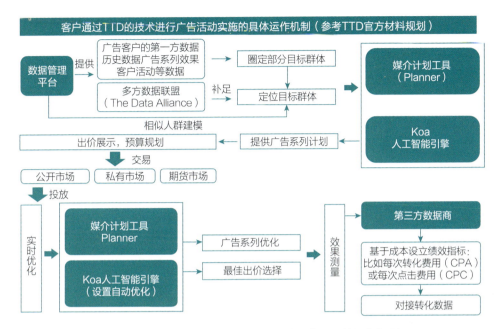

图8-21 通过TTD进行程序化广告投放的具体运作机制

供Unified ID○解决方案，直接帮助广告主及其代理商收集第一方数据，以实现对高价值潜在用户的定位。2018年，TTD将数据合作方的位置数据、设备数据、零售交易数据等进行合并集成，构建"数据联盟（The Data Alliance）"，为跨设备用户精准识别打下了基础。与此同时，TTD旗下Koa人工智能引擎可以通过其AI预测引擎扫描平台庞大的数据集（每秒将近900万次展示机会），提供更为准确且高效的定位方案。

### 2. 投放中：支持精准定向，帮助广告主有效控制投放成本

TTD可以实现精准定向的方式主要有两种：

---

○ TTD为广告主提供Unified ID解决方案。在Unified ID 1.0版中，TTD通过通用Cookie实现用户跨设备和跨内容平台身份识别（但是无法用在CTV上）。然而，海外各大媒体平台开始禁止第三方Cookie进行用户数据采集。为此，TTD推出了Unified ID 2.0版，主要是通过用户的加密电子邮件地址创建ID来识别用户身份。该解决方案可以用在CTV上（但TTD并不打算早日采用，因为该解决方案让用户使用遥控器来进入的程序相比手机和PC端较为复杂）。

一种是常规意义上基于人口统计指标、兴趣指标等进行目标用户初次定位。TTD 基于 DMP，访问目标群体的在线活动行为、线下参与度等数据，识别、分析并形成唯一 ID，构建用户画像，提供给营销人员进行用户定位。这主要包括以年龄和性别为核心指标的人工统计定位以及以根据用户历史行为数据构建的兴趣标签为核心的兴趣定位。在这个过程中，TTD 基于其 DMP 可以提供相似人群扩展服务，根据营销人员所选定的用户群体，通过后台相似人群建模技术进行相似群体再圈定。圈定之后，DMP 根据数据匹配情况，自动排除系统认定的低价值用户群体，在保证精准性的同时保证目标用户的质量。

另一种是目标用户跨设备重定向。上文也提到，TTD 对接了多方数据服务商，在数据多元性以及跨设备数据监测能力上有一定的基础。因此，营销人员在进行广告投放时，可以借助 TTD 所提供的"播放器活动重新定位（Player–Event Retargeting）"之类的营销工具，聚焦已经在家庭智能大屏看过 CTV 广告的目标用户，并在 PC、移动等设备上进行跨设备广告再次投放。同时，TTD 在集成第三方数据技术能力的基础之上，可以实现对未观看过 CTV 广告用户群体的识别，并协助营销人员进行跨设备补投。

整个投放过程中，TTD 旗下 Planner 和 Koa 人工智能引擎可以在精准定位用户群体的基础上生成 CTV 广告系列规划，并基于历史清算价格给出最优报价，协助营销人员进行 CTV 广告投放。其中，值得注意的是，在精准定位用户群体的基础上，TTD 提供给了营销人员设置投放频次的功能服务。营销人员可以限制 CTV 广告的单个观看者或家庭观看者的观看次数，实时优化 CTV 广告覆盖范围。

TTD 程序化 CTV 广告对用户群体的精准定位，在一定程度上实现了对广告成本的降低，这与传统线性电视广告投放对比颇为明显。TTD 官方调研数据显示，在线性电视广告上花费数千万美元的大型广告客户，它们的同一广告素材在两个月或更短的时间内，广告重复的频率可能高达 25 倍。但是以数据驱动为核心的程序化 CTV 广告，在用户精准聚焦以及投放频次控制方面颇有长处，即使其以 CPM 为基础的广告价格更高，但每次覆盖的费用仍可以比传统电视低 25%。由此可见，数据支持下，TTD 所提供的程序化 CTV 广告似乎比传统线性电视广告更具备投放价值。

企业品牌的合作案例也证明了 TTD 在智能大屏广告程序化投放上的效率提升。TTD 与 BlueVision 服务于科沃斯（Ecovacs），利用 CTV 广告于美国各大主流媒体中曝光，该广告活动触达接近 60 万美国家庭，达成高达 98% 的观看完成率，并以较行业平均价格低 38% 的完整观看成本投递广告。TTD 与大众汽车及其媒介代理商 PHD 合作投放的 CTV 广告，有效触达超过 1400 万个不同的家庭，且每次完整观看成本得到了有效控制。PHD 还利用 TTD 的 CTV 设备图表追踪到有 20% 的转化者是受 CTV 广告影响，比单独投放展示广告的转化率整整高出 21%。

### 3. 投放后：不断完善智能大屏广告的效果评估，重构电视广告效果测量指标及方式

对 TTD 而言，程序化 CTV 广告业务的发展不仅仅是对传统电视广告采买模式的颠覆，更是对电视广告效果测量的重新构建。由于 CTV 设备有较强的数据可监测、可追溯性，TTD 在对接第三方数据服务商的基础上具备了较强的 CTV 广告效果测量能力，这主要包括两个方面：

一方面，TTD 重构了 CTV 广告测量指标，更重视用户影响或转化而不是触达。TTD 认为，不同于传统线性电视，CTV 设备的数据能力可以帮助营销人员在广告测量时超越总收视点（GRP）等传统测量指标，结合更具影响力的 KPI（例如新用户群体、在线转化和购买等），甚至包括了商店的人流量等现实世界的测量指标。其背后所展示的正是 TTD 对效果转化指标的重视。

实际上，在整个程序化广告效果测量过程中，TTD 认为验证性指标（比如可见度、视频完成率）与实际业务指标（比如销售量、新增客户量）的结合才能实现更好的效果测量。在此观点的支撑下，TTD 在 GRP、每收视点成本（CPP）、触达率（Reach）等传统线性电视广告测量指标的基础上重新构建了 CTV 广告测量指标，新增了视频完成率（Video Completion Rate）等验证性指标以及线下归因（Offline Attribution）等实际业务指标。

同时，在集成第三方数据资源以及基于此形成的用户 ID 的前提下，TTD 为其 CTV 广告测量又增添了跨设备触达和频次以及渐进式触达两个指标（渐进式

触达为营销人员提供观看不同 CTV 广告的同一身份观看人数）。测量指标的重构使得 TTD 提升了对 CTV 广告效果的认知能力，为营销人员提供更好的服务。程序化 CTV 和传统电视的测量指标对比见表 8-7。

表 8-7　程序化 CTV 和传统电视的测量指标对比

| 传统电机 | 总收视点 | 每购买成本 | 触达率 | 频次 | 达标百分比 | 投放的展示次数 |
| --- | --- | --- | --- | --- | --- | --- |
| 基于面板的测量 | ✓ | ✓ | ✓ | ✓ |  |  |
| 程序化的测量 | ✓ | ✓ | ✓ | ✓ | ✓ |  |
| CTV | 线下归因 | 实时线上归因 | 视频完成率 | 视频1/4完成率 | 浏览型转化 | 跨设备触达和频次 / 渐进式触达 |
| 基于面板的测量 |  |  |  |  |  |  |
| 程序化的测量 | ✓ | ✓ | ✓ | ✓ | ✓ | ✓ |

（来源：The Trade Desk 官网）

另一方面，在重构测量指标的基础上，TTD 的程序化 CTV 广告效果测量方式相比传统电视广告有所升级。一是 TTD 可以实现 CTV 广告的实时测量归因与实时优化。由于集成了第一方数据与第三方数据资源，数据流可以实时汇聚到 TTD 平台，直接支持实时衡量电视广告活动的效果。与此同时，营销人员可以根据 TTD 的 Planner 以及 Koa 人工智能引擎的优化预测，进行 CTV 广告实时优化，以便达成最优广告效果。二是 TTD 可以实现跨设备测量，提供全渠道广告效果报告，这正是 TTD 集成多方数据能力所带来的可能性。

基于以上分析介绍的方式，TTD 程序化 CTV 广告逐步实现了对传统线性电视广告效果测量模式的颠覆，提供了全新的电视广告测量指标及方式，协助营销人员进行更为有效的 CTV 广告投放。

### 8.6.4　总结与启示

实际上，由于 CTV 广告发展时间较短，其程序化交易的市场普及仍在发展中。一直深耕于程序化广告领域的 TTD 率先把握了程序化 CTV 广告的发展先机，对接全球领先的广告库存以及电视数据商，提供支持程序化广告交易的平台为广告主及其代理商提供综合服务。

TTD 能迅速在程序化交易市场脱颖而出，离不开其过硬的技术及产品能力。尤其是 2018 年其推出的 Next Wave 系列工具，将 Koa 人工智能引擎融入平台，借助算法模型自动帮助客户规划、优化投放，实现快捷、高效。在服务客户进行 CTV 广告投放的过程中，TTD 基于技术实力和数据整合，能够实现客户在用户定向、成本控制、效果测量等多方面的优化。可以说，营销人员通过 TTD 平台进行 CTV 广告投放，已经获得了效率的明显提升。

TTD 依靠原有业务体系积累海量 PC 端、移动端数据以及线下零售数据等。在此基础上，TTD 对接全球领先的电视数据服务商，包括传统电视及智能电视，并实现数据打通，助力跨屏精准营销，这成为其 CTV 业务的核心。在这个过程中，TTD 深谙数据技术的重要性，并在此基础上实现了 CTV 广告的精准定位以及效果策略的革新。参考 TTD 的 CTV 广告运作模式，国内大屏广告程序化应该率先考虑两个方面：一是业界广告库存及数据能力的整合与对接；二是大屏广告投放精准定向以及转化效果测量能力的提升。

## 8.7 Hulu：看流媒体平台如何整合大小屏广告

### 案例看点

- 作为迪士尼旗下的知名流媒体平台，Hulu 在智能大屏领域有哪些营销布局，其营销模式有何特点？
- 为减少广告对于用户体验的影响，Hulu 通过哪些举措提升用户的广告接受度？为让用户参与广告活动，Hulu 做了哪些努力？
- Hulu 如何发挥流媒体平台的优势拓展多终端的广告业务？具体执行过程中，其如何规范广告投放活动？
- Hulu 如何发挥创新优势帮助广告主促成高转化率的广告反馈？
- 作为流媒体平台，Hulu 模式对国内的爱奇艺、腾讯视频、优酷等平台有哪些借鉴？

Hulu 是美国提供专业视频点播与直播（回看）的优质流媒体内容服务平台，由 NBC 环球和 FOX 共同注册成立。2019 年，迪士尼获得 Hulu 的全面运营管理权。Hulu 是全美用户数量增长最快的流媒体平台。2019 年 5 月 Hulu 订阅用户增至 2800 万，付费用户增至 2680 万。其中大部分用户是较为年轻的观众群体，这对于广告商有非常大的吸引力。

### 8.7.1 高度尊重用户意愿的广告投放服务

Hulu 尊重用户的广告观看体验，追求轻量、精品的广告营销策略，提升用户的广告观看意愿。基于广告少而精的理念，Hulu 通过提升广告价格而不是增加广告量来实现创收，打造良性广告盈利模式。Hulu 早期采用"少即是多"的广告投放模式（即每个视频中只包含一个广告，且广告时长仅为有线电视广告的四分之一左右），时长短而质量高的精品优质广告赢得了用户和广告主的广泛青睐。伴随流媒体平台用户数量趋于稳定，"少即是多"模式下广告展示资源日趋紧张与广告需求不断增加之间的矛盾不断加大，"会员服务"模式应运而生。

见图 8-22，Hulu 目前提供四种会员模式，用户可以通过额外支付不同价格来订阅无广告会员以及享受直播电视频道服务。

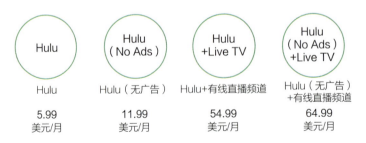

图 8-22　Hulu 不同类型的会员服务及其价格

（来源：Hulu 官网）

Hulu 给予用户充分的广告自主选择权。首先用户可以选择广告在何时出现，是在观看视频过程中，还是在视频播放前。当然，无论选择何种方式，用户大多数时间都无法跳过广告，毕竟"免费"的电视节目还是由广告商来买单。

另外，用户也可以根据个人喜好来选择不同的广告种类。Hulu 为用户提供了广告选择器（Ad Selector），广告播放前为用户提供两个或三个广告视频选项，用户可以选择一个进行观看，达到优化广告体验的目的。值得注意的是，供选择的广告均为源自同一广告商的不同版本，这种个性化广告在满足用户需求的同时也强化了广告传播效果。根据 Hulu 研究数据，与线性电视广告相比，用户选择后的广告可以将广告和品牌的回想率提高 250%。

除了广告类型外，用户还可以自行决定广告时长。Hulu 推出广告产品 Branded Entertainment Selector（BES）。在观看长视频之前，用户可以通过选择观看长片广告或一系列短片广告组合来控制广告体验，广告总时长最短 60 秒、最长 180 秒。Hulu 注重广告故事性的塑造，善于利用顺序连播广告讲好品牌故事，提升广告的转化效果。

此外，用户可以进行广告反馈。反馈通常以游戏、对话等交互形式展开，以趣味性的方式提高广告投放的精准性。近年来，Hulu 愈发注重对推荐系统的升级，为了实现个性化的广告定制服务，Hulu 收购了数据公司 The Video Genome Project，将其数据库与自有的推荐引擎结合，并增加了标签体系，根据用户在个人资料中添加的标签优化广告匹配机制。

通过上述广告运营策略，Hulu 降低了用户对广告的抵触心理，取得了较好的广告传播效果。就目前公开的数据来看，在用户满意度、广告有效性以及自身收入三个方面，Hulu 都取得了相当不错的成绩。

### 8.7.2 注重广告创新，阶段化开展广告投放

广告服务是 Hulu 重要的盈利方式，Hulu 从售卖原则与定向投放原则两方面规范广告活动，为广告主提供质量稳定、效果显著的广告投放服务，见表 8-8。

表 8-8　Hulu 从售卖原则与定向投放原则两方面规范广告投放

| 定向投放原则 | | 售卖原则 | |
|---|---|---|---|
| 以品牌类广告为主 | 品牌类广告看重长期效果、品牌曝光度、用户认知等 | 情景相关 | 根据用户设备数据进行个性化广告投放。例如用户用的什么设备，在什么位置，在哪个频道，看什么样的视频内容，插播广告点前后的视频内容是什么情景等 |
| 高标准广告质量要求 | 清晰度、创意、制作的精良程度等，同时得益于主打品牌广告的策略 | 用户相关 | 根据用户身份与行为数据进行个性化广告投放。例如用户年龄、性别等基本属性以及根据用户历史行为挖掘出来的属性等 |
| 采用 CPM 方式计费 | 无论用户是否点击，按照展示次数计价；如果用户没有看完全部广告，那么广告主就不用付费 | 用户广告交互相关 | 再营销（Remarketing）：例如投放广告给最近访问过广告主网站的用户，加深用户对品牌的印象 |
| 以担保式广告订单为主 | 广告主希望其品牌曝光有一定量的保障，例如，某品牌希望在指定地区给指定用户群投放指定的次数 | | 相似访客定向（Lookalike Targeting）：投放广告给与种子用户相似的受众，扩大受众人数，以及挖掘具有潜能的用户 |

注：表中资料由笔者翻译 Hulu 广告官网介绍所得。

聚焦具体的广告投放层面，Hulu 将广告服务模式按照投放流程分为投放前、投放中、投放后三个阶段。

"投放前"阶段以 Hulu 的程序化交易平台为服务主阵地，广告主可遵循"受众选择——竞价交易——实时控制和优化"的链路进行营销活动。Hulu 与业界领先的基于云的大数据平台 Oracle 和消费者数据收集公司 Datalogix 达成数据合作，广告主使用有关目标受众的丰富信息来个性化其在 Hulu 上的广告活动，实现自动、无缝、数据驱动的程序化购买流程。2017 年，Hulu 宣布其 Advanced TV 战略进入第二阶段，增加提供数据连接平台的 SaaS 公司 LiveRamp 作为数据合作伙伴并提升广告技术堆栈能力，正式宣告将拓展动态化的跨屏广告业务，将数据和自动化功能推广到更多视频内容消费场景。

"投放中"阶段着重优化广告投放的创意性表达。Hulu 秉持"可管理、互动性、故事化创意"的理念,细分出两种广告解决方案。其一为创意方案赞助(Creating Solution Sponsorships)。Hulu 帮助广告主制定创意方案,主要是对原创作品进行内容植入,通过内容营销实现品牌与作品的连接,而且要求在植入时品牌与作品内容保持一致,通过形成一套完整的创意解决方案,有效连接品牌与消费者,营造一种观众至上的广告体验。其二为创意方案提供沉浸式广告体验(Creating Solution)。Hulu 会通过创意沉浸化的方式提高用户产品体验。在这个过程中 Hulu 会利用一些简便的技术工具来实现购买交易以推动直接销售,并且通过沉浸情景或互动的方式来推广产品,优化用户体验、增强用户参与感,使消费者产生更难忘的广告体验,强化与用户的互动。

Hulu 通过多元的广告类型助力广告创意落地,在 Hulu 广告中心有十余种广告类型可供广告商选择,下文将重点介绍 Hulu 平台上受广告主欢迎的 5 种广告类型。

互动广告。互动广告允许广告主自定义选择广告中落地页形式,使观众了解品牌的最新产品、功能和服务,从而与品牌建立更亲密的关系。互动广告提升了用户的主动性和参与性。以 2019 年 2 月上线的 Sleep Number 床垫产品广告为例,如果用户在看到广告时有意愿了解更多信息,可直接通过注册 Hulu 时填写的邮箱获取产品目录。广告置入互动元素后,观众就可以在同一个窗口完成索取优惠券、申请试用/试驾、安排咨询、订阅推送、计划出行、获取产品介绍等一系列能够产生后续价值的行为。Hulu 的调研数据显示,互动广告获得的关注度比普通广告高出 50%,用户的购买意图也增加了 45%。

暂停广告。Hulu 提供的暂停广告是一种无干扰、纯静态的广告类型。当用户在观看内容时按下暂停键,该类广告就会出现。暂停广告使广告主可以在用户休息期间,在正确的时间和位置,向用户传递相关消息,广告仅仅包含简要信息和小幅图像,半透明背景避免广告内容遮挡屏幕。暂停广告是 Hulu 将广告触达延伸至"煲剧用户"(指热衷于视频内容、极度抵触广告的一类用户群体)的一次尝试。为了不影响其他功能的正常使用,暂停广告在暂停满 5 秒后才会显示。

狂欢广告。狂欢广告播放时用户能够对广告进行调控,该体验有助于减少用户在连续观看一集剧时被打扰的次数。狂欢广告允许广告主使用与用户观看行为"情境相关"的广告素材来锁定受众。品牌可以为某一个具体的情景观看提供广告内容，包括提供"观看者观看下一集无广告"的提示，或是品牌个性化优惠等其他内容。如在单个观看会话中，如果用户连续三次观看该节目，Hulu则认定用户一直在"狂欢"，下一集节目将不会有广告出现，或者由Hulu的品牌合作伙伴为用户提供独特优惠，对用户观看行为进行"奖励"。狂欢广告在用户优先的原则上，彰显出Hulu强大的广告定位能力，随着广告资源库存的扩张与可寻址的能力增强，Hulu将进一步拓展狂欢广告的可用空间。

贴片广告。Hulu共有四种不同类型的贴片广告，具体细分为品牌贴片（Branded Slate）、影视娱乐类客户品牌贴片（Branded Slate Entertainment Clients）、溢价贴片（Premium Slate）、影视娱乐类客户溢价贴片（Premium Slate Entertainment Clients）。前两种广告重点解决品牌展示与塑造问题。所有贴片广告均置于视频开始前的第一个广告连播中，广告主的品牌Logo以"由……赞助"（Presented by）介绍性文字和Hulu提供的画外音显示。贴片广告的形式借鉴了日本影视节目正片开始前的口播广告，Hulu在此基础上进行了创意性加工，通过音画双重刺激加深用户对广告的印象。

GatewayGo广告。2020年6月，Hulu正式公布全新广告类型GatewayGo，将智能大屏广告与个性化产品相结合，通过利用第二屏技术（例如二维码和推送），将广告操作从智能大屏端向移动端拓展，激励用户对品牌产品采取即刻的行动，从而为广告商提供了一种更为直接的方法来将用户转变为消费者。GatewayGo是Hulu跨屏广告服务的重要一步，目前尚处于测试阶段。

"投放后"阶段则侧重在广告效果衡量上。Hulu制定数据衡量解决方案（Measurement Solution），从投放是否到达目标受众、营销是否提升品牌认知、广告是否驱动转化三方面综合评估广告效果，通过与第三方合作来统计识别每一个观看广告的用户并核实广告效果。2016年，Hulu与尼尔森建立合作，将尼尔森DAR解决方案扩展到智能大屏领域。通过对第一方订户数据和第三方数据源整合打通，对数据进行标记、收集和校准，实现对所有连接终端设备的广告营销活动的收视率衡量，强化了 Hulu 跨设备广告评估能力，并为广告主提供有关流媒体广告系列的总覆盖率、频率和效果等各类数据。Hulu 还为效果评估增加了归因功能，广告客户可以准确衡量品牌提升度，以及直接、闭环投资回报率和业务。Hulu 致力于打造闭环智能大屏归因解决方案，通过 Nielsen Catalina Solutions、Samba TV 等第三方数据服务机构的归因产品以及 Hulu 上的 Business Results 等功能的加持，推动真实且可衡量的用户消费行为转换，提升广告的真正投资回报率。

Hulu 围绕广告定向和投后转化率不断强化其算法模型的运算能力，依托数据与技术优势优化广告操作流程与广告效果衡量。

广告定向方面，当广告与用户、视频内容拥有足够关联度时，Hulu 才会允许该广告进行投放。Hulu 建立了用户相关定向和上下文相关定向两种算法模型。用户相关定向以用户为基础，Hulu 构建了用户画像系统作为用户定向的基础。其底层是一个核心用户平台，负责用户数据的管理和版本控制等，支持算法的数据主要分为来自第三方数据平台的用户标签、Hulu 平台用户使用行为等标签、广告商提供的用户标签三种。家庭账号共享是用户相关定向中需要解决的问题，受众身份差异也会加剧内容的匹配难度，如何精准定位当前观众身份属性来匹配相关广告资源更是成为难题。Hulu 计划利用标签体系洞察和识别用户。

上下文相关定向主要是人工智能技术在视频内容上下文情景广告中的应用。Hulu 希望广告内容能够与视频内容有所关联，以减少用户对广告的抵触情绪。另外，Hulu 也会探测视频中暴力血腥等不适合广告投放的画面内容，建立广告规避。该算法模型的核心是使用图像识别技术检测视频中出现的实体、情景、氛围等。Hulu 结合业界标准构建了自己的标签分类体系，从情绪、物体、场景、位置以及声音五个维度综合考量。通过机器学习自动生成一些标签，之后再根据 Hulu 使用场景进行少量的人工标注，对机器算法给出的标签进行校正并使用多模型融合决定最终的标签。

### 8.7.3 软硬件兼重的智能大屏业务布局

Hulu 和国内流媒体平台相比，并没有刻意强调智能大屏和智能大屏营销，因为 Hulu 在布局之初就支持从移动端、PC 端到 TV 端的跨屏播放和广告投放，只是实现方式较为单一，例如使用 HDMI 端口外接，而国内的流媒体平台一般都是从 PC 端起步。目前，Hulu 将软件和硬件作为两大抓手，围绕终端和服务进行深度布局。

终端布局方面，Hulu 广泛抢占智能大屏终端流量入口，用户只需下载 Hulu 应用程序，便可在不同终端上享受 Hulu 提供的服务。在此基础上，Hulu 进一步拓展跨终端设备投屏，能够在含有 HDMI 端口的任何投射设备上实现有线投屏，或通过内置应用程序无线投屏。值得一提的是，Hulu 将视频服务延展至游戏机领域，观众可以在 Xbox、Switch、Wii U、PS3/4 等各类游戏机设备上直接观看或点播 Hulu。用户只需从这些设备相应的游戏/应用商店中下载 Hulu App，然后使用 Hulu 账户登录即可开始观看。Hulu 广阔的智能终端布局为其提供了丰富的广告展示渠道。

服务布局方面，Hulu 为了应对来自传统付费电视频道的竞争，推出了 Hulu + Live TV 会员服务，同时提供直播内容和点播内容（见图 8 - 23）。用户无须安装电缆或签订合同，仅需每月支付 54.99 美元或者 64.99 美元（无广告版），便可足不出户享受 65 个以上的直播和点播频道，且可以随时取消服务。该项服务凭借便利性与实惠的价格，极大地冲击了传统有线电视频道，一定程度上分流了传统付费电视用户。此外，Hulu + Live TV 还能够提供传统电视不具备的服务，例如其中的云 DVR 服务让用户可以将录屏上传至云端，随时随地调出观看；用

图 8 - 23　Hulu + Live TV 内涵盖频道一览

（来源：Hulu 官网）

户也可通过付费升级"无限屏幕",以满足全家人在不同设备上使用;在主屏幕上,用户还可以通过"保持观看"和"我的频道"等选项从上次中断的地方继续观看。

2020 年年初,FX(FOX 旗下的广播电视网,拥有众多电视频道和优质内容)与 Hulu 达成合作,"FX on Hulu"正式上线,主要目的是为了补足 Hulu 原创内容的短板。作为最具声望的广播电视公司之一,FX 尤其擅长制作荒诞喜剧和原创故事片。达成协议之后,Hulu 的常规订阅用户将可以在应用中直接观看 FX 的独家内容。"FX on Hulu"主要面向成年用户,通过优质的原创内容来撬动用户增长,同时也为长期以"合家欢"打法为主的双方背后的母集团迪士尼带来了新的突破口。

### 8.7.4 总结与启示

Hulu 开辟出一条以优势内容为特色的流媒体平台如何参与智能大屏广告营销的道路,打破了业界对流媒体平台大都依赖订阅付费而不擅长广告营销的固有偏见。秉持着对用户高度尊重的理念,Hulu 将用户从广告的观看者转变为参与者,用互动性换取用户对广告的接受度,提升广告回报率。

此外,Hulu 通过创新广告投放形式,实现用户趣味性与广告主满意度的双赢,并且通过积极与第三方开展合作弥补技术方面的不足,加上 Hulu 广泛的终端应用覆盖,保障广告业务的顺利开展。Hulu 的成功给国内智能大屏内容应用平台提供了一些启发,不仅需要怀揣用户思维提升用户对广告的接纳程度,而且要敢于创新广告投放形式。

## 8.8 Inscape:ACR 技术在智能大屏端的颠覆性革新

### 案例看点

- Inscape 是一家专注于通过 ACR 技术为广告主提供大屏营销解决方案的科技公司。

- 作为 Inscape 核心优势的 ACR 技术是如何做到对于海量内容的自动识别的？
- Inscape 基于 ACR 技术实现的大屏端动态广告服务有着怎样的特点和优势？
- 针对行业热议的 CTV 可寻址广告的统一标准，Inscape 提供了怎样的技术支持？

近年来客厅经济的回归引起了一批海外智能电视终端厂商的重视，广告投放精准化的趋势也驱动了诸如大数据、人工智能和 ACR 技术等诸多科技的发展进步。基于这样的背景，美国智能电视终端厂商市场排名第二的 VIZIO 收购 Inscape，为 VIZIO 智能电视提供 ACR 服务。

Inscape 专注于通过 ACR 技术为广告主提供智能大屏营销解决方案。该公司成立于 2009 年，当时名为 TV Interactive Systems，后更名为 Cognitive Media Networks Inc.。2015 年 8 月，VIZIO 将其收购并更名为 Inscape。2016 年 7 月，VIZIO 宣布拆分 Inscape 并将其作为独立的私有公司运营。2019 年 3 月，VIZIO 发起了一个致力于建立可寻址广告标准的联盟 Project OAR，其中可寻址广告的支持技术便是由 Inscape 开发的。

那么，Inscape 的 ACR 技术是如何运作的？Inscape 又是如何利用 ACR 技术来提供智能大屏广告解决方案的呢？

### 8.8.1　技术溯源：依托母公司 VIZIO 电视数据，成为 ACR 技术领先提供者

Inscape 是美国智能电视设备制造商 VIZIO 旗下提供 ACR 技术和跨屏指标数据服务的子公司。依托母公司 VIZIO，Inscape 成为美国最大 ACR 数据独家来源。虽然 ACR 技术并非 Inscape 公司所独有的技术，但 Inscape 在 ACR 技术上的领先能力在于通过内容识别实现动态内容服务，而这也正是 Inscape 后续将这一能力拓展至广告应用、发力智能大屏营销的关键所在。

什么是 ACR 技术？ACR 技术主要用于识别在终端设备上播放或存在于媒体文件中的内容。Inscape 的做法是将识别芯片嵌入到智能电视硬件设备之中来收集 ACR 数据，这种芯片能够通过捕捉媒体内容上的数字水印来识别电视屏幕上显示的任何内容。

【资料链接】数字水印（Digital Watermark）：数字水印指将特定的信息（如版权标志、用户序列号或产品相关信息等）嵌入数字信号（如图片、音频或影片等）中，以便保护数字产品的版权，证明产品的真实可靠性，跟踪盗版行为或者提供产品的附加信息。例如，广播编码器可能每隔几秒钟插入一个水印，该水印可用于标识广播频道、节目 ID 和时间戳，若要拷贝有数字水印的信号，所嵌入的信息也会一并被拷贝。

数字水印分为浮现式和隐藏式两种，前者是可以被看见的水印，其所包含的信息在观看图片或影片时同时被看见，如电视台在画面角落所放置的标志也是浮现式水印的一种；后者顾名思义是用户听不见也看不见的水印，只由机器进行识别。㊀

具体来说，Inscape 的 ACR 技术对内容的识别机制主要分为两个步骤：

第一步，为电视媒体内容建立一个参考数据库。在内容分发之前，将与媒体内容相关的信息数据嵌入其数字视频信号中，即以数字水印的方式为内容"打标签"，每一个水印对应一个已知的媒体内容作品。这种水印对于电视观众而言一般是不可见的，而植入了识别芯片的智能电视终端设备能够容易地对数字水印中的信息进行解码和处理。这些被事先打上数字水印的视频汇集为一个几乎包含了电视媒体全部内容的参考数据库，并由机器进行"观看"和分类。

第二步，如上文所述，Inscape 为智能电视植入的芯片使该客户端设备得以从屏幕上读取数字水印，并将其传输回到公司的服务器，再将其与源数据库中的电影、电视剧、广告等媒体内容进行匹配，从而确定此时此刻电视观众正在观看

---

㊀ 维基百科[EB/OL].[2021-2-28].https://zh.wikipedia.org/wiki/数位浮水印.

的内容。

值得强调的是，由于 Inscape 的 ACR 数据是从智能电视中收集而来的，因此其 ACR 技术的规模和准确性主要取决于已植入识别芯片的智能电视设备的数量规模以及为内容匹配提供参考的数据库的完备程度。随着 VIZIO 在智能电视市场中所占份额不断扩大，旗下 Inscape 的 ACR 能力也得到了相应的提高和拓展。依托于 VIZIO 智能电视设备的市场占有率，Inscape 拥有超过 1300 万台可选电视设备，并且它是唯一一个可以访问 VIZIO 电视数据的 ACR 技术提供商，这使得 Inscape 成为美国最大的 ACR 数据来源，并且这一数据体量仍在不断增长。[一]

Inscape 的 ACR 技术有其核心优势，但也存在一定的局限。从优势来看，一是 Inscape 能够为媒体内容方提供收视数据，ACR 技术用于收集节目收视率，能够为媒体资源方了解受众内容偏好提供数据参考；二是能够科学地了解受众内容偏好，ACR 技术可以收集到受众当前观看的节目内容类型、观看时长以及先前的观看习惯等数据，更及时、科学、动态地洞察受众的内容偏好。

当然，Inscape 的 ACR 技术也具有一定的局限性。由于 Inscape 的 ACR 功能是依靠数字水印来实现的，因而能够被识别的仅限于加上了水印的内容。而且，这些内容必须要在参考数据库中才能够匹配，这就对数据库的更新和管理提出了较高的要求。此外，内容素材的长短、画面是否有叠加层、内容是否调整过大小等也会对内容识别和匹配的正确率造成一定影响。

### 8.8.2　广告应用：基于 ACR 技术提供动态广告服务，驱动大屏广告颠覆性创新

在数字水印和 ACR 技术的支持下，Inscape 可以访问超千万台电视并识别受众正在观看的节目内容及其设备所连接的 IP 地址，获得高度准确的最新观看数据和更深入的受众洞察，从而帮助广告主计划和创建更好的广告活动以触达电视观众。其中最具价值的智能大屏营销服务之一是 Inscape 基于 ACR 技术而实现的

---

[一] Inscape 官网［EB/OL］.［2021－2－28］. https：//www.inscape.tv/.

动态广告服务。

要理解动态广告服务这个概念，首先要理解动态内容服务。根据 Inscape 提交的相关专利资料，动态内容服务顾名思义指内容是实时动态的，具体含义是能够迅速地将一个视频片段替换为另一个视频片段，这其中的工作原理也是基于数字水印和 ACR 技术。上文中提到 Inscape 的 ACR 技术可以通过读取数字水印来访问和获取受众在智能大屏设备上的播放数据，包括受众当前正在观看的节目类型和观看时长、受众先前的观看习惯和行为特征等，而实际上数字水印中不仅可以传达与视频相关的数据信息，还可以包含将一个内容替换为其他内容的触发信号。也就是说，当智能电视终端设备利用 ACR 技术解码数字水印后，可以触发动态内容替换的指令，即在洞察用户观看喜好的基础上快速反应，从本地存储器（如本地缓存）中提取对当前观众更具针对性的内容来替换正在显示的内容，从而实现不同用户看到不同的媒体内容，即"千屏千面"。

由于任何类型的内容都可以替换，因此动态内容服务系统和方法可以用于动态广告服务，其工作原理相同。事先在广告视频中嵌入包含相关信息和触发信号的数字水印，当智能电视检测到当前正在显示的视频流中的水印后，系统可以从本地存储器中提取与该家庭用户相关性更高的广告来代替原始广告（广告替换的时间一般控制在一秒钟以内），从而实现广告的精准投放。在实际应用上，如视频广告和数据平台 MadHive 为本地 OTT TV 广告系列添加了 Inscape 的 ACR 数据，从而可以更为确切地了解观众在线性电视和 CTV 上正在观看的节目，并使用该数据投放针对性的广告。Inscape 基于 ACR 技术实现动态广告插入的路径见图 8-24。

值得一提的是，Inscape 的动态广告服务可以满足跨屏投放需求。由于 Inscape 的 ACR 技术可以获取用户设备所连接的 IP 地址，因此动态内容服务的影响范围不只是智能电视终端，还可以向智能电视终端所连接的局域网上的其他客户端设备（称为第二屏幕设备，如平板、手机、PC 或其他设备）补充信息。发送到第二屏幕设备的内容可以是当前电视设备上显示的内容，也可以是与之相关的其他内容。当被用于广告时，这一技术满足了跨屏投放、多屏曝光的需求。

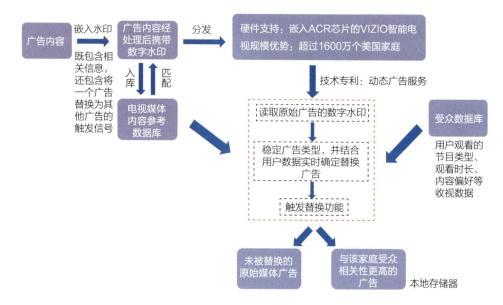

图8-24　Inscape基于ACR技术实现动态广告插入的路径

2019年11月，营销服务机构MiQ集成了Inscape的ACR数据，营销人员可以在大屏广告投放后的几秒内近乎实时地定位第二屏广告，这是第一个将Inscape广告跨屏投放功能付诸商用的合作伙伴。MiQ媒体和数据全球产品总监Tom Richards表示："通过配合实时第二屏曝光，广告投放产出大大提高，达42%，通过提供真正影响收益的出色结果来最大化营销和媒体投资。"[一]

此外，Inscape利用ACR技术获取收视率数据，助力跨平台测量。Inscape利用ACR技术获取智能电视收视率数据，为跨平台的广告效果评估提供归因分析。2019年，跨平台的数字媒体交易和测量机构Comscore使用Inscape的ACR数据对某大型包装消费品牌的跨平台广告系列投放效果进行评估，帮助广告主了解最有效的广告类型和优化媒体组合。

---

[一] MiQ launches real-time retargeting capabilities with Inscape[EB/OL]. (2019-11-20)[2021-2-28]. https://advanced-television.com/2019/11/20/miq-launches-real-time-retargeting-capabilities-with-inscape/.

### 8.8.3 标准推广：加入 Project OAR 行业联盟，部署可寻址广告技术

2019 年 3 月，VIZIO 领头发起了 Project OAR 行业联盟，联盟参与者包括 AMC Networks、AT&T、CBS、康卡斯特的 FreeWheel 和 NBC 环球、Discovery、迪士尼、赫斯特电视台、特纳、Xandr、VIZIO 和 Inscape，涵盖了媒体资源方、终端设备方、广告技术服务公司等智能大屏领域的各类市场角色。这一联盟致力于建立可寻址广告标准，旨在通过在 CTV 和设备上使用可寻址广告来为受众提供更具针对性的广告内容和更好的广告体验，提升智能大屏营销的效率。

其中，硬件上的技术部署主要由 VIZIO 和 Inscape 负责，Inscape 为 VIZIO 智能电视提供可寻址广告的技术支持。Project OAR 可寻址广告的思路与 Inscape 一直以来探索的动态广告服务原理相一致，即具备 ACR 功能的智能电视终端可以识别广播电视节目信号中的数字水印，从而播放与特定家庭相关性更强的个性化广告。

其规范的工作原理如下：媒体资源方给他们想要定位的广告资源加水印，如果广告主希望将静态广告与可寻址广告进行交换，VIZIO 智能电视将读取水印，并将该信息发送到媒体资源方的广告服务器，后者会实时交换可寻址广告。Inscape 创始人 Zeev Neumeier 表示，让广告买卖双方采用一致的水印可以解决包括"了解广告属于谁""广告被替换的内容""广告是否在品牌主或媒体资源方的预期目标位置投放"等诸多问题。[一]

在设备制造商、媒体资源方、数据供应商、广告服务平台等多方主体的共同努力下，Project OAR 取得了诸多成果：在硬件的技术部署上，VIZIO 已经开始将软件和固件更新推向全美超过 1300 万台智能电视，Inscape 使得这些智能电视可

---

[一] Alison Weissbrot. Vizio-Backed Project OAR Launches Specs Around Linear Dynamic Ad Insertion[EB/OL]. (2020-01-06)[2021-2-28]. https://www.adexchanger.com/tv-2/vizio-backed-project-oar-launches-specs-around-linear-dynamic-ad-insertion/.

以实现精确到帧的广告内容更替;在广告投放平台领域,Inscape 积极与智能大屏端主要的广告投放平台,如 FreeWheel、Google Ad Manager、Xandr 和 INVIDI 进行技术协同;在评估标准上,Project OAR 标准分组完成了动态库存标准的技术规范,通过增加新的衡量指标帮助将动态库存与传统的线性广告曝光量统一起来。[一]2020 年 1 月 6 日至 8 日,Project OAR 成员在 2020 年 CES 上提供了其线性可寻址技术的演示,演示重点介绍了通过可寻址的流媒体、有线、卫星和电信视频内容网络投放目标广告以覆盖特定受众的能力。

### 8.8.4 总结与启示

ACR 技术为智能大屏营销机构如何将"以用户为中心"这一营销理念真正落到实处指明了新的方向。Inscape 基于 ACR 技术为智能大屏营销提供动态广告服务,这一运作机制背后所体现出来的营销思路,是用户导向型思维的充分诠释和具有高度可操作性的实践示范。Inscape 对内容的精准识别,实质上强调的是对用户的精准洞察。

基于 ACR 实现动态广告,对于提升智能大屏广告营销效率具有重要意义。Inscape 所提供的动态广告服务能够对用户的个性化需求做出迅速及时的反应,这种反应的速度在一定程度上代表了营销效率的提升;从内容着手,于无声处把握用户需求,不仅是对目标受众的精准锁定,同时也大大提升了内容资源的利用效率,打开了新的营销空间;从效果测量来看,解析电视观看数据并创建归因评级,帮助广告主了解其广告及展示位置是否精准以及如何将观看行为转化为购买行为。

Inscape 致力于推动通用的广告衡量标准来助推电视大屏广告行业发展。其参与技术主导的 Project OAR 对可寻址广告通用标准的探索,既表明了可寻址广告的发展潜力,也说明引入 ACR 技术的可寻址广告正在为电视节目制作方和分销商打开一个全新的世界。

---

[一] Project OAR 官网 [EB/OL]. [2021-2-28]. https://projectoar.org/.

## 8.9 Gracenote：从大数据技术看视频广告投放的未来方向[一]

### 案例看点

• 曾作为尼尔森控股旗下的元数据公司，Gracenote 的数据技术有哪些优势和独到之处？为什么全球电视服务商、音乐服务商、欧共体（European Conformity，简称"CE"）设备制造商、媒体公司和汽车制造商都是它的服务对象？

• 在智能大屏领域，Gracenote 是如何发挥其数据优势，取得增强视频搜索引擎和内容推荐算法的技术突破的呢？

• Gracenote 的数据基础和 ACR 技术在大屏营销方面有哪些具体应用？在与前母公司尼尔森的数据资源进行整合之后，其如何赋能大屏端的营销投放？

Gracenote 原来是尼尔森控股旗下的元数据公司，经营着音乐、视频、体育、汽车和视频个性化五项业务。Gracenote 为全球电视服务商、音乐服务商、CE 设备制造商、媒体公司和汽车制造商提供音乐、视频和体育元数据以及 ACR 技术，为广告商带来电视广告投放的新方向。

**【资料链接】**元数据（Metadata）：又称诠释资料、中介资料、中继资料、后设资料等，主要指描述其他资料信息的资料，用来支持指示存储位置、历史资料、资源查找、文件记录等功能。元数据算是一种电子式目录，通过描述并收藏资料的内容或特色，进而达成协助资料检索的目的。例如，一个网页的元数据包括了有关页面主题、编写脚本的语言、产生页面的工具以及哪里有关于主题的更

---

[一] Gracenote 2021 年 3 月被另外一家公司收购了。

多信息等资料。○

## 8.9.1 拓展元数据的广度与深度，为机器学习提供基础

Gracenote 从诞生至今，通过并购的方式扩充了数据库的广度和深度。Gracenote 起初是一个 CD 数据库公司，2014 年与电视数据公司 Tribune Media 合并，专注于影视元数据和 ID；随后 Gracenote 收购了美国影视数据和信息提供商 Baseline、澳大利亚电视和电影数据公司 HWW，以扩大其在亚太地区的业务；2015 年，收购阿姆斯特丹 Infostrada Sports 和哈利法克斯的 SportsDirect 而推出新的体育垂直项目，由此成为全球范围内音乐、视频和体育数据的主要提供商；2017 年 2 月，Gracenote 正式被尼尔森收购，并于同年 9 月与 Connekt 和 Ensequence 合作，开始在智能电视上提供实时内容。

伴随着公司层面的并购，在产品方面，Gracenote 将其核心数据产品从音乐扩展到了视频和体育，吸纳了不同公司和不同种类的数据来源，并将其整合为一个涵盖多垂类和地区的通用数据集。目前，Gracenote 已成为北美、拉美、亚太、欧洲和中东地区电视节目、电影和点播数据的主要提供商。

在体育产品上，Gracenote Sports 可为 4500 个联赛和比赛提供实时比分、PBP 数据、历史成绩和记录、赛程表、球员资料和运动员传记；Podium 产品可追踪所有奥运会初级和精英级别的比赛成绩和排名，甚至可追溯到 1896 年第一届现代奥运会的历史数据。

在视频数据的广度上，Gracenote Video 为有线电视运营商、卫星电视运营商和 OTT TV 服务商提供全球性的电视、电影和点播数据，包括电视节目单和视频内容库，覆盖 35 个国家、250 种语言和百万家庭，输送到机顶盒、移动设备和智能电视等不同智能大屏终端。不仅如此，Gracenote 还拥有深度的视频数据，包括内容维度的描述性数据（剧集情节、内容细节、类型流派、情绪）和演员维度的详细信息，还结合了现场体育赛事直播、音乐等不同表现形式的内容，相当

---

○ 维基百科 [EB/OL]. https://zh.wikipedia.org/wiki/元数据.

于形成了一个强大的视频内容搜索引擎。最后，基于全面且深度的数据，Gracenote 通过为内容创建唯一的 ID，将线性和非线性的视频资源连接起来，而 Gracenote IDs（TMS）也成为影视数据的行业标准之一，促进了跨平台的媒体内容和服务的连接，使统一数字内容库的建立和整合搜索成为可能。

有了这些数据产品和元数据集，Gracenote 也能进一步优化机器学习能力，以增强视频搜索引擎和内容推荐算法。现在，Gracenote 已经能够标识它们所有内容的元数据，如 Roku 的流媒体视频平台也在使用 Gracenote 数据支持搜索和发现功能。

而对于尼尔森集团层面来说，Gracenote 的加入更是强化了尼尔森的数据能力。尼尔森的收视数据、消费者行为数据几乎支撑着媒体服务业务布局的各个方面，Gracenote 的视频内容数据以及从发现推荐到内容消费的全景用户参与数据，能够完善尼尔森整体的数据体系，为尼尔森的客户提供更全面、更深入的消费者洞察。

### 8.9.2 ACR 技术提升视频理解力，助力可寻址广告

ACR 技术是智能大屏内容运营和广告运营的一项重要技术。Gracenote 的专利 ACR 技术可以识别跨设备、跨平台的实时电影、电视节目、广告和游戏画面，为实现交互式娱乐体验和有针对性的广告奠定了智能电视数据基础。利用 ACR 技术，广告商也可以在智能电视上投放沉浸式的、关联度高的品牌广告。

一方面，由 ACR 技术生成的实时观看数据反映出新的媒体消费情况，制片方和平台可以利用这些数据优化节目决策，厂商和内容方可以为消费者推荐更多元且更可能感兴趣的内容，品牌和广告商也可以制定更有针对性和更精确的广告。

另一方面，通过实时识别观众正在观看的内容，智能电视运营商能更好地与观众互动，并以个性化的形式展现内容，并为品牌和广告商提供将静态线性电视点播节目转换为高互动的电视广告的新玩法。

在视频内容理解领域，2016 年之后，随着互联网上的视频载体的内容越来

越多，内容推荐对内容深度理解的要求变得越来越高，各大视频平台（如YouTube、Hulu）、数据公司纷纷开始研究和布局视频内容理解，Gracenote 也不例外。而做内容理解，除了积累足够丰富、颗粒度足够细致的视频元数据，加以内容切割，还离不开视频标签的构建和管理。Gracenote Tags 拥有庞大的视频标签库，持续生成并处理基于内容的标签（Content Derived Concept），弥补其他第三方标签供应商的不足。

在具体的应用上，2019 年 6 月 Gracenote 完成了一个 2012 年以来美国最高票房电影的分析，发现所有收入超过 10 亿美元的电影都通过了贝克德尔测试，即电影中必须出现至少 2 名女演员，且她们必须有名字，这些女演员之间必须有对话，对话主题不能涉及男性等有意思的条件，这一发现为影视编剧提供了不少创作新思路。

在可寻址广告领域，Gracenote 和 CBS 与联发科技和 A + E Networks 合作，针对可寻址广告进行试验。2018 年，尼尔森曾在美国发起动态广告插入试点项目 Nielsen DAI（Dynamic Ad Insertion，动态广告插入），并由 Gracenote 的 ACR 技术进行支持，使得合作的智能电视平台具备可寻址广告功能。DAI 解决方案涵盖从广告定位到投放的所有内容，广告商能够利用 Gracenote – MediaTek DAI 联合解决方案来扩展传统线性电视广告产品，提高广告资源价值。

### 8.9.3 推出智能大屏 DSP，增强市场营销云能力

尼尔森将 Gracenote 的实时智能电视数据整合进尼尔森营销云中的受众数据领域，提高尼尔森营销云的数据管理平台尼尔森 DMP 的受众定位、消费者分析和测量能力。尼尔森 DMP 将 Gracenote 的收视数据广泛与尼尔森第一、第三方消费者数据联系在一起，以提供用户个人层面的消费者洞察，并联合数百个整合的付费和自有媒体平台，激活营销云能力，使得使用该产品的品牌营销人员和广告主对本地和全国市场的线性电视、点播电视和 DVR 的观众收看内容有了更深刻的了解。

此外，尼尔森已经超越了家庭级收视率数据，创建了个人用户级电视

DMP。尼尔森 DMP 通过集成 Gracenote 智能电视数据与现有的尼尔森个人级电视曝光数据，使得媒体规划师、创意人员、数字营销师和数据分析师可以控制线性广告的曝光频率以及可寻址广告。此外，这种全面的个人用户级的电视观看数据与尼尔森广泛的受众数据集相结合，涵盖了受众的人口统计学、个性、数字行为、信用卡消费和特定产品购买数据，为广告商提供了深入的消费者画像。

尼尔森 DMP 客户端将能够通过动态的内容管理实现广告程序化投放。例如，头一天晚上在智能大屏设备上看到了某品牌广告的受众，可以在第二天早晨上班路上再次接触到与之关联的移动端广告。通过尼尔森的解决方案，广告商可以在整个购买过程中跟踪消费者对这些跨渠道、有序信息的参与程度。客户还可以针对 Gracenote 预先构建的智能电视细分受众群，或使用超过 60000 个尼尔森营销云细分受众群来创建自定义的人群包组合。

尼尔森产品高级副总裁 Kelly Abcarian 对此表示："Gracenote ACR 技术是连接线性电视与市场营销测量能力的桥梁。Gracenote 智能电视细分数据，可以为营销人优化跨越线性电视和数字内容的服务，并提供更准确的 ROI 衡量。"㊀

尼尔森营销云执行副总裁 Damian Garbaccio 表示："Gracenote 的加入，有助于客户更好地了解不同媒体触点的个人消费者行为，从而改善跨传统渠道和数字渠道的营销和销售水平。它也有力地支持了尼尔森营销云在可寻址电视市场中的增长。"㊀

### 8.9.4　结合收视率与实时数据，推出受众分析平台

洞悉各电视平台的收视趋势，能够更好地指导广告投放决策。为此，2018 年 4 月，Gracenote 联合母公司尼尔森针对美国电视市场推出受众分析平台

---

㊀ Nielsen Launches First Person – Level TV DMP with Smart TV Viewership Data Powered by Gracenote[EB/OL].（2017 – 10 – 31）[2021 – 3 – 1]. https://www.gracenote.com/nielsen – launches – first – person – level – tv – dmp – smart – tv – viewership – data – powered – gracenote/.

Nielsen Grabix，覆盖美国 56 个电视市场和 400 个地方电视台。该受众分析平台结合了尼尔森分钟级的收视率与实时智能电视数据，为地方电视台、全国电视网和广告商提供了更精细的收视数据，以便更深入了解受众群体的流量情况、留存率和参与度。

一方面，广告商、内容方可以通过 Nielsen Grabix 即时了解观众行为和热门话题，更有效地预判广告内容的趋势和有效性。另一方面，Nielsen Grabix 的可视化功能展示了从宏观到微观的分析版块，包括从具有实时视频流的动态分析图表到观众收看的具体图像。因此，制作商可以通过分析实时智能电视收视信息，增强节目内容、节目表安排能力，进行广告宣传和直播促销。尼尔森产品高级副总裁 Kelly Abcarian 说："Nielsen Grabix 新增的 Gracenote 智能电视收视率数据，提供了实时洞察，并补充了尼尔森的行业标准收视率，将 Grabix 推向了新的高度。它赋予内容制作商和广告商做业务决策的数据驱动力，帮助它们建立和增长受众群。"⊖

### 8.9.5 总结与启示

Gracenote 的智能大屏营销实践为国内智能大屏营销机构带来了三点启示：

第一，拓展元数据的广度和深度是优化机器学习能力、提升内容推荐精准性的有效途径。视频元数据在广度上既强调智能大屏内容的丰富性，也强调智能大屏内容对终端设备的覆盖规模；在深度上，则应该对内容进行多维度的描述，尝试构建起强大的内容搜索引擎。

第二，ACR 技术是值得智能大屏营销机构深入探索的关键点。ACR 技术通过实时识别观众正在观看的内容，不仅有助于制片方和平台利用收视数据优化节目决策和内容推荐，而且为品牌和广告商提供了将静态线性电视点播节目转换为高互动的电视广告的新玩法。

---

⊖ Nielsen Adds Gracenote's Smart TV Data to Grabix [EB/OL]. (2018-04-05) [2021-03-01]. https://www.mrweb.com/drno/news25999.htm.

第三，是否拥有DMP将成为衡量智能大屏营销机构竞争力的重要指标之一。成熟的DMP能够提供全面的个人级的受众画像，其中涵盖受众的人口统计学、个性、数字行为、信用卡消费和特定产品购买数据等多维度数据，有利于内容方和广告商深入了解受众，为内容制作和广告精准投放提供数据驱动力。

# 第 9 章
# 对中国智能大屏营销产业
# 相关主体的启示

## 本章提要

他山之石，可以攻玉。我们研究海外智能大屏营销市场的最终目的是为了从中获得启示，以推动国内的智能大屏营销行业发展。

通过对海外机构案例的进一步总结，我们发现，有几个核心经验是各智能大屏机构都非常重视的：一是要有充足的智能大屏广告库存和多元的智能大屏广告形式，以提供大量的广告机会；二是要利用大量的数据和先进的广告技术提升广告投放能力，包括精准投放能力和效果监测能力；三则是要借助程序化广告平台简化广告交易过程，提升交易效率，并进一步实现跨屏营销。

除了行业共通的经验外，不同的产业主体也有各自的侧重点。这些海外智能大屏机构的创新实践，为网络运营商和电视台、终端厂商、互联网机构以及营销服务机构等中国智能大屏营销产业的相关主体带来了一些启示。

## 9.1 对于网络运营商：深度覆盖＋精准触达，释放网络能量

国内不论是牌照运营商还是电信运营商，都具有网络传输资源，而这也正是开展智能大屏营销的核心资源。运营商的广告运营应该以精准化/"千屏千面"为基础，将深度覆盖和精准触达结合起来，并高度重视网络分发与传输的能力。鉴于我国目前大多数运营商的智能大屏服务，如 IPTV、DVB 都是通过机顶盒传输内容的，而且机顶盒的渗透范围也很广，这就意味着有较大的可寻址用户基础和相似的传播环境因素，因此 Sky AdSmart 的可寻址广告技术还是有一定借鉴意义的。

从 Sky AdSmart 的经验来看，如果能开发出一套精准投放的广告技术，基于位置的投放将会是非常重要的能力。一是基于位置的属性能够快速找到会付诸"行动"的目标消费者，大大提升广告的实际效果；二是当广告只需要投递至某一个精确范围内时，相应的广告费用也就能压缩到极致，单个广告主的广告费用虽然减少了，但是吸引到的广告主也会大大增加，从而增加广告的收入。

而且拥有了可寻址电视技术的运营商还可寻求电视台的合作授权，进行版图扩张，充分发挥电视网络和电视内容的规模优势，为广告主获取最多的电视观众，从而达到双赢的局面。这一点对于 IPTV 广告尤其具有借鉴意义。

## 9.2 对于电视台：恢复增长需要好内容＋新技术

传统电视台的广告售卖有其独特的优势，比如说 IP 加持、可信赖、品牌安全等，但在广告形式和广告交易过程上却有明显的短板和不足。比如说传统电视广告的形式比较单一被动，而且由于低精准性，广告主往往只能通过高覆盖率来确保触达目标受众，这也就意味着高昂的广告费用。此外，传统电视广告的采买过程冗长，交易效率低，而且一经购买就难以调整。传统电视台参与智能大屏营

销,需要补足技术短板,现有技术基础不足以支撑智能大屏的广告运营。

除了积极拥抱智能大屏端的用户,为其提供优质丰富的流媒体点播内容外,电视台还可以深度参与智能大屏营销,挖掘强势 IP 在智能大屏端的变现能力。我国智能大屏终端设备已经拥有了很多智能媒体所具有的技术能力,比如说"千屏千面"的精准触达、形态多样的电视广告、可互动可跳转的动态画面,未来还有可能获得移动互联网广告的程序化能力。通过和智能大屏运营商或者产业伙伴的合作,电视台可以弥补传统广告在技术上的不足,并迎来新的商业机会。电视台可将 TV 端的强 IP 融入 OTT TV 多样化的广告形态,同时利用 OTT TV 精准营销、场景营销能力实现品牌与 IP 精细化投放,以突破传统的广告载体在时空维度上的限制,呈现可互动、场景化、高精准的新电视广告形态,并获得服务除大广告主之外的中小广告主的能力,最终实现传统电视台的增收。

## 9.3 对于终端厂商:多元的广告形式和先进的广告技术缺一不可

终端厂商作为智能大屏硬件设备的提供方,强势占据着智能大屏流量的入口。海外终端厂商机构能够在三方面给国内机构带来一定的启示。

第一,软硬件共同发力聚合流量。一方面,在硬件的性能和功能上,亚马逊的 Fire TV 和谷歌的 Android TV 都增添了自有的语音助手,以配合智能家居的布局。国内智能音箱的风潮才刚刚平息,也许终端厂商也可以和互联网企业的智能音箱有更紧密的联系,共同开发其在家庭场景中的应用。另一方面,在系统平台上,终端厂商则可以从内容集成和系统服务两方面下手留存用户。首先,在内容集成上,国内的终端厂商大多并不生产内容,因此应该加紧和内容生产方的合作,除了备受关注的"爱优腾"等内容资源方,实际上,更多地与各级电视媒体、垂直内容资源方、短视频平台等内容生态领域的具有优质内容创作能力的机构合作,获取海量优质内容资源是不可忽视的,这同时也是在扩充自有的智能大屏广告库存。其次,在系统服务上,Roku 精准的个性化内容推荐以及一键订阅的便利服务也是可以借鉴的。

第二，充分开发智能大屏软硬件资源上的广告机会，借鉴并开发更多适宜智能大屏的广告形式。只有具备了足够丰富的营销资源或形态，才能满足广告主的各项营销需求。具体来说，国内的终端厂商在以下方面还有待开发：第一项待开发的是更多的广告位。比如说在开机广告和主页广告外，还可以像 Roku 一样开发遥控器广告和屏保广告。第二项待开发的是更多类型的广告客户。从 Roku 的情况可知，其实内容提供商也有着推广内容的需求，因此如果国内的终端厂商也能够开发专门用于推广内容的智能大屏广告形式，就有可能找到新的广告增收点。第三项待开发的则是新技术与广告形态的应用。优质的智能大屏广告形态不仅需要利用大屏幕制造出一种场景感，还需要利用互动性弥补智能大屏的距离感，比如说 Roku 开发的跨屏互动、弹窗互动等广告形态。

第三，加强数据的收集和监测能力，开发先进的广告技术，提高广告投放能力，包括广告的精准投放能力和广告效果监测能力。广告投放是广告活动的关键环节，广告效果监测则是形成广告活动闭环的重要保障。在数据支持上，终端厂商可直接通过硬件收集观众的注册数据以及行为数据并进行处理，国内的终端厂商也大多如此，但还应该加强和第三方数据机构的合作，以多方面、多层次、多样化的数据来更好地还原屏幕背后的观众，以实现更精准的广告投放。同时，广告效果的监测也要求终端厂商有更高的数据追踪能力，以正确反映每一次的广告曝光效果。当然，数据必须配上广告技术和广告工具才能发挥最大的价值，比如说 Roku 就陆续开发了多款定位工具和测量工具，国内的终端厂商也应该在这方面继续下功夫，推动智能大屏营销的更进一步发展。

## 9.4 对于互联网机构：与智能大屏行业的进一步合作或可迎来双赢

国内的互联网企业虽未完全像国外的互联网企业一样全产业链深度参与到智能大屏营销，比如说像亚马逊和谷歌，不仅自产自销硬件设备，还开始提供智能大屏内容，并将智能大屏广告纳入自身原有的广告体系中，但国内的互联网企业其实也能通过和智能大屏行业密切的合作在智能大屏营销中发挥巨大的作用，并补充完善自身的业务。

在硬件设备上，互联网企业可以提供语音助手，一方面给用户带来更便利的使用体验，另一方面互联网企业则可以获得来自用户的家庭数据，争夺家庭场景的流量入口。

在内容上，众所周知，"爱优腾"的背后正是BAT，它们在提供更多优质内容的同时，也能够获得用户的收视内容偏好数据，用于精准投放广告。

在智能大屏广告形式上，互联网企业可以和终端厂商，甚至和内容提供商合作开发新型的广告形式，亚马逊就将智能大屏广告和自身的电商购物结合起来，让观众在智能大屏上也能够"即看即买"。而在国内，京东其实已经和腾讯及CIBN互联网电视合作开发了相似的"边看边买"服务，未来各方还应该继续扩大合作的范围和深度，提高智能大屏营销的直接转化效果。

在广告投放能力上，互联网企业大多已经搭建起完整的广告营销体系，并且开发了相应的广告平台和广告工具，鉴于智能大屏同样处于数字化环境中，智能大屏机构和互联网企业一方面可以尝试实现数据的互联互通，完善二者对于用户的精准定位和捕获，以及实现广告效果的长链追踪；另外互联网企业其实也能够提供广告技术支持，在开发广告工具和搭建广告平台上给予智能大屏机构更多的建议，乃至共同开发广告技术工具，并以此开拓自己的智能大屏营销业务。

## 9.5 对于营销服务机构：数据能力是根本，整合能力是关键

在智能大屏行业中，第三方营销服务机构通常担任着"技术后勤"的角色，结合海外机构的情况来看，以下几个方面的能力是国内的营销服务机构应该重点关注并努力提高的。

一是要提高数据收集和监测的能力，实现数据的互联互通，以提升智能大屏

广告的精准定向能力。CTV 广告的很大一部分优势就在于它能够实现数字广告的高精准投放，而精准投放技术实现的背后，数据的配合是关键。海外机构常需要借助大量基于人口统计指标、兴趣指标等的用户数据来识别用户，或者是在投放时根据用户的行为对其"打标签"以帮助广告主找到他们的目标用户，从而有针对性地投放广告。国内的机构大多数也是同样的做法。但在大量的用户数据上，海外机构常用到的数据不仅包括第一手数据，还包括从第三方数据机构获得的丰富数据集，尤其是和第三方数据机构的合作可以弥补单一数据来源的缺陷，但国内在这一方面做得还不够，因此要进一步加强数据能力的整合与对接。而对于"标签体系"，怎么打、设置什么标签也是需要考虑的问题，ACR 技术的基本逻辑也是打标签，但只有丰富的数据支持才能完善机器学习能力，从而保证标签的有效性和精准性。

二是要提升智能大屏广告的效果测量能力。对于广告主来说，广告效果是衡量投放广告价值的最直观数据，也是下一次广告投放决策的重要参考。广告主对于广告效果测量的要求越来越高，除了准确，还要求精细，也就是不能仅仅停留在简单的浏览量上，而是更多地体现在对实际行动的影响上。在这个问题上，海外机构给了我们两方面的做法启示。首先，要加强广告的追踪能力，对于所投放的广告进行实时测量和优化，并且集成第三方数据以获得更准确的测量效果，这也和上面提及的加强数据互联互通有联系。其次，要针对当下用户的媒体使用习惯和智能大屏投放环境的特殊性，重构电视广告效果测量的指标和方式，提高广告的效果归因能力。比如说可以在传统广告测量指标的基础上新增视频完成率等验证性指标以及线下转化等实际业务指标，这也非常符合当下广告主对广告效果的要求，即品效合一。

三是要搭建智能大屏广告平台，借助平台实现智能大屏广告的程序化交易和以智能大屏为核心的跨屏投放。程序化已成为海外智能大屏广告的主要交易方式，在程序化交易过程中，智能大屏广告也能像其他的数字广告一样基于动态定价模型定价，广告主可以实时竞价，整个购买过程更加智能化和自动化，大大提升了智能大屏广告的交易效率。海外机构的程序化交易通常还需要广告平台的支持，以实现供需双方的对接。但广告平台的作用又不仅仅局限于单纯的交易过程，从海外的案例来看，广告平台往往提供从购买创建到广告投放再到效果测量、广告优化的全流程服务，一个相对成熟的广告平台还应囊括电视、PC、手机、平板等多渠道的广告库存，以实现广告主在当下复杂媒介环境中跨屏投放的需求。

总的来说，一个先进的广告交易平台应该能够提供多渠道、大规模的广告库存，实现交易过程的程序化、自动化，以及在交易后完成广告精准投放和广告效果精准测量，提供全渠道广告报告等的全流程广告服务。这背后最重要的能力就是整合，一是整合包括智能大屏在内的多渠道广告库存，二是整合来自不同渠道的大量数据，三是实现不同渠道的统一测量，也就是对上面各种能力要求的整合。这听起来虽然很难，但 FreeWheel 就是一个很好的学习对象，且这样的交易平台显然不是国内一家机构就能建成的，行业各方应加强合作，循序渐进地推动交易平台的完善。